개역개정판

신·구약 성경대학문제 1

신약성경 + 시가서

| 출제자 : **홍춘만 목사** |

쿰란출판사

추천사

저는 의과대학 교수로서 지금까지(90세) 학교(UCSD-CA-의과대학 교수 및 미세수술연구소장)에만 평생 매달려 살았기 때문에 일생 신앙생활을 하면서도 성경을 체계적으로 읽어 본 적이 없었습니다. 그러다가 홍 목사님께서 인디애나폴리스 한인장로교회에 1년간 Interim Pastor로 가신다기에 종종 연락하면서 지내자 하고 헤어졌습니다.

그런데 홍 목사님께서 첫 주일부터 그 교회의 주보와 함께 성경 대학 문제지를 보내주셨습니다. 문제를 풀려고 성경을 펴놓고 읽다 보니 성경이 얼마나 재미있고 유익한지를 깨닫게 되었습니다. 홍 목사님은 성경 문제를 재미있게 풀 수 있도록 문제를 출제하셨습니다.

그래서 매주 채점한 답안지와 새 문제를 받아 보는 기대감으로 살았습니다. 결국 만 1년 동안 창세기에서부터 요한계시록까지 한 문제도 빠뜨리지 않고 모두 참여했고 수료증까지 받게 되었습니다. 저는 그 문제들을 통해서 평생 처음으로 신구약성경 전서를 통독하게 되었습니다. 너무나 감사한 일입니다.

나로 하여금 성경을 통독할 수 있도록 인도하신 홍 목사님을 평생 잊을 수가 없습니다. 저와 같이 직장과 공직에 매여 바쁜 생활을 하여 성경을 체계적으로 통독하지 못한 분들이 많은 줄 압니다. 그런 분들에게 이 성경대학 문제집을 꼭 권하고 싶습니다. 많은 성도님들께서 이 성경대학 문제집을 통하여 성경을 읽고 연구하심으로써 하나님을 더욱 가까이하시기 바랍니다. 하나님의 은혜와 평강과 축복이 함께하시기를 기도합니다.

이선 박사

(1990년, 2011년 노벨의학상 후보)

출처: 이선 박사의 자서전 《평생 잊을 수 없는 사람들》 중에서

서문

1. 미주 목회 32년 동안 매주 출제했던 성경 문제들을 정리해서 바람직하게 엮은 것입니다.

2. 출제한 내용은,

1) 복음적 내용입니다(하나님의 구원과 구원 받은 사람들이 어떻게 살아야 하는가에 대한 성구나 내용에 중점을 두었습니다).

2) 중요한 성경 구절들을 암송하도록 하였습니다.

3) 문제의 모든 답은 성경 안에서 반드시 찾을 수 있도록 출제하였습니다.

3. 1년에 한 번 이상(2~3번) 신구약 성경을 통독할 수 있도록 출제하였습니다.

4. 1주일에 매일(3~4장)×7일=21~28장. 그러므로 가능한 한 매주 평균 25장씩 공부하도록 출제하였습니다.

5. 교회에서 목사님들이 교인들의 성경읽기와 성경연구에 활용할 수 있도록 구성되어 있습니다.

6. '성경대학문제'라고 제목을 붙인 것은, 교인들 대부분이 대학 졸업 이상의 연령들이며, 또 성경을 연구한다는 것은 모든 학문 가운데 최고의 학문을 공부하고 연구한다는 뜻에서 그렇게 하였습니다.

7. 성경은 "개역개정판"을 사용하였습니다.

〈주의 말씀은 내 발에 등이요 내 길에 빛이니이다〉(시 119:105).

〈사람이 떡으로만 살 것이 아니요 하나님의 입으로부터 나오는 모든 말씀으로 살 것이라〉(마 4:4).

〈...성경은 능히 너로 하여금 그리스도 예수 안에 있는 믿음으로 말미암아 구원에 이르는 지혜가 있게 하느니라 모든 성경은 하나님의 감동으로 된 것으로 교훈과 책망과 바르게 함과 의로 교육하기에 유익하니 이는 하나님의 사람으로 온전하게 하며 모든 선한 일을 행할 능력을 갖추게 하려 함이라〉(딤후 3:15–17).

〈이 예언의 말씀을 읽는 자와 듣는 자와 그 가운데에 기록한 것을 지키는 자는 복이 있나니 때가 가까움이라〉(계 1:3).

이 교재를 통해서 구원의 확신을 가지고 온전한 성도들이 되시기를 기원합니다. 끝으로 이 교재를 펴내기까지 재정으로 후원하신 이선 박사님, 이동욱 장로님, 윤흔영 장로님께 깊은 감사를 드립니다. 그리고 교정의 책임을 맡아 수고하신 유동용 목사님과 홍나미 권사님, 본 원고를 책으로 제작하고 출판하여 주신 쿰란출판사 대표 이형규 장로님과 편집진 여러분 모두에게 심심한 감사를 드리는 바입니다.

2018년 2월

출제자 **홍 춘 만** 목사

목차

신약(개역개정판) 성경대학문제

시가서(개역개정) 성경대학문제

성경대학문제 해답

신약(개역개정판)
성경대학문제

마태복음 / 마가복음 / 누가복음
요한복음 / 사도행전 / 로마서
고린도전서 / 고린도후서 /
갈라디아서/ 에베소서 / 빌립보서
골로새서 / 데살로니가전서
데살로니가후서 / 디모데전서
디모데후서 / 디도서 / 빌레몬서
히브리서 / 야고보서 / 베드로전서
베드로후서 / 요한일서 / 요한이서
요한삼서 / 유다서 / 요한계시록

01 신약(개역개정판) 성경대학문제

마태복음 1-14장

(　　　)년 (　　)월 (　　)일　　　이름 (　　　)

1. 예수님의 계보에 나오는 여자 5명의 이름을 쓰십시오.

2. '예수'와 '임마누엘'의 뜻은 무엇입니까?

3. 〈유대 땅 (　　　)아 너는 유대 고을 중에서 가장 작지 아니하도다 네게서 한 (　　　) 자가 나와서 내 백성 이스라엘의 (　　　)가 되리라〉는 (　　　)장 (　　　)절이다.

4. 동방박사들이 아기 예수께 드린 예물들은 무엇입니까?

5. 〈나사렛이란 동네에 가서 사니 이는 선지자로 하신 말씀에 (　　　)이라 칭하리라 하심을 이루려 함이러라〉

6. 〈회개하라 (　　　)이 가까이 왔느니라〉는 3장 (　　　)절이다. 누가 전파한 말입니까?

7. 〈독사의 자식들아〉는 누가 누구에게 한 말입니까?

8. 〈그는 (   )과 불로 너희에게 세례를 베푸실 것이요〉는 누가 한 말이며 '그'는 누구를 가리키는 말입니까?

9. 예수께서는 누구에게 어디에서 세례를 받으셨습니까?

10. 〈이는 내 사랑하는 (   )이요 내 기뻐하는 자라〉는 누가 한 말이며 '이'는 누구입니까?

11. 〈사람이 (   )으로만 살 것이 아니요 하나님의 입으로부터 나오는 모든 (   )으로 살 것이라〉는 (   )장 (   )절이다.

12. 〈사탄아 물러가라〉는 누가 누구에게 한 말입니까?

13. 〈나를 따라오라 내가 너희를 사람을 낚는 (   )가 되게 하리라〉에서 '나'와 '너희'는 누구입니까?

14. 〈(   )한 자는 복이 있나니 그들이 땅을 (   )으로 받을 것임이요〉는 (   )장 (   )절이다.

15. 〈(   )하게 하는 자는 복이 있나니 그들이 하나님의 (   )이라 일컬음을 받을 것임이요〉는 (   )장 (   )절이다.

16. 〈너희 (   )이 사람 앞에 비치게 하여 그들로 너희 (   ) 행실을 보고 하늘에 계신 너희 (   )께 영광을 돌리게 하라〉는 (   )장 (   )절이다.

17. 〈(　　　)을 제단에 드리려다가 거기서 네 형제에게 (　　　)들을 만한 일이 있는 것이 생각나거든 (　　　)을 제단 앞에 두고 먼저 가서 형제와 (　　　)하고 그 후에 와서 (　　　)을 드리라〉는 (　　　)장 (　　　)절이다.

18. 〈너희 (　　　)를 사랑하며 너희를 박해하는 자를 위하여 (　　　)하라〉는 (　　　)장 (　　　)절이다.

19. 〈너희가 너희 (　　　)에게만 문안하면 (　　　)보다 더하는 것이 무엇이냐 (　　　)들도 이같이 아니하느냐〉는 (　　　)장 (　　　)절이다.

20. 〈네 (　　　)함을 은밀하게 하라 (　　　)한 중에 보시는 너의 (　　　)께서 갚으시리라〉는 (　　　)장 (　　　)절이다.

21. 〈우리가 우리에게 (　　　) 지은 자를 사하여 준 것 같이 우리 (　　　)를 사하여 주시옵고〉는 (　　　)장 (　　　)절이다.

22. 〈오직 너희를 위하여 (　　　)을 하늘에 쌓아두라 거기는 (　　　)이나 동록이 해하지 못하며 (　　　)이 구멍을 뚫지도 못하고 도둑질도 못하느니라〉는 (　　　)장 (　　　)절이다.

23. 〈너희는 (　　　) 그의 나라와 그의 (　　　)를 구하라 그리하면 이 모든 것을 너희에게 (　　　)하시리라〉에서 '이 모든 것'은 무엇입니까?

24. 〈(　　　)을 받지 아니하려거든 (　　　)하지 말라〉는 (　　　)장 (　　　)절이다.

25. 〈너희가 (   )한 자라도 좋은 것으로 (   )에게 줄 줄 알거든 하물며 하늘에 계신 너희 (   )께서 구하는 자에게 (   ) 것으로 주시지 않겠느냐〉는 (   )장 (   )절이다.

26. 〈무엇이든지 남에게 (   )을 받고자 하는 대로 너희도 남을 (   )하라 이것이 율법이요 (   )니라〉는 (   )장 (   )절이다.

27. 〈누구든지 나의 이 말을 듣고 (   )하는 자는 그 집을 (   ) 위에 지은 (   )로운 사람 같으리니〉는 (   )장 (   )절이다.

28. 마태복음 8장에 나오는 예수님의 이적 3가지를 쓰십시오.

29. 〈내가 원하노니 (   )을 받으라 하시니 즉시 그의 (   )이 깨끗하여진지라〉는 (   )장 (   )절이다.

30. 〈(   ) 중 아무에게서도 이만한 (   )을 보지 못하였노라〉에서 '이만한 믿음'은 누구의 믿음을 말하는 것입니까?

31. 〈이이가 어떠한 사람이기에 (   )과 바다도 순종하는가〉에서 '이이'는 누구입니까?

32. 〈인자가 세상에서 (   )를 사하는 권능이 있는 줄을 너희로 알게 하려 하노라〉

33. 〈나는 (　　　　)을 부르러 온 것이 아니요 (　　　　)을 부르러 왔노라〉는 (　　　　)장 (　　　　)절이다.

34. 〈딸아 안심하라 네 (　　　　)이 너를 (　　　　)하였다〉는 누가 누구에게 한 말입니까?

35. 〈(　　　　)께서 모든 도시와 마을에 두루 다니사 그들의 회당에서 (　　　　) 천국 복음을 (　　　　)하시며 모든 병과 모든 약한 것을 (　　　　)〉는 (　　　　)장 (　　　　)절이다.

36. 〈너희가 거저 받았으니 (　　　　) 주라〉는 누가 누구에게 한 말입니까?

37. 〈어떤 (　　　　)이나 마을에 들어가든지 그 중에 (　　　　)한 자를 찾아내어 너희가 떠나기까지 (　　　　) 머물라〉는 (　　　　)장 (　　　　)절이다.

38. 〈너희는 (　　　　)같이 지혜롭고 (　　　　)같이 순결하라〉는 (　　　　)장 (　　　　)절이다.

39. 〈오직 (　　　　)과 영혼을 능히 (　　　　)에 멸하실 수 있는 이를 두려워하라〉는 (　　　　)장 (　　　　)절이다.

40. 〈누구든지 (　　　　)의 이름으로 이 작은 자 중 하나에게 (　　　　) 한 그릇이라도 (　　　　) 자는 내가 진실로 너희에게 이르노니 그 사람이 결단코 (　　　　)을 잃지 아니하리라〉는 (　　　　)장 (　　　　)절이다.

41. 〈여자가 낳은 자 중에 (　　　　)보다 큰 이가 일어남이 없도다 그러나 (　　　　)에서는 극히 작은 자라도 그보다 (　　　　)니라〉는 (　　　　)장 (　　　　)절이다.

42. 〈나는 마음이 (　　　　)하고 (　　　　)하니 나의 멍에를 메고 내게 배우라 그리하면 너희 (　　　　)이 쉼을 얻으리니〉는 (　　　　)장 (　　　　)절이다.

43. 〈인자는 (　　　　)의 주인이니라〉는 (　　　　)장 (　　　　)절이다.

44. 〈(　　　　)이 양보다 얼마나 더 귀하냐 그러므로 안식일에 (　　　　)을 행하는 것이 옳으니라〉는 (　　　　)장 (　　　　)절이다.

45. 〈내가 하나님의 (　　　　)을 힘입어 (　　　　)을 쫓아내는 것이면 (　　　　)의 나라가 이미 너희에게 임하였느니라〉는 (　　　　)장 (　　　　)절이다.

46. 〈(　　　　)한 사람은 그 쌓은 (　　　　)에서 선한 것을 내고 (　　　　)한 사람은 그 쌓은 (　　　　)에서 악한 것을 내느니라〉는 (　　　　)장 (　　　　)절이다.

47. 〈누구든지 (　　　　)에 계신 내 아버지의 (　　　　)대로 하는 자가 내 (　　　　)요 자매요 (　　　　)이니라〉는 (　　　　)장 (　　　　)절이다.

48. 〈더러는 (　　　　) 땅에 떨어지매 어떤 것은 (　　　　) 배, 어떤 것은 (　　　　) 배, 어떤 것은 (　　　　) 배의 결실을 하였느니라〉는

( )장 ( )절이다.

49. 〈주인이 이르되 가만 두라 ( )를 뽑다가 ( )까지 뽑을까 염려하노라〉

50. 〈그 때에 ( )들은 자기 아버지 나라에서 ( )와 같이 빛나리라〉는 ( )장 ( )절이다.

51. 13장에 〈귀 있는 자는 들으라〉는 말씀이 몇 번 나옵니까?

52. 성경에 기록된 예수님의 남자 형제들의 이름을 쓰십시오.

53. 〈그들이 ( ) 않음으로 말미암아 거기서 많은 ( )을 행하지 아니하시니라〉에서 '그들'은 누구입니까?

54. 〈세례 요한의 ( )를 소반에 얹어 여기서 ( ) 주소서〉는 누가 누구에게 한 말입니까?

55. 떡 다섯 개와 물고기 두 마리로 몇 사람이 먹고 몇 바구니 남았습니까? 예수님의 이적을 믿으십니까?

56. 〈( )에 있는 사람들이 ( )께 절하며 이르되 진실로 하나님의 ( )이로소이다〉는 ( )장 ( )절이다.

57. 오늘 읽은 말씀 중 가장 좋아하는 성경 구절을 외워 쓰십시오.

02 신약(개역개정판) 성경대학문제

마태복음 15-28장

(   )년 (   )월 (   )일   이름 (   )

1. 〈이 백성이 (   )로는 나를 공경하되 (   )은 내게서 멀도다〉는 (   )장 (   )절이다.

2. 〈(   )으로 들어가는 것이 사람을 (   ) 하는 것이 아니라 (   )에서 나오는 그것이 (   )을 더럽게 하는 것이니라〉는 (   )장 (   )절이다.

3. 〈(   )에서 나오는 것은 (   ) 생각과 살인과 간음과 음란과 도둑질과 (   ) 증언과 비방이니 이런 것들이 (   )을 더럽게 하는 것이요 씻지 않은 (   )으로 먹는 것은 사람을 더럽게 하지 못하느니라〉는 누가 한 말입니까?

4. 〈(   )께서 대답하여 이르시되 여자여 네 (   )이 크도다 네 (   )대로 되리라 하시니 그 때로부터 그의 (   )이 나으니라〉에서 '너'는 누구입니까?

5. 떡 일곱 개와 물고기 두어 마리로 몇 명이 먹었으며 몇 광주리가 남았습니까?

6. 〈시몬 (   )가 대답하여 이르되 주는 (   )시요 살아 계신 하나님의 (   )이시니이다〉는 (   )장 (   )절이다.

7. 〈예수께서 (   )에게 이르시되 누구든지 나를 따라오려거든 (   )를 부인하고 자기 (   )를 지고 나를 따를 것이니라〉는 (   )장(   )절이다.

8. 〈사람이 만일 (   )를 얻고도 제 (   )을 잃으면 무엇이 유익하리요 (   )이 무엇을 주고 제 (   )과 바꾸겠느냐〉는 누가 한 말입니까?

9. 〈(   ) 속에서 소리가 나서 이르시되 이는 내 (   )하는 아들이요 내 (   )하는 자니 너희는 그의 말을 들으라〉는 누가 누구에게 한 말입니까?

10. 〈(   ) 너희에게 이르노니 만일 너희에게 믿음이 (   ) 한 알 만큼만 있어도 이 (   )을 명하여 여기서 저기로 옮겨지라 하면 옮겨질 것이요〉는 (   )장 (   )절이다.

11. 〈죽임을 당하고 (   )에 살아나리라〉는 누가 누구에게 한 말입니까?

12. 〈너희가 돌이켜 (   )과 같이 되지 아니하면 결단코 (   )에 들어가지 못하리라〉는 (   )장 (   )절이다.

13. 〈삼가 이 (   ) 자 중의 하나도 (   ) 여기지 말라 너희에게

말하노니 그들의 ( )이 하늘에서 하늘에 계신 내 ( )의 얼굴을 항상 뵈옵느니라〉는 누가 한 말입니까?

14. 〈네 형제가 ( )를 범하거든 가서 너와 그 사람과만 상대하여 ( )하라 만일 들으면 네가 네 ( )를 얻은 것이요〉는 ( )장 ( )절이다.

15. 〈두세 사람이 내 ( )으로 모인 곳에는 나도 ( ) 중에 있느니라〉에서 '나'는 누구입니까?

16. 〈그 때에 ( )가 나아와 이르되 주여 형제가 내게 ( )를 범하면 몇 번이나 용서하여 주리이까 ( ) 번까지 하오리이까 예수께서 이르시되 네게 이르노니 ( ) 번뿐 아니라 일곱 번을 ( ) 번까지라도 할지니라〉는 ( )장 ( )절이다.

17. 〈너희가 각각 ( )으로부터 형제를 ( )하지 아니하면 나의 하늘 ( )께서도 너희에게 이와 같이 하시리라〉는 ( )장 ( )절이다.

18. 〈사람이 그 ( )를 떠나서 아내에게 합하여 그 둘이 ( )이 될지니라 하신 것을 읽지 못하였느냐 그런즉 이제 ( )이 아니요 한 몸이니 그러므로 ( )이 짝지어 주신 것을 ( )이 나누지 못할지니라〉는 ( )장( )절이다.

19. 〈예수께서 이르시되 ( )을 용납하고 내게 오는 것을 금하지 말라 ( )이 이런 사람의 것이니라〉는 ( )장 ( )절이다.

20. 〈네 소유를 팔아 (　　　　) 자들에게 주라 그리하면 하늘에서 (　　　　)가 네게 있으리라〉에서 '너'는 누구입니까?

21. 〈너희 중에 누구든지 (　　　　)이 되고자 하는 자는 너희의 (　　　　)이 되어야 하리라 인자가 온 것은 섬김을 (　　　　) 함이 아니라 도리어 섬기려 하고 자기 (　　　　)을 많은 사람의 (　　　　)로 주려 함이니라〉는 누가 누구에게 한 말입니까?

22. 〈내 집은 (　　　　)하는 집이라 일컬음을 받으리라 하였거늘 너희는 (　　　　)의 소굴을 만드는도다〉에서 '나'는 누구입니까?

23. 〈너희가 (　　　　)할 때에 무엇이든지 (　　　　) 구하는 것은 다 받으리라〉는 (　　　　)장 (　　　　)절이다.

24. 포도원 농부 비유(마 21:33-46)에 나오는 '농부들'과 '아들'은 누구를 가리킵니까?

25. 〈종들이 길에 나가 (　　　　) 자나 선한 자나 만나는 대로 모두 데려오니 (　　　　)에 손님들이 가득한지라〉는 (　　　　)장 (　　　　)절이다.

26. 〈(　　　　)의 것은 가이사에게, (　　　　)의 것은 하나님께 바치라〉는 누가 누구에게 한 말입니까?

27. 〈(　　　　) 때에는 장가도 아니 가고 (　　　　)도 아니 가고 하늘에 있는 (　　　　)과 같으니라〉는 누가 누구에게 한 말입니까?

28. 〈예수께서 이르시되 네 (   )을 다하고 목숨을 다하고 뜻을 다하여 주 너의 (   )을 사랑하라 하셨으니 이것이 크고 (   ) 되는 계명이요 둘째도 그와 같으니 네 (   )을 네 자신같이 (   )하라 하셨으니 이 두 (   )이 온 율법과 선지자의 (   )이니라〉는 (   )장 (   )절이다.

29. 〈다윗이 그리스도를 (   )라 칭하였은즉 어찌 그의 (   )이 되겠느냐〉는 누가 누구에게 한 말입니까?

30. 〈무엇이든지 그들이 (   )하는 바는 행하고 지키되 그들이 하는 (   )는 본받지 말라 그들은 말만 하고 (   )하지 아니하며〉는 누가 누구에게 한 말이며 '그들'은 누구입니까?

31. 〈누구든지 자기를 (   ) 자는 낮아지고 누구든지 자기를 (   ) 자는 높아지리라〉는 (   )장 (   )절이다.

32. 〈너희가 박하와 회향과 근채의 (   )는 드리되 율법의 더 중한 바 정의와 (   )과 (   )은 버렸도다 그러나 이것도 (   )하고 저것도 버리지 말아야 할지니라〉에서 '저것'은 무엇을 말합니까?

33. 〈(   )이 민족을, 나라가 나라를 (   )하여 일어나겠고 곳곳에 기근과 (   )이 있으리니 이 모든 것은 (   )의 시작이니라〉는 (   )장 (   )절이다.

34. 〈(   ) 복음이 모든 민족에게 (   )되기 위하여 온 세상에

(　　　)되리니 그제야 (　　　)이 오리라〉는 누가 누구에게 한 말입니까?

35. 〈(　　　)가 동편에서 나서 서편까지 번쩍임같이 (　　　)의 임함도 그러하리라〉는 (　　　)장 (　　　)절이다.

36. 〈그 때에 (　　　)의 징조가 하늘에서 보이겠고 그 때에 땅의 모든 (　　　)이 통곡하며 그들이 (　　　)가 구름을 타고 능력과 큰 (　　　)으로 오는 것을 보리라〉는 (　　　)장 (　　　)절이다.

37. 〈(　　　)는 없어질지언정 내 (　　　)은 없어지지 아니하리라〉는 (　　　)장 (　　　)절이다.

38. 〈너희도 (　　　)하고 있으라 생각하지 않은 때에 (　　　)가 오리라〉에서 '너희'는 누구입니까?

39. 〈그런즉 (　　　) 있으라 너희는 그 날과 그 (　　　)를 알지 못하느니라〉는 (　　　)장 (　　　)절이다.

40. 〈각각 그 (　　　)대로 한 사람에게는 금 (　　　) 달란트를, 한 사람에게는 (　　　) 달란트를, 한 사람에게는 (　　　) 달란트를 주고 떠났더니〉는 (　　　)장 (　　　)절이다.

41. 〈잘하였도다 (　　　) 충성된 종아 네가 적은 일에 (　　　)하였으매 내가 (　　　) 것을 네게 맡기리니 네 주인의 (　　　)에 참여할지어다〉는 (　　　)장 (　　　)절이다.

42. 〈무릇 있는 자는 받아 ( )하게 되고 없는 자는 그 ( ) 것까지 빼앗기리라〉는 ( )장 ( )절이다.

43. 〈내 아버지께 ( ) 받을 자들이여 나아와 ( )로부터 너희를 위하여 예비된 ( )를 상속받으라〉는 ( )장 ( )절이다.

44. 〈너희가 여기 내 ( ) 중에 지극히 작은 자 ( )에게 한 것이 곧 ( ) 한 것이니라〉에서 '너희'와 '나'는 각각 누구입니까?

45. 〈내가 ( ) 너희에게 이르노니 온 ( )에 어디서든지 이 ( )이 전파되는 곳에서는 이 여자가 ( ) 일도 말하여 그를 기억하리라〉에서 '나'와 '너희'와 '이 여자'는 각각 누구입니까?

46. 〈( )는 자기에 대하여 기록된 대로 가거니와 ( )를 파는 그 사람에게는 ( )가 있으리로다 그 사람은 차라리 ( ) 아니하였더라면 제게 ( ) 뻔하였느니라〉에서 '그 사람'은 누구입니까?

47. 〈내 ( )여 만일 할 만하시거든 이 ( )을 내게서 지나가게 하옵소서 그러나 나의 ( )대로 마시옵고 아버지의 ( )대로 하옵소서〉에서 '나'는 누구입니까?

48. 〈( )에 들지 않게 깨어 ( )하라 마음에는 원이로되 ( )이 약하도다〉는 누가 누구에게 한 말입니까?

49. 〈예수께서 이르시되 네 (　　　)을 도로 칼집에 꽂으라 (　　　)을 가지는 자는 다 (　　　)로 망하느니라〉는 누구에게 한 말입니까?(요한복음 18장에 이름이 나옵니다.)

50. 〈이에 (　　　)가 예수의 말씀에 닭 울기 전에 네가 (　　　) 번 나를 부인하리라 하심이 생각나서 밖에 나가서 심히 (　　　)하니라〉는 (　　　)장 (　　　)절이다.

51. 〈(　　　)가 은을 성소에 던져 넣고 물러가서 스스로 (　　　) 죽은지라〉

52. 〈(　　　)이 물어 이르되 네가 유대인의 (　　　)이냐 예수께서 대답하시되 네 말이 (　　　)〉는 (　　　)장 (　　　)절이다.

53. 〈(　　　)가 아무 성과도 없이 도리어 (　　　)이 나려는 것을 보고 물을 가져다가 무리 앞에서 (　　　)을 씻으며 이르되 이 (　　　)의 피에 대하여 나는 (　　　)하니 너희가 당하라〉는 (　　　)장 (　　　)절이다.

54. 〈나가다가 (　　　)이란 구레네 사람을 만나매 그에게 (　　　)의 십자가를 (　　　) 지워 가게 하였더라〉는 (　　　)장 (　　　)절이다.

55. 〈백부장과 및 함께 (　　　)를 지키던 자들이 (　　　)과 그 일어난 일들을 보고 (　　　) 두려워하여 이르되 이는 진실로 (　　　)의 아들이었도다 하더라〉는 (　　　)장 (　　　)절이다.

56. 〈그가 (   )하시던 대로 (   )나셨느니라 와서 그가 누우셨던 곳을 보라〉는 누가 누구에게 한 말입니까? 그리고 '그'는 누구입니까?

57. 〈너희는 가서 모든 (   )을 제자로 삼아 (   )와 아들과 성령의 이름으로 (   )를 베풀고 내가 너희에게 (   ) 모든 것을 가르쳐 지키게 하라 볼지어다 내가 (   ) 끝날까지 너희와 항상 (   )있으리라 하시니라〉에서 '나'와 '너희'는 누구입니까?

58. 오늘 읽은 말씀 중 가장 좋아하는 성경 구절을 외워 쓰십시오.

03 신약(개역개정판) 성경대학문제

마가복음 1–16장

(　　　)년 (　　)월 (　　)일　　　이름 (　　　)

1. 〈하나님의 (　　　) 예수 그리스도의 (　　　)의 시작이라〉는 (　　　)장 (　　　)절이다.

2. 〈나는 너희에게 (　　　)로 세례를 베풀었거니와 그는 너희에게 (　　　)으로 세례를 베푸시리라〉는 누가 한 말입니까? 그리고 '그'는 누구입니까?

3. 〈너는 내 사랑하는 (　　　)이라 내가 너를 기뻐하노라〉에서 '너'는 누구입니까?

4. 〈(　　　)께서 이르시되 나를 따라오라 내가 너희로 (　　　)을 낚는 어부가 되게 하리라〉에서 '나'와 '너희'는 누구입니까?

5. 〈(　　　) 아직도 밝기 전에 (　　　)께서 일어나 나가 한적한 곳으로 가사 거기서 (　　　)하시더니〉는 (　　　)장 (　　　)절이다.

6. 〈예수께서 그들의 (　　　)을 보시고 중풍병자에게 이르시되 작은 자야 네 (　　　)을 받았느니라〉에서 '그들'은 누구입니까?

7. 〈건강한 자에게는 (   )가 쓸 데 없고 (   ) 자에게라야 쓸 데 있느니라 나는 (   )을 부르러 온 것이 아니요 (   )을 부르러 왔노라〉에서 '나'는 누구입니까?

8. 〈안식일이 (   )을 위하여 있는 것이요 (   )이 안식일을 위하여 있는 것이 아니니 이러므로 인자는 (   )에도 주인이니라〉는 (   )장 (   )절이다.

9. 〈안식일에 (   )을 행하는 것과 (   )을 행하는 것, (   )을 구하는 것과 죽이는 것, 어느 것이 옳으냐〉는 (   )장 (   )절이다.

10. 〈누구든지 하나님의 (   )대로 행하는 자가 내 (   )요 자매요 어머니이니라〉는 (   )장 (   )절이다.

11. 예수님의 '씨 뿌리는 비유'에서 씨가 뿌려지는 곳은 길가, (   ), 가시떨기, (   ) 4가지다.

12. 〈(   )에 뿌려졌다는 것은 곧 (   )을 듣고 받아 삼십 배나 (   ) 배나 백 배의 (   )을 하는 자니라〉는 (   )장 (   )절이다.

13. 〈그가 누구이기에 (   )과 바다도 (   )하는가 하였더라〉에서 '그'는 누구입니까?

14. 〈더러운 귀신들이 나와서 (   )에게로 들어가매 거의

(　　　　) 마리 되는 떼가 (　　　　)를 향하여 비탈로 내리달아 (　　　　)에서 몰사하거늘〉에서 '귀신들'은 어디서 나왔는가?

15. 〈딸아 네 (　　　　)이 너를 구원하였으니 평안히 가라 네 (　　　　)에서 놓여 건강할지어다〉에서 '너'는 누구입니까? 그리고 무슨 병에서 고침 받았습니까?

16. '달리다굼'은 무슨 뜻입니까?

17. 〈선지자가 자기 (　　　　)과 자기 친척과 자기 집 외에서는 (　　　　)을 받지 못함이 없느니라〉는 누가 누구에게 한 말입니까?

18. 〈어디서든지 누구의 (　　　　)에 들어가거든 (　　　　)을 떠나기까지 거기 유하라〉는 누가 누구에게 한 말입니까?

19. 〈무엇이든지 네가 내게 구하면 내 (　　　　)의 절반까지라도 주리라〉는 누가 누구에게 한 말입니까?

20. 예수께서 떡 다섯 개와 물고기 두 마리로 몇 명이나 먹였으며 남은 것은 몇 바구니였습니까?

21. '바다 위를 걸어오시는 예수님'을 직접 목격한 사람들은 누구입니까?

22. 〈이 백성이 (　　　　)로는 나를 공경하되 (　　　　)은 내게서 멀도다〉는 (　　　　)장 (　　　　)절이다.

23. 〈사람에게서 나오는 그것이 (　　　　)을 더럽게 하느니라〉에서 '그것'은 무엇들입니까? 3가지만 쓰십시오.

24. 귀신들린 딸을 고치기 위해서 예수님을 찾아왔던 여자는 어느 족속입니까?

25. '에바다'는 무슨 뜻입니까?

26. 예수께서 떡 일곱 개와 물고기 두어 마리로 몇 명을 먹이셨으며, 남은 조각은 몇 광주리였습니까? 이 사실을 믿습니까?

27. 〈그 (　　　　)에 다시 안수하시매 그가 주목하여 보더니 나아서 (　　　　)을 밝히 보는지라〉에서 '그'는 누구이며 어느 지방에서 일어난 일입니까?

28. 〈주는 그리스도시니이다〉는 누가 누구에게 대답한 말입니까?

29. 〈사람이 만일 (　　　　)를 얻고도 자기 (　　　　)을 잃으면 무엇이 유익하리요 (　　　　)이 무엇을 주고 자기 (　　　　)과 바꾸겠느냐〉는 (　　　　)장 (　　　　)절이다.

30. 〈이는 내 사랑하는 (　　　　)이니 너희는 그의 (　　　　)을 들으라〉에서 '나', '너희', '그'는 각각 누구입니까?

31. 〈예수께서 이르시되 (　　　　) 있거든이 무슨 말이냐 (　　　　) 자에게는 (　　　　) 하지 못할 일이 없느니라〉는 예수께서 누구에게

하신 말씀입니까?

32. 〈(   ) 외에 다른 것으로는 이런 종류가 나갈 수 없느니라〉에서 '이런 종류'는 무엇입니까?

33. 〈누구든지 (   )가 되고자 하면 뭇 사람의 (   )이 되며 뭇 사람을 (   ) 자가 되어야 하리라〉는 (   )장 (   )절이다.

34. 〈누구든지 너희가 (   )에게 속한 자라 하여 (   ) 한 그릇이라도 주면 내가 진실로 너희에게 이르노니 그가 결코 (   )을 잃지 않으리라〉는 (   )장 (   )절이다.

35. 〈그 (   )을 안고 그들 위에 안수하시고 (   )하시니라〉는 (   )장 (   )절이다.

36. 〈(   )가 바늘귀로 나가는 것이 (   )가 하나님의 나라에 들어가는 것보다 쉬우니라〉

37. 〈인자가 온 것은 (   )을 받으려 함이 아니라 도리어 (   )하고 자기 목숨을 많은 사람의 (   )로 주려 함이니라〉는 (   )장 (   )절이다.

38. 〈네 (   )이 너를 구원하였느니라 하시니 그가 곧 (   ) 되어 예수를 길에서 따르니라〉에서 '너'는 누구입니까?

39. 〈내 집은 만민이 (　　　)하는 집이라〉는 (　　　)장 (　　　)절 이다.

40. 〈내가 너희에게 말하노니 무엇이든지 (　　　)하고 구하는 것은 받은 줄로 (　　　) 그리하면 너희에게 (　　　) 되리라〉는 누가 누구에게 한 말입니까?

41. '포도원 농부 비유'에서 '포도원 주인'과 '아들'은 각각 누구를 말하는 것입니까?

42. 〈선생님이여 우리가 아노니 당신은 (　　　)되시고 아무도 꺼리는 일이 없으시니 이는 사람을 (　　　)로 보지 않고 오직 (　　　)로써 하나님의 (　　　)를 가르치심이니이다〉에서 '당신'은 누구입니까?

43. 〈하나님은 (　　　)은 자의 하나님이 아니요 (　　　) 자의 하나님이시라〉는 (　　　)장 (　　　)절이다.

44. 〈네 (　　　)을 다하고 목숨을 다하고 (　　　)을 다하고 힘을 다하여 주 너의 (　　　)을 사랑하라 하신 것이요 둘째는 이것이니 네 (　　　)을 네 자신과 같이 (　　　)하라 하신 것이라 이보다 더 (　　　)이 없느니라〉는 누가 누구에게 한 말입니까?

45. 〈(　　　)이 먼저 (　　　)에 전파되어야 할 것이니라〉는 (　　　)장 (　　　)절이다.

46. 〈이 일이 겨울에 일어나지 않도록 (   )하라〉에서 '이 일'은 무엇입니까?

47. 〈온 천하에 어디서든지 (   )이 전파되는 곳에는 이 여자가 행한 일도 말하여 그를 (   )하리라〉에서 '이 여자가 행한 일'은 무엇입니까?

48. 〈(   )를 파는 그 사람에게는 (   )가 있으리로다 그 사람은 (   )나지 아니하였더라면 자기에게 (   )하였느니라〉에서 '그 사람'은 누구입니까?

49. 〈내 (   )이 심히 고민하여 죽게 되었으니 너희는 여기 머물러 (   ) 있으라〉에서 '나'와 '너희'는 각각 누구입니까?

50. 〈(   ) 아버지여 아버지께는 모든 것이 (   )하오니 이 잔을 내게서 옮기시옵소서 그러나 나의 (   )대로 마시옵고 아버지의 (   )대로 하옵소서〉는 (   )장 (   )절이다.

51. 〈(   )에 들지 않게 깨어 있어 (   )하라 마음에는 원이로되 (   )이 약하도다〉는 누가 누구에게 한 말입니까?

52. 〈인자가 권능자의 (   )에 앉은 것과 하늘 구름을 타고 (   ) 것을 너희가 보리라〉는 (   )장 (   )절이다.

53. 〈어떤 사람은 그에게 (   )을 뱉으며 그의 얼굴을 가리고 (   )으로 치며 이르되 선지자 노릇을 하라 하고 (   )은

손바닥으로 치더라〉에서 '그'는 누구입니까?

54. 〈(　　　　)가 묻되 네가 유대인의 (　　　　)이냐 예수께서 대답하여 이르시되 네 (　　　　)이 옳도다〉는 (　　　　)장 (　　　　)절이다.

55. 〈(　　　　)가 무리에게 만족을 주고자 하여 (　　　　)는 놓아 주고 (　　　　)는 채찍질하고 (　　　　)에 못 박히게 넘겨 주니라〉는 (　　　　)장 (　　　　)절이다.

56. 예수의 십자가를 억지로 지고 간 사람의 이름과 그의 아들들의 이름을 쓰십시오.

57. 〈예수를 향하여 섰던 (　　　　)이 그렇게 숨지심을 보고 이르되 이 (　　　　)은 진실로 하나님의 (　　　　)이었도다〉는 (　　　　)장 (　　　　)절이다.

58. 〈아리마대 사람 (　　　　)이 와서 당돌히 빌라도에게 들어가 (　　　　)의 시체를 달라 하니 이 사람은 (　　　　) 받는 공회원이요 하나님의 (　　　　)를 기다리는 자라〉는 (　　　　)장 (　　　　)절이다.

59. 마가복음 16장에서 부활하신 예수님을 본 사람들은 누구입니까?

60. 〈너희는 온 (　　　　)에 다니며 만민에게 (　　　　)을 전파하라 믿고 (　　　　)를 받는 사람은 구원을 얻을 것이요 믿지 않는 사람은 (　　　　)를 받으리라〉는 (　　　　)장 (　　　　)절이다.

61. 〈병든 사람에게 손을 얹은즉 나으리라〉는 누구에게 그런 권능을 주셨습니까?

62. 부활하신 예수님은 어디 계십니까?

63. 오늘 읽은 말씀 중 가장 좋아하는 성경 구절을 외워 쓰십시오.

04 신약(개역개정판) 성경대학문제

누가복음 1-12장

(　　　)년 (　　)월 (　　)일　　　이름 (　　　)

1. 누가복음은 누가 누구에게 써 보낸 글입니까?

2. 〈나는 (　　　) 앞에 서 있는 가브리엘이라 이 좋은 (　　　)을 전하여 네게 말하라고 보내심을 받았노라〉에서 '너'는 누구입니까?

3. 〈천사가 이르되 (　　　)여 무서워하지 말라 네가 (　　　)께 은혜를 입었느니라 보라 네가 (　　　)하여 아들을 낳으리니 그 이름을 (　　　)라 하라〉는 (　　　)장 (　　　)절이다.

4. 〈천사가 대답하여 이르되 (　　　)이 네게 임하시고 지극히 높으신 이의 (　　　)이 너를 덮으시리니 이러므로 나실 바 거룩한 이는 (　　　)의 아들이라 일컬어지리라〉에서 '너'는 누구입니까?

5. 〈(　　　)의 모든 말씀은 (　　　)하지 못하심이 없느니라〉는 누가 누구에게 한 말입니까?

6. 〈여자 중에 네가 (　　　)이 있으며 네 태중의 아이도 (　　　)이 있도다〉는 누가 누구에게 한 말입니까?

7. 〈주께서 하신 (   )이 반드시 이루어지리라고 믿은 그 (   )에게 복이 있도다〉는 (   )장 (   )절이다.

8. 세례 요한의 부모의 이름을 쓰십시오.

9. 〈아이가 자라며 (   )이 강하여지며 이스라엘에게 나타나는 날까지 (   )에 있으니라〉에서 '아이'는 누구입니까?

10. 〈오늘 (   )의 동네에 너희를 위하여 (   )가 나셨으니 곧 그리스도 주시니라〉는 누가 누구에게 한 말입니까?

11. 〈지극히 높은 곳에서는 (   )께 영광이요 땅에서는 하나님이 기뻐하신 사람들 중에 (   )로다〉는 (   )장 (   )절이다.

12. 〈내 눈이 주의 (   )을 보았사오니 이는 만민 앞에 (   )하신 것이요 이방을 비추는 (   )이요 주의 백성 이스라엘의 (   )이니이다〉는 누가 한 말입니까?

13. 〈아기가 자라며 (   )하여지고 지혜가 (   )하며 하나님의 (   )가 그의 위에 있더라〉에서 '아기'는 누구입니까?

14. 〈(   )는 지혜와 키가 자라가며 (   )과 사람에게 더욱 사랑스러워 가시더라〉는 (   )장 (   )절이다.

15. 〈나는 (   )로 너희에게 세례를 베풀거니와 나보다 (   )이 많으신 이가 오시나니 나는 그의 (   )을 풀기도 감당하지

못하겠노라 그는 (   )과 불로 너희에게 (   )를 베푸실 것
이요〉

16. 〈예수도 (   )를 받으시고 기도하실 때에 (   )이 열리며 성령이 (   ) 같은 형체로 그의 위에 (   )하시더니 하늘로부터 (   )가 나기를 너는 내 사랑하는 (   )이라 내가 너를 (   )하노라〉에서 '나'와 '너'는 누구입니까?

17. 예수께서 가르치심을 시작하실 때에는 몇 세쯤 되었을 때입니까?

18. 다윗의 아버지, 할아버지, 증조 할아버지의 이름을 쓰십시오.

19. 누가복음 족보에 나와 있는 아브라함의 아버지, 아들, 손자, 증손자의 이름을 쓰십시오.

20. 〈(   )가 이르되 네가 만일 하나님의 (   )이어든 이 돌들에게 명하여 (   )이 되게 하라 예수께서 대답하시되 기록된 바 사람이 (   )으로만 살 것이 아니라 하셨느니라〉는 (   )장 (   )절이다.

21. 〈주의 (   )이 내게 임하셨으니 이는 가난한 자에게 (   )을 전하게 하시려고 내게 (   )을 부으시고 나를 보내사 (   )된 자에게 자유를, (   ) 먼 자에게 다시 보게 함을 전파하며 (   ) 자를 자유롭게 하고 주의 (   )의 해를 전파하게 하려 하심이라〉는 (   )장 (   )절이다.

22. 〈선지자가 (   )에서는 환영을 받는 자가 없느니라〉는 누가 한 말입니까?

23. 〈나는 당신이 누구인 줄 아노니 (   )의 거룩한 자니이다〉에서 '나'는 누구입니까?

24. 〈여러 사람에게서 (   )이 나가며 소리 질러 이르되 당신은 (   )의 아들이니이다 예수께서 꾸짖으사 그들이 (   )을 허락하지 아니하시니 이는 자기를 (   )인 줄 앎이러라〉는 (   )장 (   )절이다.

25. 〈(   )에 의지하여 내가 (   )을 내리리이다〉는 누가 누구에게 한 말입니까?

26. 〈주여 나를 떠나소서 나는 (   )이로소이다〉에서 '나'는 누구입니까?

27. 〈예수께서 그들의 (   )을 보시고 이르시되 이 사람아 네 (   ) 사함을 받았느니라〉는 (   )장 (   )절이다.

28. 〈예수께서 대답하여 이르시되 (   ) 자에게는 의사가 쓸 데 없고 (   ) 자에게라야 쓸 데 있나니 내가 (   )을 부르러 온 것이 아니요 (   )을 불러 회개시키러 왔노라〉는 (   )장 (   )절이다.

29. 〈(   )께서 그들에게 이르시되 내가 너희에게 묻노니

(   )에 선을 행하는 것과 악을 행하는 것, (   )을 구하는 것과 죽이는 것, 어느 것이 옳으냐〉에서 '그들'은 누구입니까?

30. 〈이 때에 예수께서 (   )하시려 산으로 가사 (   )이 새도록 하나님께 (   )하시고 밝으매 그 (   )을 부르사 그 중에서 열둘을 택하여 (   )라 칭하셨으니〉는 (   )장 (   )절이다.

31. 〈너희 (   )를 사랑하며 너희를 미워하는 자를 (   )하며 너희를 저주하는 자를 위하여 (   )하며 너희를 모욕하는 자를 위하여 (   )하라〉는 (   )장 (   )절이다.

32. 〈남에게 (   )을 받고자 하는 대로 너희도 남을 (   )하라〉는 (   )장 (   )절이다.

33. 〈(   ) 그리하면 너희에게 줄 것이니 곧 (   ) 되어 누르고 흔들어 넘치도록 하여 너희에게 (   ) 주리라〉는 (   )장 (   )절이다.

34. 〈(   )한 사람은 마음에 쌓은 (   )에서 (   )을 내고 (   )한 자는 그 쌓은 (   )에서 (   )을 내나니 이는 마음에 가득한 것을 (   )으로 말함이니라〉는 (   )장 (   )절이다.

35. 〈내가 너희에게 이르노니 (   ) 중에서도 이만한 (   )은 만나보지 못하였노라〉에서 누가 누구의 믿음을 칭찬하였습니까?

36. 〈예수께서 이르시되 (　　　　)아 내가 네게 말하노니 일어나라〉 결과는 어떻게 되었습니까?

37. 〈너희가 가서 (　　　　) 들은 것을 요한에게 알리되 (　　　　)이 보며 못 걷는 사람이 걸으며 (　　　　)가 깨끗함을 받으며 귀먹은 사람이 들으며 (　　　　) 자가 살아나며 가난한 자에게 (　　　　)이 전파된다 하라〉에서 '너희'는 누구입니까?

38. 〈네 (　　　　)이 너를 구원하였으니 (　　　　)히 가라〉에서 '너'는 누구입니까?

39. 〈헤롯의 청지기 구사의 아내 (　　　　)와 (　　　　)와 다른 여러 여자가 함께 하여 자기들의 (　　　　)로 그들을 섬기더라〉에서 '그들'은 누구입니까?

40. 〈내 어머니와 내 (　　　　)들은 곧 하나님의 (　　　　)을 듣고 행하는 이 사람들이라〉는 (　　　　)장 (　　　　)절이다.

41. 〈그가 누구이기에 (　　　　)과 물을 명하매 순종하는가〉에서 '그'는 누구입니까?

42. 〈딸아 네 (　　　　)이 너를 구원하였으니 (　　　　) 가라〉에서 '너'는 누구입니까?

43. 〈예수께서 아이의 (　　　　)을 잡고 불러 이르시되 아이야 (　　　　) 하시니 그 (　　　　)이 돌아와 아이가 곧 일어나거늘

예수께서 (   ) 것을 주라 명하시니〉에서 그 아이의 아버지는 누구이며 그 아이는 몇 살이었는가?

44. 〈예수께서 (   ) 제자를 불러 모으사 모든 (   )을 제어하며 병을 고치는 (   )과 권위를 주시고〉는 (   )장 (   )절이다.

45. 〈아무든지 나를 따라오려거든 (   )를 부인하고 날마다 제 (   )를 지고 나를 따를 것이니라〉에서 '나'는 누구입니까?

46. 〈사람이 만일 온 (   )를 얻고도 자기를 잃든지 빼앗기든지 하면 무엇이 (   )하리요〉는 (   )장 (   )절이다.

47. 산에서 예수님과 함께 말하는 모세와 엘리야를 직접 본 제자들은 누구입니까?

48. 〈(   )도 굴이 있고 공중의 (   )도 집이 있으되 인자는 (   ) 둘 곳이 없도다〉는 (   )장 (   )절이다.

49. 〈손에 (   )를 잡고 뒤를 돌아보는 자는 (   )의 나라에 합당하지 아니하니라〉는 (   )장 (   )절이다.

50. 〈(   )들이 너희에게 항복하는 것으로 (   )하지 말고 너희 이름이 (   )에 기록된 것으로 기뻐하라〉에서 '너희'는 누구입니까?

51. 〈네 (   )을 다하며 목숨을 다하며 힘을 다하며 (   )을 다하여 주 너의 하나님을 (   )하고 또한 네 이웃을 네 자신 같이 (   )하라〉는 누가 누구에게 한 말입니까?

52. 〈너희 하늘 (   )께서 구하는 자에게 (   )을 주시지 않겠느냐〉는 누가 누구에게 한 말입니까?

53. 〈(   )의 말씀을 듣고 지키는 자가 (   )이 있느니라〉는 (   )장 (   )절이다.

54. 〈너희가 박하와 운향과 모든 채소의 (   )는 드리되 공의와 하나님께 대한 (   )은 버리는도다. 그러나 이것도 (   )하고 저것도 버리지 말아야 할지니라〉는 누가 누구에게 한 말입니까?

55. 〈삼가 모든 (   )을 물리치라 사람의 생명이 그 (   )의 넉넉한 데 있지 아니하니라〉는 (   )장 (   )절이다.

56. 〈너희 (   ) 있는 곳에는 너희 (   )도 있으리라〉는 (   )장 (   )절이다.

57. 〈너희도 (   )하고 있으라 생각하지 않은 때에 (   )가 오리라〉는 (   )장 (   )절이다.

58. 오늘 읽은 말씀 중 가장 좋아하는 성경 구절을 외워 쓰십시오.

05 신약(개역개정판) 성경대학문제

누가복음 13-24장

(　　　)년 (　　)월 (　　)일　　　이름 (　　　)

1. 〈포도원지기에게 이르되 내가 (　　　) 년을 와서 이 무화과나무에서 (　　　)를 구하되 얻지 못하니 찍어버리라 어찌 (　　　)만 버리게 하겠느냐〉는 (　　　)장 (　　　)절이다.

2. 〈(　　　)께서 보시고 불러 이르시되 여자여 네가 네 (　　　)에서 놓였다〉에서 '여자'는 무슨 병을 얼마 동안 앓았습니까?

3. 〈(　　　) 문으로 들어가기를 (　　　) 내가 너희에게 이르노니 들어가기를 (　　　)하여도 못하는 자가 많으리라〉는 (　　　)장 (　　　)절이다.

4. 〈예루살렘아 예루살렘아 (　　　)을 죽이고 네게 파송된 자들을 (　　　)로 치는 자여 암탉이 제 (　　　)를 날개 아래에 모음같이 내가 너희의 (　　　)를 모으려 한 일이 몇 번이냐 그러나 너희가 (　　　) 아니하였도다〉는 (　　　)장 (　　　)절이다.

5. 〈무릇 자기를 (　　　) 자는 낮아지고 자기를 (　　　) 자는 높아지리라〉는 (　　　)장 (　　　)절이다.

6. 〈(　　　)를 베풀거든 차라리 (　　　) 자들과 몸 불편한 자들과 저는 자들과 (　　　)들을 청하라 그리하면 그들이 (　　　) 것이 없으므로 네게 (　　　)이 되리니 이는 의인들의 (　　　) 시에 네가 갚음을 받겠음이라〉는 (　　　)장 (　　　)절이다.

7. 〈누구든지 자기 (　　　)를 지고 나를 따르지 않는 자도 능히 내 (　　　)가 되지 못하리라〉는 누가 누구에게 한 말입니까?

8. 〈소금이 (　　　) 것이나 소금도 만일 그 (　　　)을 잃으면 무엇으로 짜게 하리요〉는 (　　　)장 (　　　)절이다.

9. 〈(　　　) 한 사람이 회개하면 (　　　)에서는 회개할 것 없는 의인 아흔아홉으로 말미암아 (　　　)하는 것보다 더하리라〉는 (　　　)장 (　　　)절이다.

10. 〈(　　　)가 이르되 얘 너는 항상 나와 함께 있으니 (　　　)이 다 네 것이로되 이 네 (　　　)은 죽었다가 살아났으며 내가 (　　　) 얻었기로 우리가 즐거워하고 (　　　)하는 것이 마땅하다 하니라〉는 (　　　)장 (　　　)절이다.

11. 〈지극히 (　　　) 것에 충성된 자는 큰 것에도 (　　　)되고 지극히 작은 것에 (　　　)한 자는 큰 것에도 (　　　)하니라〉는 (　　　)장 (　　　)절이다.

12. 〈율법과 선지자는 (　　　)의 때까지요 그 후부터는 하나님 나라의 (　　　)이 전파되어 사람마다 그리로 (　　　)하느니라〉

는 (　　　)장 (　　　)절이다.

13. 부자와 거지 나사로는 죽어서 각각 어디로 갔습니까? 누가 부럽습니까?

14. 〈(　　　)와 선지자들에게 듣지 아니하면 비록 (　　　) 자 가운데서 살아나는 자가 있을지라도 (　　　)을 받지 아니하리라〉는 (　　　)장 (　　　)절이다.

15. 〈만일 하루에 (　　　) 번이라도 네게 죄를 짓고 (　　　) 번 네게 돌아와 내가 회개하노라 하거든 너는 (　　　)하라〉는 누가 누구에게 한 말입니까?

16. 〈너희도 (　　　)받은 것을 다 (　　　)한 후에 이르기를 우리는 (　　　) 종이라 우리가 하여야 할 (　　　)을 한 것뿐이라〉는 누가 누구에게 한 말입니까?

17. 예수께서 나병환자 열 명을 고쳐주셨는데 그중 예수께 돌아와 감사한 사람은 누구입니까?

18. 〈가라 네 믿음이 너를 (　　　)하였느니라〉는 누가 누구에게 한 말입니까?

19. 〈(　　　)가 하늘 아래 이쪽에서 번쩍이어 하늘 아래 저쪽까지 비침같이 (　　　)도 자기 날에 그러하리라〉는 (　　　)장 (　　　)절이다.

20. 〈(   )께서 그 밤낮 부르짖는 택하신 자들의 (   )을 풀어 주지 아니하시겠느냐 그들에게 (   ) 참으시겠느냐〉는 (   )장 (   )절이다.

21. 〈(   )이여 불쌍히 여기소서 나는 (   )이로소이다〉는 (   )장 (   )절이다.

22. 〈누구든지 하나님의 나라를 (   )와 같이 받아들이지 않는 자는 결단코 (   ) 들어가지 못하리라〉는 (   )장 (   )절이다.

23. 〈네게 있는 것을 다 팔아 (   ) 자들에게 나눠 주라 그리하면 하늘에서 네게 (   )가 있으리라〉는 누가 누구에게 한 말입 니까?

24. 〈무릇 (   )이 할 수 없는 것을 (   )은 하실 수 있느니라〉

25. 〈그들은 (   )하고 그를 죽일 것이나 그는 (   ) 만에 살아나리라〉에서 '그들'과 '그'는 각각 누구입니까?

26. 〈(   )가 서서 주께 여짜오되 주여 보시옵소서 내 (   )의 절반을 가난한 자들에게 주겠사오며 만일 누구의 것을 (   ) 빼앗은 일이 있으면 (   ) 갑절이나 갚겠나이다〉는 (   )장 (   )절이다.

27. 〈잘하였다 (   ) 종이여 네가 지극히 작은 것에 (   )하였으니 열 고을 권세를 차지하라〉는 (   )장 (   )절이다.

28. 〈주의 이름으로 오시는 (   )이여 하늘에는 (   )요 가장 높은 곳에는 (   )이로다〉는 (   )장 (   )절이다.

29. 〈내 집은 (   )하는 집이 되리라 하였거늘 너희는 (   )의 소굴을 만들었도다〉는 누가 누구에게 한 말입니까?

30. 〈(   )의 버린 돌이 모퉁이의 (   ) 돌이 되었느니라〉는 (   )장 (   )절이다.

31. 〈선생님이여 우리가 아노니 당신은 바로 (   )하시고 가르치시며 사람을 (   )로 취하지 아니하시고 오직 진리로써 (   )의 도를 가르치시나이다〉에서 '우리'는 누구입니까?

32. 〈죽은 자 가운데서 (   )함을 얻기에 합당히 여김을 받은 자들은 (   ) 가고 시집 가는 일이 없으며 그들은 다시 (   ) 수도 없나니 이는 (   )와 동등이요 부활의 자녀로서 하나님의 (   )임이라〉는 누가 누구에게 한 말입니까?

33. 〈(   )은 죽은 자의 하나님이 아니요 (   ) 있는 자의 하나님이시라 하나님에게는 모든 (   )이 살았느니라〉는 (   )장 (   )절이다.

34. 〈다윗이 (   )를 주라 칭하였으니 어찌 그의 (   )이 되겠느냐〉

35. 〈저들은 그 풍족한 중에서 (   )을 넣었거니와 이 과부는 그 (   ) 중에서 자기가 가지고 있는 생활비 (   )를 넣었느

니라〉에서 '저들'은 누구입니까?

36. 〈너희가 내 ( )으로 말미암아 모든 사람에게 ( )을 받을 것이나 너희 ( ) 하나도 상하지 아니하리라 너희의 ( )로 너희 영혼을 얻으리라〉는 ( )장 ( )절이다.

37. 〈그 때에 사람들이 ( )가 구름을 타고 능력과 큰 ( )으로 오는 것을 보리라〉

38. 〈( )는 없어지겠으나 내 ( )은 없어지지 아니하리라〉에서 '나'는 누구입니까?

39. 〈모든 백성이 그 ( )을 들으려고 이른 ( )에 성전에 나아가더라〉에서 '그 말씀'은 누구의 말씀입니까?

40. 〈( )는 이미 작정된 대로 가거니와 그를 ( ) 그 사람에게는 ( )가 있으리로다〉는 ( )장 ( )절이다.

41. 〈( ) 먹는 자가 크냐 섬기는 자가 크냐 ( ) 먹는 자가 아니냐 그러나 나는 ( ) 자로 너희 중에 있노라〉는 누가 누구에게 한 말입니까?

42. 〈내 ( )대로 마시옵고 아버지의 ( )대로 되기를 원하나이다〉는 ( )장 ( )절이다.

43. 〈( )가 주의 말씀 곧 오늘 ( ) 울기 전에 네가

( ) 번 나를 부인하리라 하심이 생각나서 밖에 나가서 심히 ( )하니라〉는 ( )장 ( )절이다.

44. 〈그가 행한 일에는 ( ) 일이 없느니라〉는 누가 한 말이며 '그'는 누구입니까?

45. 〈예루살렘의 딸들아 나를 위하여 ( ) 말고 너희와 너희 ( )를 위하여 울라〉에서 '나'는 누구입니까?

46. 〈아버지 저들을 ( )하여 주옵소서 자기들이 하는 것을 알지 못함이니이다〉에서 '저들'은 누구라고 생각합니까?

47. 〈오늘 네가 나와 함께 ( )에 있으리라〉에서 '너'는 누구입니까?

48. 〈이 사람은 정녕 의인이었도다〉는 누가 한 말입니까?

49. 〈( )가 죄인의 손에 넘겨져 ( )에 못 박히고 ( )에 다시 살아나야 하리라〉는 ( )장 ( )절이다.

50. 〈내 ( )과 발을 보고 나인 줄 알라 또 나를 ( ) 보라 영은 살과 ( )가 없으되 너희 보는 바와 같이 나는 있느니라〉는 누가 누구에게 한 말입니까?

51. 〈너희는 이 모든 일의 ( )이라〉는 ( )장 ( )절이다.

52. 오늘 읽은 말씀 중 가장 좋아하는 성경 구절을 외워 쓰십시오.

06 신약(개역개정판) 성경대학문제

요한복음 1-10장

(　　　)년 (　　)월 (　　)일　　　이름 (　　　)

1. 〈태초에 (　　　)이 계시니라 이 (　　　)이 하나님과 함께 계셨으니 이 (　　　)은 곧 하나님이시니라〉는 (　　　)장 (　　　)절이다.

2. 〈(　　　)이 육신이 되어 우리 가운데 거하시매 우리가 그의 (　　　)을 보니 아버지의 (　　　)의 영광이요 은혜와 (　　　)가 충만하더라〉는 (　　　)장 (　　　)절이다.

3. 〈본래 (　　　)을 본 사람이 없으되 (　　　) 품 속에 있는 독생하신 (　　　)이 나타내셨느니라〉는 (　　　)장 (　　　)절이다.

4. 〈요한이 (　　　)께서 자기에게 나아오심을 보고 이르되 보라 (　　　)를 지고 가는 하나님의 (　　　)이로다〉는 (　　　)장 (　　　)절이다.

5. 〈내가 보고 그가 하나님의 (　　　)이심을 증언하였노라〉에서 '나'와 '그'는 누구입니까?

6. 〈그가 먼저 자기의 형제 (　　　)을 찾아 말하되 우리가 (　　　)

를 만났다〉에서 '그'는 누구입니까?

7. 〈나다나엘이 대답하되 랍비여 당신은 (　　　　)의 아들이시요 당신은 이스라엘의 (　　　　)이로소이다〉에서 '당신'은 누구입니까?

8. 〈(　　　　)께서 이 첫 표적을 갈릴리 가나에서 행하여 그의 (　　　　)을 나타내시매 (　　　　)들이 그를 믿으니라〉에서 '표적'은 무엇입니까?

9. 〈사람에 대하여 누구의 (　　　　)도 받으실 필요가 없었으니 이는 그가 친히 (　　　　)의 속에 있는 것을 아셨음이니라〉에서 '그'는 누구입니까?

10. 〈사람이 (　　　　)나지 아니하면 (　　　　)의 나라를 볼 수 없느니라〉는 누가 누구에게 한 말입니까?

11. 〈예수께서 대답하시되 (　　　　) 진실로 네게 이르노니 사람이 물과 (　　　　)으로 나지 아니하면 (　　　　)의 나라에 들어갈 수 없느니라〉에서 '너'는 누구입니까?

12. 〈(　　　　)이 세상을 이처럼 사랑하사 (　　　　)를 주셨으니 이는 그를 믿는 자마다 멸망하지 않고 (　　　　)을 얻게 하려 하심이라〉는 (　　　　)장 (　　　　)절이다.

13. 〈그는 (　　　　)하여야 하겠고 나는 쇠하여야 하리라〉에서 '그'와 '나'는 누구입니까?

14. 〈아들을 믿는 자에게는 (　　　)이 있고 아들에게 순종하지 아니하는 자는 (　　　)을 보지 못하고 도리어 하나님의 (　　　)가 그 위에 머물러 있느니라〉는 (　　　)장 (　　　)절이다.

15. 〈내가 주는 물을 마시는 자는 (　　　) 목마르지 아니하리니 내가 주는 물은 그 속에서(　　　)하도록 솟아나는 샘물이 되리라〉는 누가 누구에게 한 말입니까?

16. 〈하나님은 (　　　)이시니 예배하는 자가 (　　　)과 진리로 예배할지니라〉는 누가 누구에게 한 말입니까?

17. 〈내가 행한 모든 (　　　)을 내게 말한 사람을 와서 보라 이는 (　　　)가 아니냐〉는 누가 누구에게 한 말입니까?

18. 〈이제 우리가 (　　　) 것은 네 말로 인함이 아니니 이는 우리가 (　　　) 듣고 그가 참으로 세상의 (　　　)신 줄 앎이라〉에서 '우리'와 '너'와 '그'는 누구입니까?

19. 예수께서 유대에서 갈릴리로 오신 후에 행하신 두 번째 표적은 무엇입니까?

20. 〈예수께서 이르시되 일어나 네 (　　　)를 들고 걸어가라 하시니 그 사람이 곧 (　　　) 자리를 들고 걸어가니라〉에서 '너'는 누구입니까?

21. 〈예수께서 그들에게 이르시되 내 (　　　)께서 이제까지 일하시

니 나도 ( )〉에서 '그들'은 누구인가?

22. 〈내 ( )을 듣고 또 나를 보내신 이를 ( ) 자는 ( )을 얻었고 심판에 이르지 아니하나니 사망에서 ( )으로 옮겼느니라〉는 ( )장 ( )절이다.

23. 〈( )한 일을 행한 자는 ( )의 부활로, ( )한 일을 행한 자는 ( )의 부활로 나오리라〉는 ( )장 ( )절이다.

24. 〈너희가 ( )에서 영생을 얻는 줄 생각하고 ( )을 연구하거니와 이 ( )이 곧 내게 대하여 ( )하는 것이니라〉에서 '나'는 누구입니까?

25. 〈보리떡 ( ) 개로 먹고 남은 조각이 ( ) 바구니에 찼더라 그 사람들이 ( )께서 행하신 이 ( )을 보고 말하되 이는 참으로 세상에 오실 그 ( )라 하더라〉는 ( )장 ( )절이다.

26. 〈우리가 어떻게 하여야 하나님의 ( )을 하오리이까 예수께서 대답하여 이르시되 하나님께서 보내신 이를 ( ) 것이 하나님의 ( )이니라〉는 ( )장 ( )절이다.

27. 〈예수께서 이르시되 나는 ( )의 떡이니 내게 오는 자는 결코 ( ) 아니할 터이요 나를 ( ) 자는 영원히 목마르지 아니하리라〉는 ( )장 ( )절이다.

28. 〈나를 보내신 ( )께서 이끌지 아니하시면 ( ) 내게 올 수 없으니 오는 그를 내가 ( ) 날에 다시 살리리라〉는 ( )장 ( )절이다.

29. 〈( ) 자는 영생을 가졌나니 내가 곧 ( )의 떡이니라〉에서 '나'는 누구입니까?

30. 〈시몬 ( )가 대답하되 주여 영생의 ( )이 주께 있사오니 우리가 ( ) 가오리이까 우리가 주는 ( )의 거룩하신 자이신 줄 ( ) 알았사옵나이다〉는 ( )장 ( )절이다.

31. 〈( )이 너희를 미워하지 아니하되 나를 미워하나니 이는 내가 ( )의 일들을 악하다고 ( )함이라〉에서 '너희'와 '나'는 누구입니까?

32. 〈( )로 판단하지 말고 ( )롭게 판단하라〉는 ( )장 ( )절이다.

33. 〈무리 중의 많은 사람이 ( )를 믿고 말하되 ( )께서 오실지라도 그 행하실 ( )이 이 사람이 행한 것보다 더 많으랴〉는 ( )장 ( )절이다.

34. 〈나를 믿는 자는 ( )에 이름과 같이 그 배에서 ( )의 강이 흘러나오리라〉는 ( )장 ( )절이다.

35. 〈너희 중에 ( ) 없는 자가 먼저 ( )로 치라〉는 누가

누구에게 한 말입니까?

36. 〈내가 나를 위하여 (　　　)하는 자가 되고 나를 보내신 (　　　)도 나를 위하여 증언하시느니라〉는 (　　　)장 (　　　) 절이다.

37. 〈너희가 내 (　　　)에 거하면 참으로 내 (　　　)가 되고 진리를 알지니 진리가 너희를 (　　　) 하리라〉에서 '너희'는 누구입니까?

38. 〈(　　　)께 속한 자는 (　　　)의 말씀을 듣나니 너희가 듣지 아니함은 (　　　)께 속하지 아니하였음이로다〉는 (　　　)장 (　　　)절이다.

39. 〈이 사람이나 그 부모의 (　　　)로 인한 것이 아니라 그에게서 (　　　)이 하시는 일을 나타내고자 하심이라〉에서 '이 사람'은 누구입니까?

40. 〈하나님이 (　　　)의 말을 듣지 아니하시고 (　　　)하여 그의 뜻대로 행하는 자의 (　　　)은 들으시는 줄을 우리가 아나이다〉는 (　　　)장 (　　　)절이다.

41. 〈(　　　) 이후로 맹인으로 난 자의 (　　　)을 뜨게 하였다 함을 (　　　) 못하였으니 이 사람이 (　　　)께로부터 오지 아니하였으면 아무 (　　　)도 할 수 없으리이다〉는 누가 누구에게 한 말입니까?

42. 〈문지기는 그를 위하여 (　　　　)을 열고 양은 그의 (　　　　)을 듣나니 그가 자기 양의 (　　　　)을 각각 불러 인도하여 내느니라〉는 (　　　　)장 (　　　　)절이다.

43. 〈(　　　　)이 오는 것은 도둑질하고 죽이고 (　　　　)시키려는 것 뿐이요 내가 온 것은 (　　　　)으로 생명을 얻게 하고 더 (　　　　) 얻게 하려는 것이라〉는 (　　　　)장 (　　　　)절이다.

44. 〈나는 선한 (　　　　)라 나는 내 양을 알고 (　　　　)도 나를 아는 것이 (　　　　)께서 나를 아시고 내가 (　　　　)를 아는 것 같으니 나는 양을 위하여 (　　　　)을 버리노라〉는 (　　　　)장 (　　　　)절이다.

45. 〈내가 그들에게 (　　　　)을 주노니 영원히 (　　　　)하지 아니할 것이요 또 그들을 내 (　　　　)에서 빼앗을 자가 없느니라 그들을 주신 내 (　　　　)는 만물보다 크시매 아무도 (　　　　) 손에서 빼앗을 수 없느니라〉는 (　　　　)장 (　　　　)절이다.

46. 〈나와 아버지는 하나이니라〉에서 '나'는 누구입니까?

47. 〈(　　　　)은 폐하지 못하나니 (　　　　)의 말씀을 받은 사람들을 (　　　　)이라 하셨거든 하물며 (　　　　)께서 거룩하게 하사 세상에 보내신 자가 나는 (　　　　)의 아들이라 하는 것으로 너희가 어찌 (　　　　)이라 하느냐〉는 (　　　　)장 (　　　　)절이다.

48. 오늘 읽은 말씀 중 가장 좋아하는 성경 구절을 외워 쓰십시오.

07 신약(개역개정판) 성경대학문제

요한복음 11-21장

(　　　)년 (　　)월 (　　)일　　　이름 (　　　)

1. 〈(　　　)께서 와서 보시니 나사로가 (　　　)에 있은 지 이미 (　　　)이라〉는 (　　　)장 (　　　)절이다.

2. 〈나는 (　　　)이요 생명이니 나를 (　　　) 자는 죽어도 살겠고 무릇 살아서 나를 (　　　) 자는 영원히 죽지 아니하리니 이것을 네가 (　　　) 이르되 주여 그러하외다 주는 (　　　)시요 세상에 오시는 하나님의 (　　　)이신 줄 내가 믿나이다〉는 (　　　)장 (　　　)절이다.

3. 〈예수께서 (　　　)을 흘리시더라 이에 유대인들이 말하되 보라 그를 얼마나 (　　　)하셨는가〉는 (　　　)장 (　　　)절이다.

4. 〈나사로야 나오라〉는 누가 한 말이며, 나사로는 누구입니까?

5. 〈한 사람이 (　　　)을 위하여 죽어서 온 민족이 (　　　)하지 않게 되는 것이 너희에게 (　　　)한 줄을 생각하지 아니하는도다〉는 누가 한 말이며 '한 사람'은 누구를 지칭하는 말입니까?

6. 〈( )는 지극히 비싼 향유 곧 순전한 ( ) 한 근을 가져다가 ( )의 발에 붓고 자기 ( )로 그의 발을 닦으니 ( ) 냄새가 집에 가득하더라〉는 ( )장 ( )절이다.

7. 〈그는 ( )이라 돈궤를 맡고 거기 넣는 것을 ( ) 감이러라〉에서 '그'는 누구입니까?

8. 〈유대인의 큰 무리가 ( )께서 여기 계신 줄을 알고 오니 이는 ( )만 보기 위함이 아니요 ( ) 자 가운데서 살리신 ( )도 보려 함이러라〉에서 '여기'는 어디입니까?

9. 〈한 알의 ( )이 땅에 떨어져 ( ) 아니하면 한 알 그대로 있고 죽으면 많은 ( )를 맺느니라〉는 ( )장 ( )절이다.

10. 〈너희에게 아직 ( )이 있을 동안에 ( )을 믿으라 그리하면 ( )의 아들이 되리라〉

11. 〈( ) 중에도 그를 믿는 자가 ( ) 바리새인들 때문에 드러나게 말하지 못하니 이는 ( ) 당할까 두려워함이라〉에서 '그'는 누구입니까?

12. 〈사람이 내 ( )을 듣고 지키지 아니할지라도 내가 그를 ( )하지 아니하노라 내가 온 것은 세상을 ( )하려 함이 아니요 세상을 ( )하려 함이로라〉는 ( )장 ( )절이다.

13. 〈예수께서 이르시되 이미 (   )한 자는 발밖에 씻을 필요가 없느니라 온 (   )이 깨끗하니라 너희가 깨끗하나 다는 아니니라 하시니 이는 자기를 (   ) 자가 누구인지 아심이라〉는 (   )장 (   )절이다.

14. 〈내가 (   )와 또는 선생이 되어 너희 (   )을 씻었으니 너희도 서로 (   )을 씻어 주는 것이 (   )〉에서 '나'와 '너희'는 누구입니까?

15. 〈새 (   )을 너희에게 주노니 서로 (   )하라 내가 너희를 사랑한 것같이 너희도 서로 (   )하라 너희가 서로 (   )하면 이로써 모든 사람이 너희가 내 (   )인 줄 알리라〉는 (   )장 (   )절이다.

16. 〈(   )께서 대답하시되 네가 나를 위하여 네 (   )을 버리겠느냐 내가 진실로 (   ) 네게 이르노니 (   ) 울기 전에 네가 (   ) 번 나를 부인하리라〉에서 '너'는 누구입니까?

17. 〈가서 너희를 위하여 (   )를 예비하면 내가 (   ) 와서 너희를 내게로 (   )하여 나 있는 곳에 너희도 있게 하리라〉는 (   )장 (   )절이다.

18. 〈(   )께서 이르시되 내가 곧 길이요 진리요 (   )이니 나로 말미암지 않고는 (   )께로 올 자가 없느니라〉는 (   )장 (   )절이다.

19. 〈(   )께서 이르시되 빌립아 내가 이렇게 (   ) 너희와 함께 있으되 네가 나를 (   ) 못하느냐 나를 본 자는 (   )를 보았거늘 어찌하여 (   )를 보이라 하느냐〉는 (   )장 (   )절이다.

20. 〈나를 (   ) 자는 내가 하는 (   )을 그도 할 것이요 또한 그보다 (   ) 일도 하리니 이는 내가 (   )께로 감이라〉에서 '나'는 누구입니까?

21. 〈내 (   )으로 무엇이든지 내게 (   )하면 내가 행하리라〉는 (   )장 (   )절이다.

22. 〈내가 (   )께 구하겠으니 그가 또 다른 (   )를 너희에게 주사 영원토록 너희와 (   ) 있게 하리니〉는 (   )장 (   )절이다.

23. 〈(   )께서 대답하여 이르시되 사람이 나를 (   )하면 내 말을 지키리니 내 (   )께서 그를 사랑하실 것이요 우리가 그에게 가서 (   )를 그와 함께 하리라〉에서 '우리'는 누구입니까?

24. 〈(   ) 곧 아버지께서 내 이름으로 보내실 (   ) 그가 너희에게 모든 것을 (   ) 내가 너희에게 (   )한 모든 것을 생각나게 하리라〉는 (   )장 (   )절이다.

25. 〈나의 (   )을 너희에게 주노라 내가 너희에게 주는 것은 (   )이 주는 것과 같지 아니하니라 너희는 (   )에 근심하

지도 말고 두려워하지도 말라〉에서 '나'는 누구입니까?

26. 〈너희가 내 안에 (　　　　)하고 내 말이 너희 안에 (　　　　) 하면 무엇이든지 원하는 대로 (　　　　) 그리하면 이루리라〉는 (　　　　)장 (　　　　)절이다.

27. 〈내 (　　　　)은 곧 내가 너희를 (　　　　)한 것같이 너희도 서로 (　　　　)하라 하는 이것이니라〉에서 '나'는 누구입니까?

28. 〈사람이 (　　　　)를 위하여 자기 (　　　　)을 버리면 이보다 더 큰 (　　　　)이 없나니 너희는 내가 (　　　　)하는 대로 행하면 곧 나의 (　　　　)라〉는 (　　　　)장 (　　　　)절이다.

29. 〈너희가 나를 (　　　　)한 것이 아니요 내가 너희를 (　　　　)하여 세웠나니〉는 누가 누구에게 한 말입니까?

30. 〈(　　　　) 곧 아버지께로부터 나오시는 (　　　　)의 성령이 오실 때에 그가 나를 (　　　　) 하실 것이요〉에서 '나'는 누구입니까?

31. 〈그가 와서 (　　　　)에 대하여, 의에 대하여, (　　　　)에 대하여 세상을 책망하시리라 (　　　　)에 대하여라 함은 그들이 나를 (　　　　) 아니함이요〉에서 '그'와 '나'는 누구입니까?

32. 〈그가 내 (　　　　)을 나타내리니 내 것을 가지고 너희에게 (　　　　)시겠음이라〉에서 '그'와 '나'와 '너희'는 각각 누구입니까?

33. 〈(　　　)까지는 너희가 내 (　　　)으로 아무 것도 구하지 아니하였으나 (　　　) 그리하면 받으리니 너희 (　　　)이 충만하리라〉는 (　　　)장 (　　　)절이다.

34. 〈세상에서는 너희가 (　　　)을 당하나 담대하라 내가 (　　　)을 이기었노라〉

35. 〈(　　　)은 곧 유일하신 참 (　　　)과 그가 보내신 자 (　　　) 그리스도를 아는 것이니이다〉는 (　　　)장 (　　　)절이다.

36. 〈내가 비옵는 것은 그들을 (　　　)에서 데려가시기를 위함이 아니요 다만 (　　　)에 빠지지 않게 (　　　)하시기를 위함이니이다〉는 (　　　)장 (　　　)절이다.

37. 〈그들을 (　　　)로 거룩하게 하옵소서 아버지의 (　　　)은 진리니이다〉는 (　　　)장 (　　　)절이다.

38. 〈내가 비옵는 것은 이 (　　　)만 위함이 아니요 또 그들의 (　　　)로 말미암아 나를 (　　　) 사람들도 위함이니〉에서 '나'와 '그들'는 누구입니까?

39. 베드로가 닭이 울기 전에 예수님을 몇 번 부인했습니까?

40. 〈빌라도가 이르되 그러면 네가 (　　　)이 아니냐 (　　　)께서 대답하시되 네 말과 같이 내가 (　　　)이니라〉는 (　　　)장

( )절이다.

41. 〈( )가 다시 밖에 나가 말하되 보라 이 ( )을 데리고 너희에게 나오나니 이는 내가 그에게서 아무 ( )도 찾지 못한 것을 너희로 알게 하려 함이로라〉는 ( )장 ( )절이다.

42. 〈이 사람을 놓으면 가이사의 ( )이 아니니이다 무릇 자기를 ( )이라 하는 자는 가이사를 ( )하는 것이니이다〉는 누가 한 말이며, '이 사람'은 누구입니까?

43. 예수께서 십자가에서 최후로 하신 말씀은?

44. 〈( )께 이르러서는 이미 죽으신 것을 보고 ( )를 꺾지 아니하고 그 중 한 ( )이 창으로 옆구리를 찌르니 곧 ( )와 물이 나오더라〉는 ( )장 ( )절이다.

45. 빌라도에게 가서 예수의 시체를 가져간 사람은 누구입니까?

46. 부활하신 예수님을 가장 먼저 본 사람은 누구입니까?

47. 〈( )가 대답하여 이르되 나의 주님이시요 나의 ( )이시니이다〉는 ( )장 ( )절이다.

48. 〈( )께서 이르시되 너는 나를 ( ) 믿느냐 보지 못하고 믿는 자들은 ( )되도다 하시니라〉에서 '너'는 누구입니까?

49. 〈오직 이것을 (   )함은 너희로 예수께서 하나님의 아들 (   )이심을 믿게 하려 함이요 또 너희로 (   ) 그 이름을 힘입어 (   )을 얻게 하려 함이니라〉는 (   )장 (   ) 절이다.

50. 〈그물을 배 (   )에 던지라 그리하면 (   ) 하시니 이에 던졌더니 (   )가 많아 그물을 들 수 없더라〉 몇 마리가 잡혔습니까?

51. 〈(   )께서 시몬 베드로에게 이르시되 (   )의 아들 시몬아 네가 이 사람들보다 나를 더 (   )하느냐 하시니 이르되 주님 그러하나이다 내가 주님을 (   )하는 줄 주님께서 아시나이다 이르시되 내 (   )을 먹이라〉는 (   )장 (   )절이다.

52. 〈(   )께서 이르시되 내가 (   )까지 그를 머물게 하고자 할지라도 네게 무슨 (   )이냐 너는 나를 (   )〉에서 '그'와 '너'는 누구입니까?

53. 오늘 읽은 말씀 중 가장 좋아하는 성경 구절을 외워 쓰십시오.

08 신약(개역개정판) 성경대학문제

사도행전 1-14장

(　　)년 (　　)월 (　　)일　　이름 (　　)

1. 〈그가 (　　) 받으신 후에 또한 그들에게 (　　)한 많은 증거로 친히 (　　) 계심을 나타내사 (　　) 일 동안 그들에게 보이시며 (　　) 나라의 일을 말씀하시니라〉에서 '그'와 '그들'은 각각 누구입니까?

2. 〈오직 (　　)이 너희에게 임하시면 너희가 (　　)을 받고 예루살렘과 온 유대와 사마리아와 (　　)까지 이르러 내 (　　)이 되리라〉는 (　　)장 (　　)절이다.

3. 〈(　　) 사람들아 어찌하여 서서 (　　)을 쳐다보느냐 너희 가운데서 (　　)로 올려지신 이 예수는 (　　)로 가심을 본 그대로 (　　)〉는 누가 한 말입니까?

4. 맛디아는 누구입니까?

5. 〈마치 (　　)의 혀처럼 갈라지는 것들이 그들에게 보여 각 (　　) 위에 하나씩 임하여 있더니 그들이 다 (　　)의 충만함을 받고 (　　)이 말하게 하심을 따라 다른 (　　)로 말하기를

시작하니라〉는 (   )장 (   )절이다.

6. 〈(   )이 말씀하시기를 (   )에 내가 내 영을 모든 (   )에 부어주리니 너희의 자녀들은 (   )할 것이요 너희의 젊은이들은 (   )을 보고 너희의 늙은이들은 (   )을 꾸리라〉는 (   )장 (   )절이다.

7. 〈누구든지 주의 (   )을 부르는 자는 (   )을 받으리라〉는 (   )장 (   )절이다.

8. 〈이 (   )를 하나님이 살리신지라 우리가 다 이 일에 (   )이로다〉는 (   )장 (   )절이다.

9. 〈너희가 (   )하여 각각 예수 그리스도의 (   )으로 세례를 받고 (   ) 사함을 받으라 그리하면 (   )의 선물을 받으리니〉는 (   )장 (   )절이다.

10. 〈그들이 (   )의 가르침을 받아 서로 (   )하고 떡을 떼며 오로지 (   )하기를 힘쓰니라〉에서 '그들'은 누구입니까?

11. 〈(   ) 마음을 같이하여 성전에 (   )를 힘쓰고 집에서 떡을 떼며 (   )과 순전한 마음으로 음식을 먹고 (   )을 찬미하며 또 온 백성에게 (   )을 받으니 주께서 (   ) 받는 사람을 날마다 더하게 하시니라〉는 (   )장 (   )절이다.

12. 〈(   )가 이르되 은과 (   )은 내게 없거니와 내게 있는

이것을 네게 주노니 나사렛 (   )의 이름으로 일어나 걸으라〉에서 '너'는 누구입니까?

13. 〈너희가 (   )하고 돌이켜 너희 (   ) 없이 함을 받으라 이같이 하면 (   ) 되는 날이 주 앞으로부터 이를 것이요〉는 누가 누구에게 한 말입니까?

14. 〈땅 위의 (   ) 족속이 너의 씨로 말미암아 (   )을 받으리라〉에서 '너'는 누구입니까?

15. 〈다른 이로써는 (   )을 받을 수 없나니 천하 사람 중에 (   )을 받을 만한 다른 (   )을 우리에게 주신 일이 없음이라〉는 누가 한 말입니까?

16. 〈베드로와 요한이 대답하여 이르되 (   ) 앞에서 너희의 (   )을 듣는 것이 하나님의 (   )을 듣는 것보다 옳은가 판단하라 우리는 (   ) 들은 것을 (   )하지 아니할 수 없다〉에서 '너희'는 누구입니까?

17. 〈(   ) 다하매 모인 곳이 진동하더니 무리가 다 (   )이 충만하여 담대히 하나님의 (   )을 전하니라〉는 (   )장 (   )절이다.

18. 〈믿는 무리가 (   )과 한 뜻이 되어 모든 (   )을 서로 통용하고 자기 (   )을 조금이라도 자기 것이라 하는 이가 (   ) 없더라〉는 (   )장 (   )절이다.

19. 〈너희가 나무에 달아 죽인 (　　　)를 우리 조상의 (　　　)이 살리시고 이스라엘에게 (　　　)함과 죄 사함을 주시려고 그를 (　　　)으로 높이사 임금과 (　　　)로 삼으셨느니라〉는 (　　　)장 (　　　)절이다.

20. 〈그들이 날마다 (　　　)에 있든지 집에 있든지 (　　　)는 그리스도라고 가르치기와 (　　　)하기를 그치지 아니하니라〉에서 '그들'은 누구입니까?

21. 〈형제들아 너희 가운데서 (　　　)과 지혜가 충만하여 (　　　)받는 사람 일곱을 택하라〉

22. 〈하나님의 (　　　)이 점점 왕성하여 예루살렘에 있는 (　　　)의 수가 더 심히 많아지고 허다한 (　　　)의 무리도 이 도에 복종하니라〉는 (　　　)장 (　　　)절이다.

23. 〈스데반이 지혜와 (　　　)으로 말함을 그들이 (　　　) 당하지 못하여〉는 (　　　)장 (　　　)절이다.

24. 스데반이 한 설교 내용은 7장 2-(　　　)절 까지다.

25. 〈주여 이 (　　　)를 그들에게 돌리지 마옵소서〉는 누가 한 말입니까?

26. 〈두 사도가 그들에게 안수하매 (　　　)을 받는지라〉에서 '두 사도'와 '그들'은 각각 누구입니까?

27. 〈내가 (   )를 받음에 무슨 거리낌이 있느냐〉는 누가 누구에게 한 말입니까?

28. 〈사울아 사울아 네가 어찌하여 나를 (   )하느냐 하시거늘 대답하되 (   ) 누구시니이까 이르시되 나는 네가 박해하는 (   )라〉는 (   )장 (   )절이다.

29. 〈(   )께서 이르시되 가라 이 사람은 내 (   )을 이방인과 임금들과 이스라엘 (   )에게 전하기 위하여 택한 나의 (   )이라〉에서 '이 사람'은 누구입니까?

30. 〈베드로가 사람을 다 내보내고 (   )을 꿇고 기도하고 돌이켜 (   )를 향하여 이르되 (   )야 일어나라 하니 그가 (   )을 떠 베드로를 보고 일어나 앉는지라〉는 (   )장 (   )절이다.

31. 〈그가 (   )하여 온 집안과 더불어 (   )을 경외하며 백성을 많이 (   )하고 하나님께 항상 (   )하더니〉에서 '그'는 누구입니까?

32. 〈그들이 대답하되 백부장 (   )는 의인이요 하나님을 (   )하는 사람이라 유대 온 족속이 (   )하더니 그가 거룩한 (   )의 지시를 받아 당신을 그 (   )으로 청하여 말을 들으려 하느니라〉는 누가 누구에게 한 말입니까?

33. 〈(   )가 입을 열어 말하되 내가 참으로 (   )은 사람의

외모를 보지 아니하시고〉는 (　　　　)장 (　　　　)절이다.

34. 〈(　　　　)가 이 말을 할 때에 (　　　　)이 말씀 듣는 모든 사람에게 내려오시니〉는 (　　　　)장 (　　　　)절이다.

35. 〈이 사람들이 우리와 같이 (　　　　)을 받았으니 누가 능히 (　　　　)로 세례 베풂을 금하리요〉에서 '이 사람들'은 누구입니까?

36. 〈(　　　　)이 우리가 주 예수 그리스도를 (　　　　) 때에 주신 것과 같은 (　　　　)을 그들에게도 주셨으니 내가 누구이기에 (　　　　)을 능히 막겠느냐〉에서 '그들'과 '나'는 각각 누구입니까?

37. 〈바나바는 (　　　　) 사람이요 성령과 믿음이 (　　　　)한 사람이라 이에 큰 (　　　　)가 주께 더하여지더라〉는 (　　　　)장 (　　　　)절이다.

38. 〈둘이 (　　　　)에 일 년간 모여 있어 큰 (　　　　)를 가르쳤고 제자들이 안디옥에서 비로소 (　　　　)이라 일컬음을 받게 되었더라〉에서 '둘'은 누구누구입니까?

39. 예수님의 12제자 중 제일 먼저 순교한 사람은 누구입니까?

40. 〈베드로는 (　　　　)에 갇혔고 교회는 그를 위하여 간절히 (　　　　)께 기도하더라〉

41. 베드로는 옥에서 어떻게 나오게 되었습니까?(간단히)

42. 〈헤롯이 영광을 (　　　　)께로 돌리지 아니하므로 (　　　　)의 사자가 곧 치니 (　　　　)에게 먹혀 죽으니라〉는 (　　　　)장 (　　　　)절이다.

43. 〈(　　　　)를 섬겨 금식할 때에 (　　　　)이 이르시되 내가 불러 시키는 (　　　　)을 위하여 바나바와 (　　　　)을 따로 세우라 하시니 이에 (　　　　)하며 기도하고 두 사람에게 (　　　　)하여 보내니라〉는 (　　　　)장 (　　　　)절이다.

44. 〈총독이 그렇게 된 것을 보고 (　　　　) 주의 가르치심을 놀랍게 여기니라〉에서 '그렇게 된 것'은 무엇입니까?(간단히)

45. 〈내가 이새의 아들 (　　　　)을 만나니 내 마음에 (　　　　) 사람이라 내 뜻을 (　　　　) 이루리라〉에서 '나'는 누구입니까?

46. 〈(　　　　)이 약속하신 대로 이 사람의 (　　　　)에서 이스라엘을 위하여 (　　　　)를 세우셨으니 곧 예수라〉에서 '이 사람'은 누구입니까?

47. 〈하나님이 (　　　　) 가운데서 그를 살리신지라 (　　　　)로부터 예루살렘에 함께 올라간 사람들에게 (　　　　) 날 보이셨으니 그들이 이제 백성 앞에서 그의 (　　　　)이라〉에서 '그'는 누구입니까?

48. 〈(　　　　)의 율법으로 너희가 (　　　　)롭다 하심을 얻지 못하던 (　　　　) 일에도 이 사람을 힘입어 믿는 자마다 (　　　　)롭다 하심을 얻는 이것이라〉에서 '이 사람'은 누구입니까?

49. 〈(　　　　　)이 듣고 기뻐하여 (　　　　　)의 말씀을 찬송하며 (　　　　　)을 주시기로 작정된 자는 다 (　　　　　)〉는 (　　　　　)장 (　　　　　)절이다.

50. 〈(　　　　　)이 주목하여 구원을 받을 만한 (　　　　　)이 그에게 있는 것을 보고 큰 소리로 이르되 네 (　　　　　)로 바로 일어서라 하니 그 사람이 (　　　　　) 걷는지라〉는 (　　　　　)장 (　　　　　)절이다.

51. 〈(　　　　　)이 안디옥과 이고니온에서 와서 (　　　　　)를 충동하니 그들이 돌로 (　　　　　)을 쳐서 죽은 줄로 알고 (　　　　　)로 끌어 내치니라〉는 (　　　　　)장 (　　　　　)절이다.

52. 오늘 읽은 말씀 중에서 가장 좋아하는 성경 구절을 외워 쓰십시오.

09 신약(개역개정판) 성경대학문제

사도행전 15-28장

(　　　)년 (　　)월 (　　)일　　　이름 (　　　)

1. 〈우리는 그들이 우리와 (　　　)하게 주 예수의 은혜로 (　　　) 받는 줄을 믿노라〉는 누가 한 말이며, '우리'와 '그들'은 각각 누구입니까?

2. 〈사도와 장로와 온 (　　　)가 그 중에서 사람들을 택하여 (　　　)과 바나바와 함께 (　　　)으로 보내기를 결정하니 곧 형제 중에 (　　　)인 바사바라 하는 유다와 (　　　)더라〉는 (　　　)장 (　　　)절이다.

3. 〈우상의 제물과 (　　　)와 목매어 죽인 것과 (　　　)을 멀리할지니라 이에 스스로 (　　　)면 잘되리라 (　　　)을 원하노라〉는 (　　　)장 (　　　)절이다.

4. 〈서로 (　　　) 다투어 피차 갈라서니 바나바는 (　　　)를 데리고 배 타고 (　　　)로 가고 바울은 (　　　)를 택한 후에 형제들에게 주의 (　　　)에 부탁함을 받고 떠나 수리아와 길리기아로 다니며 (　　　)을 견고하게 하니라〉는 (　　　)장 (　　　)절이다.

5. 〈(　　　　)라 하는 제자가 있으니 그 어머니는 (　　　　) 유대 여자요 아버지는 헬라인이라 (　　　　)는 루스드라와 이고니온에 있는 형제들에게 (　　　　) 받는 자니〉는 (　　　　)장 (　　　　)절이다.

6. 〈바울이 그 환상을 보았을 때 우리가 곧 (　　　　)로 떠나기를 힘쓰니 이는 (　　　　)이 저 사람들에게 (　　　　)을 전하라고 우리를 부르신 줄로 (　　　　)함이러라〉는 (　　　　)장 (　　　　)절이다.

7. 〈그와 그 집이 다 (　　　　)를 받고 우리에게 (　　　　)하여 이르되 만일 나를 (　　　　) 믿는 자로 알거든 내 (　　　　)에 들어와 유하라 하고 (　　　　)하여 머물게 하니라〉에서 '그'는 누구입니까?

8. 〈한밤중에 바울과 실라가 (　　　　)하고 하나님을 (　　　　)하매 죄수들이 듣더라 이에 갑자기 큰 (　　　　)이 나서 옥터가 움직이고 (　　　　)이 곧 다 열리며 모든 사람의 (　　　　) 것이 다 벗어진지라〉는 (　　　　)장 (　　　　)절이다.

9. 〈주 (　　　　)를 믿으라 그리하면 너와 네 집이 (　　　　)을 받으리라〉는 (　　　　)장 (　　　　)절이며, '너'는 누구입니까?

10. 〈(　　　　)이 자기의 관례대로 그들에게로 들어가서 (　　　　) 안식일에 (　　　　)을 가지고 강론하며 뜻을 풀어 (　　　　)가 해를 받고 죽은 자 가운데서 (　　　　) 살아나야 할 것을 (　　　　)하고 이르되 내가 너희에게 전하는 이 예수가 곧 (　　　　)라 하니〉는 (　　　　)장 (　　　　)절이다.

11. 〈(   )에 있는 사람들은 (   )에 있는 사람들보다 더 너그러워서 간절한 마음으로 (   )을 받고 이것이 그러한가 하여 날마다 (   )을 상고하므로 그 중에 (   ) 사람이 많고 또 헬라의 (   )과 남자가 적지 아니하나〉는 (   )장 (   )절이다.

12. 〈그들이 죽은 자의 (   )을 듣고 어떤 사람은 (   )도 하고 어떤 사람은 이 일에 대하여 네 (   )을 다시 듣겠다 하니〉에서 '그들'은 어느 도시 사람들입니까?

13. 바울의 생업은 무엇입니까?

14. 〈(   ) 그리스보가 온 집안과 더불어 (   )를 믿으며 수많은 고린도 사람도 듣고 믿어 (   )를 받더라〉는 (   )장 (   )절이다.

15. 바울이 고린도에 얼마 동안 머물며 하나님의 말씀을 가르쳤습니까?

16. 〈바울이 이르되 요한이 (   )의 세례를 베풀며 백성에게 말하되 내 뒤에 오시는 이를 (   ) 하였으니 이는 곧 (   )라 하거늘 그들이 듣고 주 (   )의 이름으로 세례를 받으니〉에서 '그들'은 몇 명쯤 되었습니까?

17. 〈어떤 사람들은 마음이 굳어 (   )하지 않고 무리 앞에서 이 도를 (   )하거늘 바울이 그들을 떠나 (   )을 따로 세우고 (   ) 서원에서 날마다 강론하니라〉는 (   )장 (   )절이다.

18. 〈(　　　)이 바울의 손으로 놀라운 (　　　)을 행하게 하시니 심지어 사람들이 바울의 (　　　)에서 손수건이나 앞치마를 가져다가 (　　　) 사람에게 얹으면 그 (　　　)이 떠나고 악귀도 나가더라〉는 (　　　)장 (　　　)절이다.

19. 〈주의 (　　　)이 힘이 있어 흥왕하여 (　　　)을 얻으니라〉는 (　　　)장 (　　　)절이다.

20. 바울이 강론을 할 때 졸다가 삼층에서 떨어져 죽은 청년의 이름은? 그는 다시 살아났습니까?

21. 〈내가 달려갈 (　　　)과 주 예수께 받은 (　　　) 곧 하나님의 은혜의 (　　　)을 증언하는 일을 마치려 함에는 나의 (　　　) 조차 조금도 귀한 것으로 여기지 아니하노라〉는 (　　　)장 (　　　)절이다.

22. 〈범사에 여러분에게 (　　　)을 보여준 바와 같이 수고하여 (　　　) 사람들을 돕고 또 (　　　)께서 친히 말씀하신 바 (　　　) 것이 받는 것보다 (　　　)이 있다 하심을 (　　　)하여야 할지니라〉는 누가 누구에게 전한 말입니까?

23. 〈나는 주 예수의 (　　　)을 위하여 결박당할 뿐 아니라 (　　　)에서 죽을 것도 각오하였노라〉에서 '나'는 누구입니까?

24. 〈유대인 중에 믿는 자 (　　　) 명이 있으니 다 율법에 (　　　)을 가진 자라〉는 (　　　)장 (　　　)절이다.

25. 〈나는 유대인으로 길리기아 (   )에서 났고 이 성에서 자라 (   )의 문하에서 우리 조상들의 (   )의 엄한 교훈을 받았고 오늘 너희 모든 사람처럼 (   )께 대하여 열심이 있는 자라〉에서 '나'는 누구입니까?

26. 〈내가 대답하되 (   ) 누구시니이까 하니 이르시되 나는 네가 (   )하는 나사렛 (   )라 하시더라〉는 (   )장 (   )절이다.

27. 〈네가 그를 위하여 모든 (   ) 앞에서 네가 보고 들은 것에 (   )이 되리라〉는 누가 누구에게 한 말입니까? 그리고 '그'는 누구입니까?

28. 〈(   ) 네가 예루살렘에서 나의 일을 (   )한 것같이 로마에서도 (   )하여야 하리라〉는 (   )장 (   )절이다.

29. 바울을 죽이기 전에는 먹지도 아니하고 마시지도 아니하겠다 하고 동맹한 자가 몇 명이었습니까?

30. 〈그들이 기다리는 바 (   )께 향한 소망을 나도 가졌으니 곧 의인과 악인의 (   )이 있으리라 함이니이다 이것으로 말미암아 나도 (   )과 사람에 대하여 항상 (   )에 거리낌이 없기를 힘쓰나이다〉는 (   )장 (   )절이다.

31. 〈(   )가 배석자들과 상의하고 이르되 네가 (   )에게 상소하였으니 (   )에게 갈 것이라〉에서 '너'는 누구입니까?

32. 〈내가 살피건대 죽일 (　　　)를 범한 일이 없더이다 그러나 그가 (　　　)에게 상소한 고로 보내기로 결정하였나이다〉에서 '나'와 '그'는 각각 누구입니까?

33. 〈(　　　) 네가 어찌하여 나를 (　　　)하느냐 가시채를 뒷발질 하기가 네게 (　　　)이니라 내가 대답하되 (　　　) 누구시니이까 주께서 이르시되 나는 네가 박해하는 (　　　)라〉는 (　　　)장 (　　　)절이다.

34. 〈그리스도가 (　　　)을 받으실 것과 죽은 자 가운데서 먼저 (　　　) 살아나사 이스라엘과 이방인들에게 (　　　)을 전하시리라 함이니이다〉는 (　　　)장 (　　　)절이다.

35. 〈바울아 네가 미쳤도다 네 많은 (　　　)이 너를 미치게 한다〉는 누가 한 말입니까?

36. 〈바울이 이르되 (　　　)이 적으나 많으나 당신뿐만 아니라 오늘 내 (　　　)을 듣는 모든 사람도 다 이렇게 (　　　)된 것 외에는 나와 같이 되기를 (　　　)께 원하나이다〉에서 '당신'은 누구입니까?

37. 〈내가 섬기는 (　　　)의 사자가 어제 밤에 내 (　　　) 서서 말하되 (　　　) 두려워하지 말라 네가 (　　　) 앞에 서야 하겠고 또 (　　　)께서 너와 함께 (　　　)하는 자를 다 네게 주셨다 하였으니 그러므로 여러분이여 (　　　) 나는 내게 말씀하신 그대로 되리라고 (　　　)을 믿노라〉는 (　　　)장 (　　　)절이며, '나'는 누구입니까?

38. 〈(　　　　)은 죄수가 헤엄쳐서 (　　　　)할까 하여 그들을 (　　　　) 것이 좋다 하였으나 백부장이 (　　　　)을 구원하려 하여 그들의 뜻을 막고 (　　　　) 줄 아는 사람들을 명하여 물에 뛰어내려 먼저 육지에 나가게 하고〉는 (　　　　)장 (　　　　)절이다.

39. 〈보블리오의 부친이 (　　　　)과 이질에 걸려 누워 있거늘 (　　　　)이 들어가서 기도하고 그에게 (　　　　)하여 낫게 하매〉는 (　　　　)장 (　　　　)절이다.

40. 〈그곳 형제들이 (　　　　) 소식을 듣고 압비오 광장과 트레이스 타베르네까지 맞으러 오니 (　　　　)이 그들을 보고 (　　　　)께 감사하고 담대한 (　　　　)을 얻으니라〉에서 '그곳'은 어디입니까?

41. 〈(　　　　)이 아침부터 저녁까지 강론하여 (　　　　)의 나라를 증언하고 (　　　　)의 율법과 선지자의 말을 가지고 (　　　　)에 대하여 권하더라〉는 (　　　　)장 (　　　　)절이다.

42. 〈바울이 온 (　　　　)를 자기 셋집에 머물면서 자기에게 오는 (　　　　)을 다 영접하고 (　　　　)의 나라를 전파하며 주 예수 (　　　　)에 관한 모든 것을 (　　　　)하게 거침없이 가르치더라〉는 (　　　　)장 (　　　　)절이다.

43. 오늘 읽은 말씀 중 가장 좋아하는 성경 구절을 외워 쓰십시오.

10 신약(개역개정판) 성경대학문제

로마서 1–16장

( )년 ( )월 ( )일 이름 ( )

1. 〈( )의 영으로는 죽은 자들 가운데서 ( )하사 능력으로 하나님의 ( )로 선포되셨으니 곧 우리 주 예수 ( )시니라〉는 ( )장 ( )절이다.

2. 〈( )에서 하나님의 사랑하심을 받고 ( )로 부르심을 받은 모든 자에게 ( ) 우리 아버지와 주 예수 그리스도로부터 ( )와 평강이 있기를 원하노라〉

3. 〈내가 ( )을 부끄러워하지 아니하노니 이 ( )은 모든 믿는 자에게 ( )을 주시는 하나님의 ( )이 됨이라 먼저는 유대인에게요 그리고 ( )에게로다〉

4. 〈오직 의인은 ( )으로 말미암아 살리라〉는 구약 어디에 나옵니까? 하박국 ( )장 ( )절이다.

5. 〈( )로부터 그의 보이지 아니하는 것들 곧 그의 영원하신 ( )과 신성이 그가 만드신 ( )에 분명히 보여 알려졌나니 그러므로 그들이 ( ) 못할지니라〉는 ( )장 ( )

절이다.

6. 〈남자들도 순리대로 ( ) 쓰기를 버리고 서로 향하여 ( )이 불 일듯 하매 남자가 ( )와 더불어 부끄러운 ( )을 행하여 그들의 그릇됨에 상당한 ( )을 그들 자신이 받았느니라〉는 ( )장 ( )절이다.

7. 〈남을 ( )하는 것으로 네가 너를 ( )함이니 판단하는 네가 같은 ( )을 행함이니라〉는 ( )장 ( )절이다.

8. 《( ) 앞에서는 율법을 듣는 자가 ( )이 아니요 오직 율법을 ( )하는 자라야 의롭다 하심을 얻으리니〉는 ( )장 ( )절이다.

9. 〈사람은 다 ( )되되 오직 하나님은 ( )되시다〉는 ( )장 ( )절이다.

10. 《( )은 없나니 하나도 없으며〉는 ( )장 ( )절이다.

11. 《( )의 행위로 그의 앞에 ( )롭다 하심을 얻을 육체가 없나니 ( )으로는 ( )를 깨달음이니라〉는 ( )장 ( )절이다.

12. 〈모든 사람이 ( )를 범하였으매 하나님의 ( )에 이르지 못하더니 ( ) 예수 안에 있는 ( )으로 말미암아 하나님의 ( )로 값 없이 ( )롭다 하심을 얻은 자 되었느니

라〉는 (　　　)장 (　　　)절이다.

13. 〈사람이 (　　　)롭다 하심을 얻는 것은 (　　　)의 행위에 있지 않고 (　　　)으로 되는 줄 우리가 인정하노라〉는 (　　　)장 (　　　)절이다.

14. 〈(　　　)이 무엇을 말하느냐 아브라함이 하나님을 (　　　) 그것이 그에게 (　　　)로 여겨진 바 되었느니라〉는 (　　　)장 (　　　)절이다.

15. 〈그가 할례의 (　　　)를 받은 것은 무할례시에 (　　　)으로 된 의를 (　　　)친 것이니〉

16. 〈(　　　)이나 그 후손에게 세상의 (　　　)가 되리라고 하신 언약은 (　　　)으로 말미암은 것이 아니요 오직 (　　　)의 의로 말미암은 것이니라〉는 (　　　)장 (　　　)절이다.

17. 〈(　　　)하신 그것을 또한 능히 이루실 줄을 (　　　)하였으니 그러므로 그것이 그에게 (　　　)로 여겨졌느니라〉에서 '그'는 누구입니까?

18. 〈우리가 (　　　)으로 의롭다 하심을 받았으니 우리 주 (　　　) 그리스도로 말미암아 하나님과 (　　　)을 누리자〉는 (　　　)장 (　　　)절이다.

19. 〈우리가 (　　　) 중에도 즐거워하나니 이는 환난은 (　　　)

를, 인내는 (　　　　)을, 연단은 (　　　　)을 이루는 줄 앎이로다〉는 (　　　　)장 (　　　　)절이다.

20. 〈우리가 아직 (　　　　) 되었을 때에 (　　　　)께서 우리를 위하여 죽으심으로 (　　　　)께서 우리에 대한 자기의 (　　　　)을 확증하셨느니라〉는 (　　　　)장 (　　　　)절이다.

21. 〈한 사람이 (　　　　)하지 아니함으로 많은 사람이 (　　　　)된 것 같이 한 사람이 (　　　　)하심으로 많은 사람이 (　　　　)이 되리라〉에서 '한 사람'은 각각 누구를 말합니까?

22. 〈만일 우리가 그의 (　　　　)과 같은 모양으로 연합한 자가 되었으면 또한 그의 (　　　　)과 같은 모양으로 연합한 자도 되리라〉에서 '그'는 누구입니까?

23. 〈너희 지체를 (　　　　)의 무기로 죄에게 내주지 말고 오직 너희 (　　　　)을 죽은 자 가운데서 (　　　　) 살아난 자같이 하나님께 드리며 너희 지체를 (　　　　)의 무기로 하나님께 드리라〉는 (　　　　)장 (　　　　)절이다.

24. 〈(　　　　)의 삯은 사망이요 하나님의 (　　　　)는 그리스도 예수 우리 주 안에 있는 (　　　　)이니라〉는 (　　　　)장 (　　　　)절이다.

25. 〈율법이 (　　　　)냐 그럴 수 없느니라 (　　　　)으로 말미암지 않고는 내가 (　　　　)를 알지 못하였으니 곧 율법이 (　　　　) 말라 하지 아니하였더라면 내가 (　　　　)을 알지 못하였으리라〉는

(　　　)장 (　　　)절이다.

26. 〈내가 원하는 바 (　　　)은 행하지 아니하고 도리어 원하지 아니하는 바 (　　　)을 행하는도다〉는 (　　　)장 (　　　)절이다.

27. 〈오호라 나는 (　　　)한 사람이로다 이 (　　　)의 몸에서 누가 나를 건져내랴 우리 주 (　　　) 그리스도로 말미암아 (　　　)께 감사하리로다〉는 (　　　)장 (　　　)절이다.

28. 〈이제 그리스도 (　　　) 안에 있는 자에게는 결코 (　　　)함이 없나니 이는 그리스도 (　　　) 안에 있는 생명의 (　　　)의 법이 죄와 (　　　)의 법에서 너를 (　　　)하였음이라〉는 (　　　)장 (　　　)절이다.

29. 〈그리스도 (　　　)를 죽은 자 가운데서 (　　　) 이가 너희 안에 거하시는 그의 (　　　)으로 말미암아 너희 죽을 (　　　)도 살리시리라〉는 (　　　)장 (　　　)절이다.

30. 〈(　　　)이 친히 우리의 영과 더불어 우리가 (　　　)의 자녀인 것을 (　　　)하시나니〉는 (　　　)장 (　　　)절이다.

31. 〈현재의 (　　　)은 장차 우리에게 나타날 (　　　)과 비교할 수 없도다〉

32. 〈(　　　)도 우리의 연약함을 도우시나니 우리는 마땅히 (　　　)할 바를 알지 못하나 오직 (　　　)이 말할 수 없는 탄

식으로 우리를 위하여 (   ) 간구하시느니라〉는 (   )장 (   )절이다.

33. 〈우리가 알거니와 하나님을 (   )하는 자 곧 그의 (   )대로 부르심을 입은 자들에게는 (   ) 것이 합력하여 (   )을 이루느니라〉는 (   )장 (   )절이다.

34. 〈자기 (   )을 아끼지 아니하시고 우리 모든 (   )을 위하여 내주신 이가 어찌 그 (   )과 함께 모든 것을 우리에게 주시지 아니하겠느냐〉는 (   )장 (   )절이다.

35. 〈다시 살아나신 이는 (   ) 예수시니 그는 하나님 (   )에 계신 자요 우리를 위하여 (   )하시는 자시니라〉는 (   )장 (   )절이다.

36. 〈어떤 (   )이라도 우리를 우리 주 (   ) 예수 안에 있는 하나님의 (   )에서 끊을 수 없으리라〉는 (   )장 (   )절이다.

37. 〈그 (   )이 아직 나지도 아니하고 무슨 (   )이나 악을 행하지 아니한 때에 (   )을 따라 되는 하나님의 뜻이 (   )로 말미암지 않고 오직 (   ) 이로 말미암아 서게 하려 하사〉는 (   )장 (   )절이다.

38. 〈(   )은 사랑하고 (   )는 미워하였다 하심과 같으니라〉는 (   )장 (   )절이다.

39. 〈(　　　　)가 진흙 한 덩이로 하나는 (　　　　) 쓸 그릇을, 하나는 (　　　　) 쓸 그릇을 만들 (　　　　)이 없느냐〉는 (　　　　)장 (　　　　)절이다.

40. 〈사람이 마음으로 믿어 (　　　　)에 이르고 입으로 시인하여 (　　　　)에 이르느니라〉는 (　　　　)장 (　　　　)절이다.

41. 〈누구든지 (　　　　)의 이름을 부르는 자는 (　　　　)을 받으리라〉는 (　　　　)장 (　　　　)절이다.

42. 〈보내심을 받지 아니하였으면 어찌 (　　　　)하리요 기록된 바 아름답도다 (　　　　) 소식을 전하는 자들의 (　　　　)이여 함과 같으니라〉

43. 〈(　　　　)은 들음에서 나며 들음은 그리스도의 (　　　　)으로 말미암았느니라〉는 (　　　　)장 (　　　　)절이다.

44. 〈내가 말하노니 (　　　　)이 자기 백성을 버리셨느냐 그럴 수 없느니라 나도 (　　　　)이요 아브라함의 씨에서 난 자요 (　　　　) 지파라〉에서 '나'는 누구입니까?

45. 〈그들이 넘어짐으로 (　　　　)이 이방인에게 이르러 이스라엘로 (　　　　)나게 함이니라〉

46. 〈(　　　　)의 은사와 부르심에는 (　　　　)이 없느니라〉는 (　　　　)장 (　　　　)절이다.

47. 〈너희는 이 세대를 (   ) 말고 오직 마음을 (   ) 함으로 변화를 받아 (   )의 선하시고 기뻐하시고 (   )하신 뜻이 무엇인지 (   )하도록 하라〉

48. 〈우리 많은 (   )이 그리스도 안에서 한 (   )이 되어 서로 (   )가 되었느니라〉는 (   )장 (   )절이다.

49. 〈(   )에는 거짓이 없나니 (   )을 미워하고 선에 속하라 형제를 (   )하여 서로 우애하고 (   )하기를 서로 먼저 하며 부지런하여 게으르지 말고 (   )을 품고 주를 섬기라〉는 (   )장 (   )절이다.

50. 〈내 (   )하는 자들아 너희가 친히 (   )를 갚지 말고 하나님의 (   )에 맡기라 기록되었으되 (   ) 갚는 것이 내게 있으니 내가 (   )고 주께서 말씀하시니라〉

51. 〈(   )에게 지지 말고 선으로 (   )을 이기라〉는 (   )장 (   )절이다.

52. 〈각 사람은 위에 있는 (   )에게 복종하라 권세는 (   )으로부터 나지 않음이 없나니 모든 (   )는 다 하나님께서 정하신 바라〉

53. 〈피차 (   )의 빚 외에는 아무에게든지 아무 (   )도 지지 말라 남을 (   )하는 자는 (   )을 다 이루었느니라〉는 (   )장 (   )절이다.

54. 〈사랑은 이웃에게 (   )을 행하지 아니하나니 그러므로 사랑은 (   )의 완성이니라〉

55. 〈오직 주 예수 그리스도로 (   ) 입고 정욕을 위하여 (   )의 일을 도모하지 말라〉는 (   )장 (   )절이다.

56. 〈네가 어찌하여 네 (   )를 비판하느냐 어찌하여 네 (   )를 업신여기느냐 우리가 다 하나님의 (   ) 앞에 서리라〉는 (   )장 (   )절이다.

57. 〈(   )의 나라는 먹는 것과 마시는 것이 아니요 오직 (   ) 안에 있는 의와 평강과 (   )이라〉는 (   )장 (   )절이다.

58. 〈믿음이 (   )한 우리는 마땅히 믿음이 (   )한 자의 약점을 담당하고 자기를 (   ) 하지 아니할 것이라〉는 (   )장 (   )절이다.

59. 〈(   )의 하나님이 모든 기쁨과 평강을 (   ) 안에서 너희에게 충만하게 하사 (   )의 능력으로 소망이 (   ) 하시기를 원하노라〉는 (   )장 (   )절이다.

60. 〈내가 (   )의 이름을 부르는 곳에는 (   )을 전하지 않기를 힘썼노니 이는 (   )의 터 위에 (   )하지 아니하려 함이라〉는 (   )장 (   )절이다.

61. 〈내가 너희에게 나아갈 때에 (   )의 충만한 복을 가지고 갈 줄을 아노라〉에서 '나'와 '너희'는 각각 누구입니까?

62. 〈그들은 내 목숨을 위하여 자기들의 (   )까지도 내놓았나니 나뿐 아니라 이방인의 모든 (   )도 그들에게 감사하느니라〉에서 '그들'는 누구입니까?

63. 〈(   )로우신 하나님께 예수 그리스도로 말미암아 (   )이 세세무궁하도록 있을지어다 아멘〉은 (   )장 (   )절이다.

64. 오늘 읽은 말씀 중 가장 좋아하는 성경 구절을 외워 쓰십시오.

11 신약(개역개정판) 성경대학문제

고린도전서 1-16장
고린도후서 1-13장

(　　　)년 (　　)월 (　　)일　　　이름 (　　　　)

고린도 전서

1. 〈(　　　)께서 너희를 우리 주 예수 그리스도의 날에 (　　　) 할 것이 없는 자로 (　　　) 견고하게 하시리라〉는 (　　　)장 (　　　)절이다.

2. 〈(　　　)의 도가 멸망하는 자들에게는 (　　　)한 것이요 구원을 받는 우리에게는 하나님의 (　　　)이라〉는 (　　　)장 (　　　) 절이다.

3. 〈이 세상이 자기 (　　　)로 하나님을 알지 못하므로 하나님께서 (　　　)의 미련한 것으로 믿는 자들을 (　　　)하시기를 기뻐하셨도다〉는 (　　　)장 (　　　)절이다.

4. 〈우리는 (　　　)에 못 박힌 그리스도를 전하니 (　　　)에게는 거리끼는 것이요 (　　　)에게는 미련한 것이로되 오직 (　　　)을 받은 자들에게는 유대인이나 헬라인이나 (　　　)는 하나님의 능력

이요 하나님의 (   )니라〉는 (   )장 (   )절이다.

5. 〈(   )하는 자는 주 안에서 자랑하라〉는 (   )장 (   )절이다.

6. 〈내가 너희 중에서 (   ) 그리스도와 그가 (   )에 못 박히신 것 외에는 아무 것도 알지 아니하기로 (   )하였음이라〉에서 '나'와 '너희'는 누구입니까?

7. 〈(   )에 속한 사람은 하나님의 (   )의 일들을 받지 아니하나니 이는 그것들이 그에게는 (   ) 보임이요, 또 그는 그것들을 알 수도 없나니 그러한 일은 (   )으로 분별되기 때문이라〉는 (   )장 (   )절이다.

8. 〈너희는 아직도 (   )에 속한 자로다 너희 가운데 (   )와 분쟁이 있으니 어찌 (   )에 속하여 사람을 따라 (   )이 아니리요〉는 (   )장 (   )절이다.

9. 〈나는 (   ) 아볼로는 물을 주었으되 오직 (   )께서 자라나게 하셨나니 그런즉 (   )이나 물 주는 이는 아무 것도 아니로되 오직 자라게 하시는 이는 (   )뿐이니라〉에서 '나'는 누구입니까?

10. 〈너희는 너희가 하나님의 (   )인 것과 하나님의 (   )이 너희 안에 (   )시는 것을 알지 못하느냐〉는 (   )장 (   )절이다.

11. 〈맡은 자들에게 구할 것은 (   )이니라〉는 (   )장 (   )절이다.

12. 〈너희는 나를 본받는 자가 되라〉에서 '나'는 누구입니까?

13. 〈하나님의 나라는 (   )에 있지 아니하고 오직 (   )에 있음이라〉는 (   )장 (   )절이다.

14. 〈이런 자를 (   )에게 내주었으니 이는 육신은 멸하고 (   )은 주 예수의 날에 (   )을 받게 하려 함이라〉에서 '이런 자'는 누구입니까?

15. 〈우리가 천사를 (   )할 것을 너희가 알지 못하느냐 그러하거든 하물며 (   ) 일이랴〉는 (   )장 (   )절이다.

16. 〈하나님이 (   )를 다시 살리셨고 또한 그의 (   )으로 우리를 다시 살리시리라〉

17. 〈너희는 너희 자신의 것이 아니라 (   )으로 산 것이 되었으니 그런즉 너희 (   )으로 하나님께 (   )을 돌리라〉는 (   )장 (   )절이다.

18. 〈서로 (   )하지 말라 다만 (   )할 틈을 얻기 위하여 합의상 (   ) 동안은 하되 다시 합하라 이는 너희가 (   ) 못함으로 말미암아 사탄이 너희를 (   )하지 못하게 하려 함이라〉는 (   )장 (   )절이다.

19. 〈(　　　　)한 자들에게 내가 명하노니(명하는 자는 내가 아니요 (　　　　)시라) 여자는 (　　　　)에게서 갈라서지 말고〉

20. 〈너희는 (　　　　)으로 사신 것이니 사람들의 (　　　　)이 되지 말라〉는 (　　　　)장 (　　　　)절이다.

21. 〈지식은 (　　　　)하게 하며 사랑은 (　　　　)을 세우나니〉는 (　　　　)장 (　　　　)절이다.

22. 〈우리가 (　　　　)은 세상에 아무 것도 아니며 또한 (　　　　)은 한 분밖에 없는 줄 아노라〉는 (　　　　)장 (　　　　)절이다.

23. 〈너희의 (　　　　)가 믿음이 약한 자들에게 (　　　　) 넘어지게 하는 것이 되지 않도록 (　　　　)하라〉는 (　　　　)장 (　　　　)절이다.

24. 〈만일 (　　　　)이 내 형제를 실족하게 한다면 나는 영원히 (　　　　)를 먹지 아니하여 내 형제를 (　　　　)하지 않게 하리라〉에서 '나'는 누구입니까?

25. 〈(　　　　)을 밟아 떠는 소에게 (　　　　)을 씌우지 말라〉는 (　　　　)장 (　　　　)절이다.

26. 〈내가 (　　　　)을 전할지라도 (　　　　)할 것이 없음은 내가 부득불 할 일임이라 만일 (　　　　)을 전하지 아니하면 내게 (　　　　)가 있을 것이로다〉는 (　　　　)장 (　　　　)절이다.

27. 〈이기기를 다투는 자마다 모든 일에 (　　　　)하나니 그들은 썩을 (　　　　)의 관을 얻고자 하되 우리는 썩지 (　　　　)할 것을 얻고자 하노라〉는 (　　　　)장 (　　　　)절이다.

28. 〈사람이 감당할 (　　　　) 밖에는 너희가 당한 것이 없나니 오직 (　　　　)은 미쁘사 너희가 감당하지 못할 (　　　　) 당함을 허락하지 아니하시고 (　　　　) 당할 즈음에 또한 피할 길을 내사 너희로 (　　　　) 감당하게 하시느니라〉는 (　　　　)장 (　　　　)절이다.

29. 〈누구든지 자기의 (　　　　)을 구하지 말고 남의 (　　　　)을 구하라〉는 (　　　　)장 (　　　　)절이다.

30. 〈너희가 먹든지 마시든지 (　　　　)을 하든지 다 하나님의 (　　　　)을 위하여 하라〉는 (　　　　)장 (　　　　)절이다.

31. 〈내가 (　　　　)를 본받는 자가 된 것같이 너희는 나를 (　　　　) 자가 되라〉에서 '나' 는 누구입니까?

32. 〈너희가 이 (　　　　)을 먹으며 이 잔을 마실 때마다 (　　　　)의 죽으심을 그가 오실 때까지 (　　　　)하는 것이니라〉는 (　　　　)장 (　　　　)절이다.

33. 〈(　　　　)으로 아니하고는 누구든지 (　　　　)를 주시라 할 수 없느니라〉는 (　　　　)장 (　　　　)절이다.

34. 〈(　　　　)은 하나인데 많은 (　　　　)가 있고 몸의 지체가 많으

나 한 (   )임과 같이 (   )도 그러하니라〉는 (   )장 (   )절이다.

35. 〈너희는 (   )의 몸이요 지체의 (   )이라〉는 (   )장 (   )절이다.

36. 〈사랑은 오래 (   ) 사랑은 온유하며 (   )하지 아니하며 사랑은 (   )하지 아니하며 (   )하지 아니하며 무례히 (   )하지 아니하며 자기의 (   )을 구하지 아니하며 (   )내지 아니하며 (   )한 것을 생각하지 아니하며 (   )를 기뻐하지 아니하며 (   )와 함께 기뻐하고 모든 것을 (   )으며 모든 것을 (   ) 모든 것을 바라며 모든 것을 (   )〉는 (   )장 (   )절이다.

37. 〈그런즉 믿음, 소망, (   ), 이 세 가지는 항상 있을 것인데 그중의 제일은 (   )이라〉는 (   )장 (   )절이다.

38. 〈내가 영으로 (   )하고 또 마음으로 (   )하며 내가 영으로 (   )하고 또 마음으로 (   )하리라〉는 (   )장 (   )절이다.

39. 〈(   )에서 네가 남을 가르치기 위하여 깨달은 마음으로 (   ) 마디 말을 하는 것이 (   ) 마디 방언으로 말하는 것보다 나으니라〉는 (   )장 (   )절이다.

40. 〈하나님은 (   )의 하나님이 아니시요 오직 (   )의 하나

님이시니라〉

41. 〈내가 받은 것을 ( ) 너희에게 전하였노니 이는 성경대로 ( )께서 우리 ( )를 위하여 죽으시고 ( ) 지낸 바 되셨다가 성경대로 사흘 만에 다시 ( )나사〉는 ( )장 ( )절이다.

42. 〈이제 ( )께서 죽은 자 가운데서 ( ) 살아나사 잠자는 자들의 첫 ( )가 되셨도다〉는 ( )장 ( )절이다.

43. 〈( ) 안에서 모든 사람이 죽은 것같이 ( ) 안에서 모든 사람이 ( )을 얻으리라〉는 ( )장 ( )절이다.

44. 〈( )의 몸으로 심고 신령한 몸으로 ( ) 살아나나니 육의 몸이 있은즉 또 ( )의 몸도 있느니라〉

45. 〈내 사랑하는 형제들아 ( )하며 흔들리지 말고 항상 ( )의 일에 더욱 힘쓰는 자들이 되라 이는 너희 ( )가 주 안에서 ( ) 않은 줄 앎이라〉는 ( )장 ( )절이다.

46. 〈깨어 ( )에 굳게 서서 남자답게 ( )하라 너희 모든 일을 ( )으로 행하라〉는 ( )장 ( )절이다.

47. 〈만일 누구든지 주를 ( )하지 아니하면 ( )를 받을지어다〉

48. 〈(　　　) 우리 아버지와 주 (　　　) 그리스도로부터 은혜와 (　　　)이 있기를 원하노라〉는 (　　　)장 (　　　)절이다.

49. 〈우리 주 (　　　)의 날에는 너희가 우리의 (　　　)이 되고 우리가 너희의 (　　　)이 되는 그것이라〉는 (　　　)장 (　　　)절이다.

50. 〈하나님의 (　　　)은 얼마든지 그리스도 안에서 (　　　)가 되니 그런즉 그로 말미암아 우리가 (　　　) 하여 하나님께 (　　　)을 돌리게 되느니라〉는 (　　　)장 (　　　)절이다.

51. 〈그가 또한 우리에게 (　　　)치시고 보증으로 우리 마음에 (　　　)을 주셨느니라〉에서 '그'는 누구입니까?

52. 〈우리는 (　　　) 받는 자들에게나 (　　　)하는 자들에게나 하나님 앞에서 그리스도의 (　　　)〉는 (　　　)장 (　　　)절이다.

53. 〈너희는 우리로 말미암아 나타난 (　　　)의 편지니 이는 (　　　)으로 쓴 것이 아니요 오직 살아 계신 (　　　)의 영으로 쓴 것이며 또 (　　　)에 쓴 것이 아니요 오직 육의 (　　　)에 쓴 것이라〉에서 '너희'와 '우리'는 각각 누구입니까?

54. 〈(　　　)의 영이 계신 곳에는 (　　　)가 있느니라〉는 (　　　)장 (　　　)절이다.

55. 〈(　　　　)를 받아도 버린 바 되지 아니하며 거꾸러뜨림을 당하여도 (　　　　)하지 아니하고〉는 (　　　　)장 (　　　　)절이다.

56. 〈우리가 (　　　　)하지 아니하노니 겉사람은 (　　　　)지나 우리의 속사람은 날로 (　　　　)도다〉는 (　　　　)장 (　　　　)절이다.

57. 〈만일 (　　　　)에 있는 우리의 장막 집이 무너지면 (　　　　)께서 지으신 집 곧 (　　　　)으로 지은 것이 아니요 하늘에 있는 (　　　　) 집이 우리에게 있는 줄 아느니라〉는 (　　　　)장 (　　　　)절이다.

58. 〈우리가 다 반드시 (　　　　)의 심판대 앞에 나타나게 되어 각각 (　　　　)에 그 몸으로 (　　　　)한 것을 따라 받으려 함이라〉는 (　　　　)장 (　　　　)절이다.

59. 〈누구든지 (　　　　) 안에 있으면 새로운 (　　　　)이라〉는 (　　　　)장 (　　　　)절이다.

60. 〈하나님의 (　　　　)를 헛되이 받지 말라〉는 (　　　　)장 (　　　　)절이다.

61. 〈우리는 살아 계신 하나님의 (　　　　)이라〉는 (　　　　)장 (　　　　)절이다.

62. 〈하나님의 (　　　　)대로 하는 근심은 후회할 것이 없는 (　　　　)에 이르게 하는 (　　　　)를 이루는 것이요 세상 근심은 (　　　　)

을 이루는 것이니라〉는 (   )장 (   )절이다.

63. 〈그들이 먼저 (   )을 주께 드리고 또 (   )의 뜻을 따라 우리에게 주었도다〉

64. 〈너희는 여러 (   ) 앞에서 너희의 (   )과 너희에 대한 우리 자랑의 (   )를 그들에게 보이라〉는 (   )장 (   )절이다.

65. 〈적게 심는 자는 (   ) 거두고 많이 심는 자는 (   ) 거둔다〉는 (   )장 (   )절이다.

66. 〈각각 그 (   )에 정한 대로 할 것이요 (   )함으로나 억지로 하지 말지니 (   )은 즐겨 내는 자를 (   )하시느니라〉

67. 〈그가 흩어 (   ) 자들에게 주었으니 그의 (   ) 영원토록 있느니라〉

68. 〈우리의 싸우는 무기는 (   )에 속한 것이 아니요 오직 어떤 견고한 진도 무너뜨리는 (   )의 능력이라〉는 (   )장 (   )절이다.

69. 〈(   ) 인정함을 받는 자는 자기를 (   )하는 자가 아니요 오직 주께서 (   )하시는 자니라〉는 (   )장 (   )절이다.

70. 〈내가 비록 (   )에는 부족하나 (   )에는 그렇지 아니하니〉에서 '나'는 누구입니까?

71. 〈내가 부득불 (   )할진대 내가 (   ) 것을 자랑하리라〉는 (   )장 (   )절이다.

72. 〈내 (   )가 네게 족하도다 이는 내 (   )이 약한 데서 (   )하여짐이라〉에서 '나'와 '너'는 누구입니까?

73. 〈(   )께서 약하심으로 십자가에 못 박히셨으나 (   )의 능력으로 살아 계시니 우리도 그 안에서 (   ) 너희에게 대하여 (   )의 능력으로 그와 함께 살리라〉는 (   )장 (   )절이다.

74. 〈주 예수 그리스도의 (   )와 하나님의 (   )과 성령의 (   )하심이 너희 무리와 함께 있을지어다〉는 (   )장 (   )절이다.

75. 오늘 읽은 말씀 중 가장 좋아하는 성경 구절을 외워 쓰십시오.

12 신약(개역개정판) 성경대학문제

갈라디아서 1-6장, 에베소서 1-6장
빌립보서 1-4장, 골로새서 1-4장

(　　　)년 (　　)월 (　　)일　　이름 (　　　)

갈라디아서

1. 〈(　　　)께서 하나님 곧 우리 아버지의 (　　　)을 따라 이 악한 세대에서 (　　　)를 건지시려고 우리 (　　　)를 대속하기 위하여 자기 (　　　)을 주셨으니〉는 (　　　)장 (　　　)절이다.

2. 〈하늘로부터 온 (　　　)라도 우리가 너희에게 전한 (　　　) 외에 다른 복음을 전하면 (　　　)를 받을지어다〉는 (　　　)장 (　　　)절이다.

3. 〈내 (　　　)의 태로부터 나를 (　　　)하시고 그의 은혜로 나를 부르신 이가 그의 (　　　)을 이방에 전하기 위하여 그를 내 속에 (　　　)내시기를 기뻐하셨을 때에 내가 곧 (　　　)과 의논하지 아니하고〉에서 '나'와 '나를 부르신 이'는 누구입니까?

4. 〈(　　　)에게 역사하사 그를 할례자의 (　　　)로 삼으신 이가 또한 내게 역사하사 나를 (　　　)의 사도로 삼으셨느니라〉에서 '나'

는 누구입니까?

5. 〈(　　　)이 의롭게 되는 것은 율법의 (　　　)로 말미암음이 아니요 오직 (　　　) 그리스도를 (　　　)으로 말미암는 줄 알므로 우리도 그리스도 (　　　)를 믿나니 이는 우리가 율법의 (　　　)로써가 아니고 그리스도를 (　　　)으로써 의롭다 함을 얻으려 함이라〉는 (　　　)장 (　　　)절이다.

6. 〈내가 그리스도와 함께 (　　　)에 못 박혔나니 그런즉 이제는 내가 (　　　) 것이 아니요 오직 내 안에 (　　　)께서 사시는 것이라〉는 (　　　)장 (　　　)절이다.

7. 〈만일 (　　　)롭게 되는 것이 (　　　)으로 말미암으면 (　　　)께서 헛되이 죽으셨느니라〉

8. 〈하나님 앞에서 아무도 (　　　)으로 말미암아 (　　　) 되지 못할 것이 분명하니 이는 의인은 (　　　)으로 살리라 하였음이라〉는 (　　　)장 (　　　)절이다.

9. 〈너희가 다 (　　　)으로 말미암아 그리스도 예수 안에서 (　　　)의 아들이 되었으니 누구든지 그리스도와 합하기 위하여 (　　　)를 받은 자는 그리스도로 (　　　) 입었느니라〉

10. 〈(　　　)가 차매 하나님이 그 (　　　)을 보내사 여자에게서 나게 하시고 (　　　) 아래에 나게 하신 것은 (　　　) 아래에 있는 자들을 (　　　)하시고 우리로 아들의 (　　　)을 얻게 하려 하

심이라 너희가 ( )이므로 하나님이 그 아들의 ( )을 우리 마음 가운데 보내사 ( ) 아버지라 부르게 하셨느니라〉는 ( )장 ( )절이다.

11. 〈( )께서 우리를 자유롭게 하려고 ( )를 주셨으니 그러므로 굳건하게 서서 다시는 ( )의 멍에를 메지 말라〉는 ( )장 ( )절이다.

12. 〈그리스도 ( ) 안에서는 할례나 무할례나 효력이 없으되 ( )으로써 역사하는 ( )뿐이니라〉는 ( )장 ( )절이다.

13. 〈형제들아 너희가 ( )를 위하여 부르심을 입었으나 그러나 그 ( )로 육체의 기회를 삼지 말고 오직 ( )으로 서로 ( ) 노릇 하라 온 율법은 네 이웃 ( )하기를 네 자신같이 하라 하신 한 ( )에서 이루어졌나니 만일 서로 ( ) 먹으면 피차 ( )할까 조심하라〉는 ( )장 ( )절이다.

14. 〈너희는 ( )을 따라 행하라 그리하면 ( )의 욕심을 이루지 아니하리라〉

15. 〈오직 ( )의 열매는 사랑과 희락과 ( )과 오래 참음과 자비와 ( )과 충성과 온유와 ( )니 이같은 것을 금지할 ( )이 없느니라〉는 ( )장 ( )절이다.

16. 〈헛된 ( )을 구하여 서로 노엽게 하거나 서로 ( )하지

말지니라〉

17. 〈형제들아 사람이 만일 무슨 (　　　)한 일이 드러나거든 신령한 너희는 (　　　)한 심령으로 그러한 자를 바로잡고 너 (　　　)을 살펴보아 너도 (　　　)을 받을까 두려워하라〉

18. 〈(　　　)이 무엇으로 심든지 (　　　) 거두리라〉는 (　　　)장 (　　　)절이다.

19. 〈우리는 (　　　) 있는 대로 모든 이에게 (　　　) 일을 하되 더욱 믿음의 (　　　)들에게 할지니라〉

20. 〈내게는 우리 주 예수 그리스도의 (　　　) 외에 결코 (　　　) 할 것이 없으니〉는 (　　　)장 (　　　)절이다.

에베소서

21. 〈(　　　) 전에 그리스도 안에서 우리를 (　　　)하사 우리로 사랑 안에서 그 앞에 (　　　)하고 흠이 없게 하시려고〉는 (　　　)장 (　　　)절이다.

22. 〈우리는 (　　　) 안에서 그의 은혜의 풍성함을 따라 그의 (　　　)로 말미암아 속량 곧 (　　　) 사함을 받았느니라〉는 (　　　)장 (　　　)절이다.

23. 〈그 안에서 너희도 (　　　)의 말씀 곧 너희의 (　　　)의 복음

을 듣고 그 안에서 또한 믿어 약속의 (　　　)으로 인치심을 받았으니〉는 (　　　)장 (　　　)절이다.

24. 〈그를 만물 위에 교회의 (　　　)로 삼으셨느니라 교회는 그의 (　　　)이니〉에서 ‘그’는?

25. 〈너희는 그 (　　　)에 의하여 믿음으로 말미암아 (　　　)을 받았으니 이것은 너희에게서 난 것이 아니요 (　　　)의 선물이라 (　　　)에서 난 것이 아니니 이는 누구든지 (　　　)하지 못하게 함이라〉는 (　　　)장 (　　　)절이다.

26. 〈이제부터 너희는 (　　　)도 아니요 나그네도 아니요 오직 (　　　)들과 동일한 시민이요〉

27. 〈모든 성도 중에 지극히 (　　　)보다 더 작은 나에게〉에서 ‘나’는 누구입니까?

28. 〈그의 (　　　)으로 말미암아 너희 속사람을 (　　　)으로 강건하게 하시오며〉에서 ‘그’는 누구입니까?

29. 〈너희가 부르심을 받은 일에 (　　　)하게 행하여 모든 겸손과 (　　　)로 하고 오래 참음으로 (　　　) 가운데서 서로 용납하고 (　　　)의 매는 줄로 (　　　)이 하나 되게 하신 것을 힘써 지키라〉는 (　　　)장 (　　　)절이다.

30. 〈오직 (　　　) 안에서 참된 것을 하여 (　　　)에 그에게까지

자랄지라 그는 머리니 곧 (   )라〉는 (   )장 (   )절이다.

31. 〈너희는 (   )의 욕심을 따라 썩어져 가는 (   )을 따르는 옛 사람을 벗어 버리고 오직 너희의 (   )이 새롭게 되어 하나님을 따라 (   )와 진리의 거룩함으로 지으심을 받은 (   ) 사람을 입으라〉는 (   )장 (   )절이다.

32. 〈(   )을 내어도 (   )를 짓지 말며 해가 지도록 (   )을 품지 말고〉

33. 〈무릇 더러운 (   )은 너희 입 밖에도 내지 말고 오직 (   )을 세우는 데 소용되는 대로 (   )한 말을 하여 듣는 자들에게 (   )를 끼치게 하라〉는 (   )장 (   )절이다.

34. 〈(   )께서 너희를 사랑하신 것같이 너희도 (   ) 가운데서 행하라 그는 우리를 위하여 (   )을 버리사 향기로운 제물과 희생제물로 (   )께 드리셨느니라〉

35. 〈(   )의 열매는 모든 착함과 의로움과 (   )함에 있느니라〉는 (   )장 (   )절이다.

36. 〈(   )을 아끼라 때가 악하니라 그러므로 (   ) 자가 되지 말고 오직 (   )의 뜻이 무엇인가 이해하라 (   ) 취하지 말라 이는 방탕한 것이니 오직 (   )으로 충만함을 받으라〉는 (   )장 (   )절이다.

37. 〈그리스도를 (   )함으로 피차 (   )하라〉

38. 〈(   )이여 자기 남편에게 복종하기를 (   )께 하듯 하라〉

39. 〈(   )아 아내 사랑하기를 (   )께서 교회를 사랑하시고 그 교회를 위하여 (   )을 주심같이 하라〉는 (   )장 (   )절이다.

40. 〈네 아버지와 어머니를 (   )하라 이것은 약속이 있는 (   )이니 이로써 네가 잘되고 땅에서 (   )하리라〉는 (   )장 (   )절이다.

41. 〈아비들아 너희 자녀를 (   ) 하지 말고 오직 (   )의 교훈과 훈계로 (   )하라〉

42. 〈우리의 씨름은 혈과 (   )을 상대하는 것이 아니요 통치자들과 (   )들과 이 어둠의 세상 주관자들과 하늘에 있는 (   )의 영들을 상대함이라〉는 (   )장 (   )절이다.

43. 〈성령의 검 곧 하나님의 (   )을 가지라 모든 기도와 간구를 하되 항상 (   ) 안에서 기도하고 이를 위하여 (   ) 구하기를 항상 힘쓰며 여러 (   )를 위하여 구하라〉는 (   )장 (   )절이다.

44. 〈우리 주 예수 그리스도를 (   ) 없이 사랑하는 모든 자에게 (   )가 있을지어다〉

45. 〈너희 안에서 (　　　) 일을 시작하신 이가 그리스도 (　　　)의 날까지 이루실 줄을 우리는 (　　　)하노라〉는 (　　　)장 (　　　)절이다.

46. 〈(　　　) 그리스도로 말미암아 의의 (　　　)가 가득하여 하나님의 영광과 (　　　)이 되기를 원하노라〉

47. 〈내가 그 둘 사이에 끼었으니 (　　　) 세상을 떠나서 그리스도와 함께 있는 것이 (　　　) 더 좋은 일이라 그렇게 하고 싶으나 내가 (　　　)으로 있는 것이 너희를 위하여 더 (　　　)하리라〉에서 '그 둘'은 무엇입니까?

48. 〈아무 일에든지 (　　　)이나 허영으로 하지 말고 오직 (　　　) 한 마음으로 각각 자기보다 (　　　)을 낫게 여기고〉

49. 〈너희 안에 이 (　　　)을 품으라 곧 그리스도 예수의 (　　　)이니〉는 (　　　)장 (　　　)절이다.

50. 〈모든 일을 (　　　)과 시비가 없이 하라〉는 (　　　)장 (　　　)절이다.

51. 〈그가 (　　　)의 일을 위하여 죽기에 이르러도 자기 (　　　)을 돌보지 아니한 것은 나를 섬기는 너희의 일에 (　　　)을 채우려 함이니라〉

52. 〈하나님의 성령으로 (   )하며 그리스도 예수로 (   ) 하고 육체를 (   )하지 아니하는 우리가 곧 할례파라〉는 (   )장 (   )절이다.

53. 〈모든 것을 (   )로 여김은 내 주 그리스도 (   )를 아는 지식이 가장 (   )하기 때문이라〉는 (   )장 (   )절이다.

54. 〈내가 가진 의는 (   )에서 난 것이 아니요 오직 그리스도를 (   )으로 말미암은 것이니 곧 (   )으로 하나님께로부터 난 의라〉는 (   )장 (   )절이다.

55. 〈(   )를 향하여 그리스도 예수 안에서 (   )이 위에서 부르신 부름의 (   )을 위하여 달려가노라〉

56. 〈형제들아 너희는 함께 나를 본받으라〉에서 '나'는 누구입니까?

57. 〈우리의 (   )은 하늘에 있는지라 거기로부터 (   )하는 자 곧 주 예수 그리스도를 기다리노니〉는 (   )장 (   )절이다.

58. 〈주 안에서 항상 (   )하라 내가 다시 말하노니 (   )하라 너희 (   )을 모든 사람에게 알게 하라 (   )께서 가까우시니라〉는 (   )장 (   )절이다.

59. 〈아무 것도 (   )하지 말고 다만 모든 일에 (   )와 간구

로, 너희 구할 것을 (　　　　)함으로 하나님께 아뢰라〉

60. 〈내게 (　　　　) 주시는 자 안에서 내가 (　　　　) 것을 할 수 있느니라〉는 (　　　　)장 (　　　　)절이다.

61. 〈나의 (　　　　)이 그리스도 예수 안에서 (　　　　) 가운데 그 풍성한 대로 너희 모든 (　　　　) 것을 채우시리라〉는 (　　　　)장 (　　　　)절이다.

골로새서

62. 〈우리가 너희를 위하여 (　　　　)할 때마다 하나님 곧 우리 주 (　　　　) 그리스도의 아버지께 (　　　　)하노라〉는 (　　　　)장 (　　　　)절이다.

63. 〈그는 보이지 아니하는 (　　　　)의 형상이시요 모든 (　　　　) 보다 먼저 나신 이시니〉에서 '그'는 누구입니까?

64. 〈나는 이제 너희를 위하여 받는 (　　　　)을 기뻐하고 그리스도의 남은 (　　　　)을 그의 몸된 교회를 위하여 내 (　　　　)에 채우노라〉에서 '나'와 '너희'는 누구입니까?

65. 〈우리가 그를 (　　　　)하여 각 사람을 권하고 모든 (　　　　)로 각 사람을 가르침은 각 사람을 (　　　　) 안에서 완전한 자로 세우려 함이니〉는 (　　　　)장 (　　　　)절이다.

66. 〈너희가 그리스도 예수를 (   )로 받았으니 그 안에서 행하되 그 안에 (   )를 박으며 세움을 받아 (   )을 받은 대로 믿음에 굳게 서서 (   )함을 넘치게 하라〉는 (   )장 (   )절이다.

67. 〈너희가 (   )로 그리스도와 함께 장사되고 또 (   ) 자들 가운데서 그를 일으키신 (   )의 역사를 믿음으로 말미암아 그 안에서 (   ) 일으키심을 받았느니라〉

68. 〈너희가 (   )와 함께 다시 살리심을 받았으면 (   ) 것을 찾으라 거기는 그리스도께서 하나님 (   )에 앉아 계시느니라〉

69. 〈우리 (   )이신 그리스도께서 나타나실 그 때에 너희도 그와 함께 (   ) 중에 나타나리라〉는 (   )장 (   )절이다.

70. 〈너희는 (   )이 택하사 거룩하고 (   ) 받는 자처럼 긍휼과 자비와 (   )과 온유와 오래 참음을 옷 입고 누가 누구에게 (   )이 있거든 서로 용납하여 피차 (   )하되 주께서 너희를 (   )하신 것같이 너희도 그리하고 이 모든 것 위에 (   )을 더하라 이는 온전하게 매는 (   )니라〉는 (   )장 (   )절이다.

71. 〈무슨 일을 하든지 (   )을 다하여 주께 하듯 하고 (   )에게 하듯 하지 말라〉

72. 〈우리를 위하여 (   )하되 하나님이 (   )할 문을 우리에

게 열어 주사 (　　　　)의 비밀을 말하게 하시기를 구하라〉

73. 〈나 (　　　　)은 친필로 문안하노니 내가 (　　　　) 것을 생각하라 (　　　　)가 너희에게 있을지어다〉는 (　　　　)장 (　　　　)절이다.

74. 오늘 읽은 말씀 중 가장 좋아하는 성경 구절을 외워 쓰십시오.

13 신약(개역개정판) 성경대학문제

데살로니가전서 1-5장, 데살로니가후서 1-3장
디모데전서 1-6장, 디모데후서 1-4장
디도서 1-3장, 빌레몬서 1장

(　　　)년 (　　)월 (　　)일　　　이름 (　　　)

데살로니가전서

1. 〈(　　　)과 실루아노와 디모데는 하나님 (　　　)와 주 예수 그리스도 안에 있는 (　　　)의 교회에 편지하노니 은혜와 (　　　)이 너희에게 있을지어다〉

2. 〈너희의 믿음의 역사와 (　　　)의 수고와 우리 주 예수 그리스도에 대한 (　　　)의 인내를 우리 하나님 (　　　) 앞에서 끊임없이 기억함이니〉는 (　　　)장 (　　　)절이다.

3. 〈너희는 많은 (　　　) 가운데서 성령의 기쁨으로 (　　　)을 받아 우리와 주를 (　　　)받은 자가 되었으니 그러므로 너희가 (　　　)와 아가야에 있는 모든 믿는 자의 (　　　)이 되었느니라〉에서 '너희'와 '우리'는 누구입니까?

4. 〈오직 (　　　)께 옳게 여기심을 입어 (　　　)을 위탁 받았으니

우리가 이와 같이 말함은 (　　　)을 기쁘게 하려 함이 아니요 오직 우리 (　　　)을 감찰하시는 (　　　)을 기쁘시게 하려 함이라〉는 (　　　)장 (　　　)절이다.

5. 〈우리가 이같이 너희를 (　　　)하여 하나님의 (　　　)뿐 아니라 우리의 (　　　)까지도 너희에게 주기를 (　　　)함은 너희가 우리의 (　　　)하는 자 됨이라〉

6. 〈우리가 하나님께 끊임없이 (　　　)함은 너희가 우리에게 들은 바 (　　　)의 말씀을 받을 때에 (　　　)의 말로 받지 아니하고 (　　　)의 말씀으로 받음이니 (　　　) 그러하도다 이 말씀이 또한 너희 (　　　) 자 가운데에서 역사하느니라〉는 (　　　)장 (　　　)절이다.

7. 〈우리의 (　　　)이나 기쁨이나 자랑의 (　　　)이 무엇이냐 그가 강림하실 때 우리 (　　　) 앞에 너희가 아니냐 너희는 우리의 (　　　)이요 (　　　)이니라〉는 (　　　)장 (　　　)절이다.

8. 〈우리 주 예수께서 그의 모든 (　　　)와 함께 강림하실 때에 (　　　) 우리 아버지 앞에서 거룩함에 (　　　)이 없게 하시기를 원하노라〉는 (　　　)장 (　　　)절이다.

9. 〈형제 (　　　)에 관하여는 너희에게 (　　　) 것이 없음은 너희들 자신이 (　　　)의 가르치심을 받아 서로 (　　　)함이라〉는 (　　　)장 (　　　)절이다.

10. 〈주께서 (   )과 천사장의 소리와 하나님의 (   ) 소리로 친히 하늘로부터 (   )하시리니 그리스도 안에서 (   ) 자들이 먼저 일어나고 그 후에 우리 (   ) 남은 자들도 그들과 함께 (   ) 속으로 끌어 올려 공중에서 (   )를 영접하게 하시리니 그리하여 우리가 (   ) 주와 함께 있으리라〉는 (   )장 (   )절이다.

11. 〈우리는 (   )에 속하였으니 정신을 차리고 믿음과 (   )의 호심경을 붙이고 구원의 (   )의 투구를 쓰자〉는 (   )장 (   )절이다.

12. 〈항상 (   )하라 쉬지 말고 (   )하라 범사에 (   )하라 이것이 그리스도 (   ) 안에서 너희를 향하신 (   )의 뜻이니라〉는 (   )장 (   )절이다.

13. 〈(   )의 하나님이 친히 너희를 온전히 (   )하게 하시고 또 너희의 온 (   )과 혼과 몸이 우리 주 예수 그리스도께서 (   )하실 때에 흠 없게 (   )되기를 원하노라〉

데살로니가후서

14. 〈(   ) 아버지와 주 예수 (   )로부터 은혜와 (   )이 너희에게 있을지어다〉는 (   )장 (   )절이다.

15. 〈하나님을 (   ) 자들과 우리 주 예수의 (   )에 복종하지 않는 자들에게 (   )을 내리시리니 이런 자들은 (   )의 얼

굴과 그의 힘의 영광을 떠나 (   )한 멸망의 형벌을 받으리로다〉는 (   )장 (   )절이다.

16. 〈그 때에 (   )한 자가 나타나리니 주 예수께서 그 (   )의 기운으로 그를 죽이시고 (   )하여 나타나심으로 폐하시리라〉

17. 〈주께서 (   )하시는 형제들아 우리가 (   ) 너희에 관하여 마땅히 하나님께 (   )할 것은 하나님이 처음부터 너희를 택하사 (   )의 거룩하게 하심과 진리를 (   )으로 구원을 받게 하심이니〉는 (   )장 (   )절이다.

18. 〈주께서 너희 (   )을 인도하여 하나님의 (   )과 그리스도의 (   )에 들어가게 하시기를 원하노라〉는 (   )장 (   )절이다.

19. 〈누구든지 (   )하기 싫어하거든 (   ) 말게 하라〉

20. 〈형제들아 너희는 (   )을 행하다가 (   )하지 말라〉는 (   )장 (   )절이다.

21. 〈(   )의 주께서 친히 때마다 일마다 너희에게 (   )을 주시고 주께서 너희 모든 사람과 (   ) 하시기를 원하노라〉는 (   )장 (   )절이다.

22. 〈(　　　) 안에서 참 아들 된 (　　　)에게 편지하노니 하나님 아버지와 그리스도 (　　　) 우리 주께로부터 은혜와 (　　　)과 평강이 네게 있을지어다〉

23. 〈신화와 끝없는 (　　　)에 몰두하지 말게 하려 함이라 이런 것은 (　　　) 안에 있는 하나님의 (　　　)을 이룸보다 도리어 (　　　)을 내는 것이라〉는 (　　　)장 (　　　)절이다.

24. 〈나를 (　　　)하게 하신 그리스도 (　　　) 우리 주께 내가 감사함은 나를 (　　　)되이 여겨 내게 (　　　)을 맡기심이니〉에서 '나'는 누구입니까?

25. 〈미쁘다 모든 (　　　)이 받을 만한 이 말이여 그리스도 예수께서 (　　　)을 구원하시려고 (　　　)에 임하셨다 하였도다 (　　　) 중에 내가 괴수니라〉에서 '나'는 누구입니까?

26. 〈믿음과 착한 (　　　)을 가지라 어떤 이들은 이 (　　　)을 버렸고 그 믿음에 관하여는 (　　　)하였느니라〉는 (　　　)장 (　　　)절이다.

27. 〈내가 첫째로 권하노니 (　　　) 사람을 위하여 (　　　)와 기도와 도고와 감사를 하되 (　　　)과 높은 지위에 있는 (　　　) 사람을 위하여 하라 이는 우리가 모든 (　　　)과 단정함으로 고요하고 (　　　)한 생활을 하려 함이라〉는 (　　　)장 (　　　)절

이다.

28. 〈(　　　)은 모든 사람이 구원을 받으며 (　　　)를 아는 데에 이르기를 원하시느니라〉

29. 〈(　　　)은 한 분이시요 또 하나님과 사람 사이에 (　　　)도 한 분이시니 곧 사람이신 (　　　) 예수라〉

30. 〈오직 (　　　)으로 하기를 원하노라 이것이 (　　　)을 경외한다 하는 자들에게 (　　　)한 것이니라〉는 (　　　)장 (　　　)절이다.

31. 〈감독은 (　　　)할 것이 없으며 한 아내의 (　　　)이 되며 절제하며 신중하며 (　　　)하며 나그네를 대접하며 (　　　)를 잘하며〉는 (　　　)장 (　　　)절이다.

32. 〈사람이 자기 (　　　)을 다스릴 줄 알지 못하면 어찌 하나님의 (　　　)를 돌보리요〉

33. 〈이 사람들을 먼저 (　　　)하여 보고 그 후에 (　　　)할 것이 없으면 (　　　)의 직분을 맡게 할 것이요〉는 (　　　)장 (　　　)절이다.

34. 〈하나님의 (　　　)과 기도로 거룩하여짐이라〉는 (　　　)장 (　　　)절이다.

35. 〈육체의 (   )은 약간의 유익이 있으나 (   )은 범사에 유익하니 금생과 (   )에 약속이 있느니라〉는 (   )장 (   )절이다.

36. 〈누구든지 네 (   )을 업신여기지 못하게 하고 오직 (   )과 행실과 사랑과 믿음과 (   )에 있어서 믿는 자에게 (   )이 되어 내가 이를 때까지 (   ) 것과 권하는 것과 (   ) 것에 전념하라〉는 (   )장 (   )절이다.

37. 〈모든 일에 (   ) 전력하여 너의 (   )을 모든 사람에게 나타나게 하라〉

38. 〈누구든지 자기 (   ) 특히 자기 (   )을 돌보지 아니하면 (   )을 배반한 자요 불신자보다 더 (   ) 자니라〉는 (   )장 (   )절이다.

39. 〈잘 다스리는 장로들은 (   )나 존경할 자로 알되 (   )과 가르침에 수고하는 이들에게는 (   ) 그리할 것이니라〉는 (   )장 (   )절이다.

40. 〈(   )에 일렀으되 곡식을 밟아 떠는 (   )의 입에 망을 씌우지 말라 하였고 또 (   )이 그 (   )을 받는 것은 마땅하다 하였느니라〉

41. 〈아무에게나 경솔히 (   )하지 말고 다른 사람의 (   )에 간섭하지 말며 네 자신을 지켜 (   )하게 하라〉는 (   )장

(　　　　)절이다.

42. 〈우리가 (　　　　)에 아무 것도 가지고 온 것이 없으매 또한 (　　　　) 것도 가지고 가지 못하리니 우리가 (　　　　) 것과 입을 것이 있은즉 (　　　　) 줄로 알 것이니라〉

43. 〈(　　　　)을 사랑함이 일만 (　　　　)의 뿌리가 되나니 이것을 (　　　　)내는 자들은 미혹을 받아 (　　　　)에서 떠나 많은 (　　　　)으로써 자기를 찔렀도다〉는 (　　　　)장 (　　　　)절이다.

44. 〈(　　　　)의 선한 싸움을 싸우라 (　　　　)을 취하라 이를 위하여 네가 (　　　　)을 받았고 많은 증인 앞에서 선한 (　　　　)을 하였도다〉

45. 〈(　　　　)을 행하고 (　　　　)한 사업을 많이 하고 (　　　　) 주기를 좋아하며 너그러운 자가 되게 하라〉는 (　　　　)장 (　　　　)절이다.

디모데후서

46. 〈이는 네 속에 (　　　　)이 없는 믿음이 있음을 생각함이라 이 (　　　　)은 먼저 네 외조모 (　　　　)와 네 어머니 (　　　　) 속에 있더니 네 속에도 있는 줄을 (　　　　)하노라〉에서 '너'는 누구입니까?

47. 〈너는 (　　　　) 예수 안에 있는 믿음과 (　　　　)으로써 내게 들은 바 바른 (　　　　)을 본받아 지키고 우리 (　　　　) 거하시는 성령

으로 말미암아 네게 (　　　)한 아름다운 것을 지키라〉에서 '너'와 '나'는 누구입니까?

48. 〈또 네가 많은 (　　　) 앞에서 내게 들은 바를 (　　　)된 사람들에게 부탁하라 그들이 또 다른 (　　　)들을 가르칠 수 있으리라〉는 (　　　)장 (　　　)절이다.

49. 〈너는 (　　　)의 말씀을 옳게 (　　　)하며 부끄러울 것이 없는 (　　　)으로 인정된 자로 자신을 (　　　) 앞에 드리기를 힘쓰라〉는 (　　　)장 (　　　)절이다.

50. 〈큰 집에는 (　　　) 그릇과 은 그릇뿐 아니라 (　　　) 그릇과 질그릇도 있어 (　　　)하게 쓰는 것도 있고 (　　　)하게 쓰는 것도 있나니 그러므로 누구든지 이런 것에서 자기를 (　　　)하게 하면 (　　　)히 쓰는 그릇이 되어 거룩하고 (　　　)의 쓰심에 합당하며 모든 (　　　) 일에 준비함이 되리라〉는 (　　　)장 (　　　)절이다.

51. 〈(　　　) 무식한 변론을 버리라 이에서 (　　　)이 나는 줄 앎이라〉는 (　　　)장 (　　　)절이다.

52. 〈너는 (　　　) 확신한 일에 거하라 너는 네가 누구에게서 (　　　) 것을 알며 또 어려서부터 (　　　)을 알았나니 (　　　)은 능히 너로 하여금 그리스도 (　　　) 안에 있는 믿음으로 말미암아 (　　　)에 이르는 지혜가 있게 하느니라〉

53. 〈모든 (　　　　)은 하나님의 감동으로 된 것으로 (　　　　)과 책망과 바르게 함과 의로 (　　　　)하기에 유익하니 이는 (　　　　)의 사람으로 온전하게 하며 모든 (　　　　)한 일을 행할 (　　　　)을 갖추게 하려 함이라〉는 (　　　　)장 (　　　　)절이다.

54. 〈너는 말씀을 (　　　　)하라 때를 얻든지 못 얻든지 (　　　　) 힘쓰라 범사에 오래 (　　　　)과 가르침으로 경책하며 (　　　　)하며 권하라〉는 (　　　　)장 (　　　　)절이다.

55. 〈나는 (　　　　)한 싸움을 싸우고 나의 달려갈 길을 마치고 (　　　　)을 지켰으니 이제 후로는 나를 위하여 (　　　　)의 면류관이 예비되었으므로 (　　　　) 곧 의로우신 재판장이 (　　　　)에 내게 주실 것이며 내게만 아니라 (　　　　)의 나타나심을 사모하는 모든 자에게도니라〉는 (　　　　)장 (　　　　)절이다.

56. 〈(　　　　)께서 내 곁에 서서 나에게 (　　　　)을 주심은 나로 말미암아 (　　　　)된 말씀이 온전히 (　　　　)되어 모든 이방인이 듣게 하려 하심이니〉는 (　　　　)장 (　　　　)절이다.

디도서

57. 〈같은 (　　　　)을 따라 나의 참 아들 된 (　　　　)에게 편지하노니 하나님 (　　　　)와 그리스도 예수 우리 (　　　　)로부터 은혜와 (　　　　)이 네게 있을지어다〉는 (　　　　)장 (　　　　)절이다.

58. 〈내가 너를 (　　　　)에 남겨 둔 이유는 남은 일을 (　　　　)하고

내가 명한 대로 각 성에 (　　　)을 세우게 하려 함이니 (　　　) 할 것이 없고 한 (　　　)의 남편이며 방탕하다는 (　　　)을 받거나 불순종하는 일이 없는 믿는 (　　　)를 둔 자라야 할지라〉

59. 〈그레데인들은 항상 (　　　)며 악한 짐승이며 배만 위하는 (　　　)라〉는 (　　　)장 (　　　)절이다.

60. 〈(　　　)에 네 자신이 선한 일의 (　　　)을 보이며 교훈에 부패하지 아니함과 (　　　)과 책망할 것이 없는 바른 (　　　)을 하게 하라 이는 (　　　)하는 자로 하여금 부끄러워 우리를 (　　　)하다 할 것이 없게 하려 함이라〉

61. 〈그가 우리를 (　　　)하여 자신을 주심은 모든 불법에서 우리를 (　　　)하시고 우리를 깨끗하게 하사 (　　　) 일을 열심히 하는 자기 (　　　)이 되게 하려 하심이라〉

62. 〈우리를 (　　　)하시되 우리의 행한 바 의로운 (　　　)로 말미암지 아니하고 오직 그의 (　　　)하심을 따라 중생의 씻음과 (　　　)의 새롭게 하심으로 하셨나니〉는 (　　　)장 (　　　)절이다.

63. 〈어리석은 변론과 (　　　) 이야기와 분쟁과 율법에 대한 (　　　)은 피하라 이것은 (　　　)한 것이요 헛된 것이니라〉

64. 〈형제여 (　　　　)들의 마음이 너로 말미암아 (　　　　)함을 얻었으니 내가 너의 (　　　　)으로 많은 기쁨과 (　　　　)를 받았노라〉에서 '나'와 '너'는?

65. 〈그가 전에는 네게 (　　　　)하였으나 이제는 나와 네게 (　　　　)하므로 네게 그를 돌려 보내노니 그는 내 (　　　　)이라〉에서 '그'는 누구입니까?

66. 〈그가 만일 네게 (　　　　)를 하였거나 네게 (　　　　) 것이 있으면 그것을 내 앞으로 (　　　　)하라〉에서 '그'와 '너'와 '나'는 누구입니까?

67. 〈오 형제여 나로 (　　　　) 안에서 너로 말미암아 (　　　　)을 얻게 하고 내 마음이 그리스도 안에서 (　　　　)하게 하라〉는 (　　　　)장 (　　　　)절이다.

68. 오늘 읽은 말씀 중 가장 좋아하는 성경 구절을 외워 쓰십시오.

14 신약(개역개정판) 성경대학문제

히브리서 1-13장, 야고보서 1-5장
베드로전서 1-5장, 베드로후서 1-3장

(　　　)년 (　　)월 (　　)일　　　이름 (　　　)

히브리서

1. 〈이 모든 날 마지막에는 (　　　)을 통하여 우리에게 말씀하셨으니 이 (　　　)을 만유의 상속자로 세우시고 또 그로 말미암아 모든 (　　　)를 지으셨느니라〉

2. 〈모든 (　　　)은 섬기는 영으로서 (　　　) 받을 상속자들을 위하여 (　　　)라고 보내심이 아니냐〉는 (　　　)장 (　　　)절이다.

3. 〈그를 잠시 동안 (　　　)보다 못하게 하시며 영광과 (　　　)로 관을 씌우시며 만물을 그 발 아래에 (　　　)하게 하셨느니라〉는 (　　　)장 (　　　)절이다.

4. 〈내가 주의 (　　　)을 내 형제들에게 (　　　)하고 내가 주를 (　　　) 중에서 찬송하리라〉

5. 〈그가 (　　　)을 받아 고난을 당하셨은즉 (　　　)받는 자들을

능히 도우실 수 있느니라〉에서 '그'는 누구입니까?

6. 〈함께 하늘의 (　　　)을 받은 거룩한 형제들아 우리가 (　　　) 도리의 사도이시며 대제사장이신 (　　　)를 깊이 생각하라〉는 (　　　)장 (　　　)절이다.

7. 〈그는 모세보다 더욱 (　　　)을 받을 만한 것이 마치 (　　　) 지은 자가 그 집보다 더욱 (　　　) 같으니라 집마다 지은 이가 있으니 (　　　)을 지으신 이는 (　　　)이시라〉에서 '그'는 누구입니까?

8. 〈오직 (　　　)이라 일컫는 동안에 매일 피차 (　　　)하여 너희 중에 누구든지 (　　　)의 유혹으로 (　　　)하게 되지 않도록 하라〉는 (　　　)장 (　　　)절이다.

9. 〈그들과 같이 우리도 (　　　) 전함을 받은 자이나 들은 바 그 (　　　)이 그들에게 유익하지 못한 것은 듣는 자가 (　　　)과 결부시키지 아니함이라〉에서 '그들'은 누구입니까?

10. 〈하나님의 (　　　)은 살아 있고 활력이 있어 좌우에 날선 어떤 (　　　)보다도 예리하여 혼과 (　　　)과 및 관절과 골수를 찔러 쪼개기까지 하며 또 마음의 (　　　)과 (　　　)을 판단하나니〉는 (　　　)장 (　　　)절이다.

11. 〈우리에게 큰 (　　　)이 계시니 승천하신 이 곧 하나님의 아들 (　　　)시라 우리가 믿는 (　　　)를 굳게 잡을지어다〉

12. 〈우리는 (   )하심을 받고 때를 따라 돕는 (   )를 얻기 위하여 은혜의 (   ) 앞에 담대히 나아갈 것이니라〉는 (   )장 (   )절이다.

13. 〈그는 (   )에 계실 때에 자기를 죽음에서 능히 (   )하실 이에게 심한 통곡과 (   )로 간구와 소원을 올렸고 그의 (   )하심으로 말미암아 들으심을 얻었느니라〉에서 '그'는 누구입니까?

14. 〈때가 (   ) 되었으므로 너희가 마땅히 (   )이 되었을 터인데 너희가 다시 하나님의 (   )의 초보에 대하여 누구에게서 (   )을 받아야 할 처지이니 (   )한 음식은 못 먹고 (   )이나 먹어야 할 자가 되었도다〉는 (   )장 (   )절이다.

15. 〈(   )은 불의하지 아니하사 너희 (   )와 그의 이름을 위하여 나타낸 (   )으로 이미 성도를 섬긴 것과 이제도 (   ) 있는 것을 잊어버리지 아니하시느니라〉

16. 〈내가 반드시 너에게 (   ) 주고 복 주며 너를 번성하게 하고 (   )하게 하리라 하셨더니 그가 이같이 오래 참아 (   )을 받았느니라〉에서 '나'와 '너'는 누구입니까?

17. 〈아브라함이 모든 것의 (   )의 일을 그에게 나누어 주니라 그 이름을 해석하면 먼저는 (   )의 왕이요 그 다음은 살렘 왕이니 곧 (   )의 왕이요〉에서 '그'는 누구입니까?

18. 〈제사장 된 그들의 (　　　)가 많은 것은 (　　　)으로 말미암아 (　　　) 있지 못함이로되 예수는 (　　　) 계시므로 그 제사장 (　　　)도 갈리지 아니하느니라 그러므로 자기를 힘입어 (　　　)께 나아가는 자들을 온전히 (　　　)하실 수 있으니 이는 그가 (　　　) 살아 계셔서 그들을 위하여 (　　　)하심이라〉는 (　　　)장 (　　　)절이다.

19. 〈내 법을 그들의 (　　　)에 두고 그들의 마음에 이것을 (　　　) 하리라 나는 그들에게 (　　　)이 되고 그들은 내게 (　　　)이 되리라〉

20. 〈내가 그들의 (　　　)를 긍휼히 여기고 그들의 (　　　)를 다시 기억하지 아니하리라〉는 (　　　)장 (　　　)절이다.

21. 〈사면을 금으로 싼 (　　　)가 있고 그 안에 (　　　)를 담은 금 항아리와 (　　　)의 싹난 지팡이와 언약의 (　　　)들이 있고〉는 (　　　)장 (　　　)절이다.

22. 〈염소와 (　　　)의 피로 하지 아니하고 오직 자기의 (　　　)로 영원한 (　　　)를 이루사 단번에 성소에 들어가셨느니라〉에서 '자기'는 누구입니까?

23. 〈그는 새 언약의 (　　　)시니 이는 첫 언약 때에 범한 (　　　)에서 속량하려고 죽으사 (　　　)을 입은 자로 하여금 영원한 (　　　)의 약속을 얻게 하려 하심이라〉

24. 〈피흘림이 없은즉 (　　　　)이 없느니라〉는 (　　　　)장 (　　　　) 절이다.

25. 〈한번 (　　　　) 것은 사람에게 정해진 것이요 그 후에는 (　　　　)이 있으리니 이와 같이 (　　　　)도 많은 사람의 (　　　　)를 담당하시려고 단번에 드리신 바 되셨고 (　　　　)에 이르게 하기 위하여 (　　　　)와 상관없이 자기를 바라는 자들에게 (　　　　) 번째 나타나시리라〉는 (　　　　)장 (　　　　)절이다.

26. 〈(　　　　) 그리스도의 몸을 (　　　　)에 드리심으로 말미암아 우리가 (　　　　)을 얻었노라〉는 (　　　　)장 (　　　　)절이다.

27. 〈그가 (　　　　)하게 된 자들을 (　　　　)의 제사로 영원히 (　　　　)하게 하셨느니라〉에서 '그'는 누구입니까?

28. 〈그들의 (　　　　)와 그들의 불법을 내가 다시 (　　　　)하지 아니하리라 하셨으니 이것들을 (　　　　)하셨은즉 다시 죄를 위하여 (　　　　) 드릴 것이 없느니라〉는 (　　　　)장 (　　　　)절이다.

29. 〈서로 돌아보아 (　　　　)과 선행을 격려하며 모이기를 (　　　　) 하는 어떤 사람들의 (　　　　)과 같이 하지 말고 오직 권하여 (　　　　)이 가까움을 볼수록 더욱 그리하자〉는 (　　　　)장 (　　　　)절이다.

30. 〈너희에게 (　　　　)가 필요함은 너희가 하나님의 (　　　　)을 행한 후에 (　　　　)하신 것을 받기 위함이라〉

31. 〈(　　　)은 바라는 것들의 실상이요 보이지 않는 것들의 (　　　)니〉

32. 〈(　　　)이 없이는 하나님을 기쁘시게 하지 못하나니 (　　　)께 나아가는 자는 반드시 그가 (　　　) 것과 또한 그가 자기를 찾는 자들에게 (　　　) 주시는 이심을 믿어야 할지니라〉는 (　　　)장 (　　　)절이다.

33. 〈아브라함은 (　　　)을 받을 때에 믿음으로 (　　　)을 드렸으니 그는 약속들을 받은 자로되 그 (　　　)을 드렸느니라〉

34. 〈(　　　)으로 모세는 장성하여 바로의 공주의 (　　　)이라 칭함 받기를 (　　　)하고 도리어 (　　　)의 백성과 함께 고난 받기를 잠시 (　　　)의 낙을 누리는 것보다 더 좋아하고 (　　　)를 위하여 받는 수모를 애굽의 모든 (　　　)보다 더 큰 재물로 여겼으니 이는 (　　　) 주심을 바라봄이라〉는 (　　　)장 (　　　)절이다.

35. 〈(　　　)의 주요 또 온전하게 하시는 이인 (　　　)를 바라보자 그는 그 앞에 있는 (　　　)을 위하여 십자가를 참으사 (　　　)을 개의치 아니하시더니 하나님 보좌 (　　　)에 앉으셨느니라〉는 (　　　)장 (　　　)절이다.

36. 〈주께서 그 사랑하시는 자를 (　　　)하시고 그가 받아들이시는 아들마다 (　　　)하심이라〉

37. 〈모든 사람과 더불어 ( )과 거룩함을 따르라 이것이 없이는 아무도 ( )를 보지 못하리라〉는 ( )장 ( )절이다.

38. 〈손님 ( )하기를 잊지 말라 이로써 부지중에 ( )들을 대접한 이들이 있었느니라〉

39. 〈( ) 그리스도는 어제나 오늘이나 ( )토록 동일하시니라〉는 ( )장 ( )절이다.

40. 〈우리는 ( )로 말미암아 항상 ( )의 제사를 하나님께 드리자 이는 그 ( )을 증언하는 입술의 ( )니라〉

41. 〈오직 ( )을 행함과 서로 ( ) 주기를 잊지 말라 하나님은 이같은 ( )를 기뻐하시느니라〉

42. 〈( )가 너희 모든 사람에게 있을지어다〉는 ( )장 ( )절이다.

야고보서

43. 〈너희 중에 누구든지 ( )가 부족하거든 모든 사람에게 ( ) 주시고 꾸짖지 아니하시는 ( )께 구하라 그리하면 주시리라〉는 ( )장 ( )절이다.

44. 〈오직 각 사람이 ( )을 받는 것은 자기 ( )에 끌려 미혹됨이니 ( )이 잉태한즉 죄를 낳고 죄가 장성한즉

(　　　　)을 낳느니라〉는 (　　　　)장 (　　　　)절이다.

45. 〈내 (　　　　)하는 형제들아 너희가 알지니 사람마다 (　　　　)는 속히 하고 (　　　　)하기는 더디 하며 성내기도 (　　　　) 하라〉에서 '나'는 누구입니까?

46. 〈하나님 (　　　　) 앞에서 정결하고 더러움이 없는 (　　　　)은 곧 고아와 과부를 그 (　　　　)중에 돌보고 또 자기를 지켜 (　　　　)에 물들지 아니하는 그것이니라〉는 (　　　　)장 (　　　　)절이다.

47. 〈너희가 만일 (　　　　)에 기록된 대로 네 이웃 (　　　　)하기를 네 몸과 같이 하라 하신 (　　　　)의 법을 지키면 잘하는 것이거니와 만일 너희가 사람을 (　　　　)하여 대하면 (　　　　)를 짓는 것이니 율법이 너희를 (　　　　)로 정죄하리라〉는 (　　　　)장 (　　　　)절이다.

48. 〈(　　　　)이 없는 믿음은 그 자체가 (　　　　) 것이라〉

49. 〈우리가 다 실수가 많으니 만일 (　　　　)에 실수가 없는 자라면 곧 (　　　　) 사람이라〉는 (　　　　)장 (　　　　)절이다.

50. 〈이것으로 우리가 주 (　　　　)를 찬송하고 또 이것으로 (　　　　)의 형상대로 지음을 받은 (　　　　)을 저주하나니 한 (　　　　)에서 찬송과 저주가 나오는도다〉에서 '이것'은 무엇입니까?

51. 〈오직 위로부터 난 (　　　　)는 첫째 성결하고 다음에 (　　　　)하

고 관용하고 양순하며 긍휼과 (　　　)한 열매가 가득하고 편견과 (　　　)이 없나니 화평하게 하는 자들은 (　　　)으로 심어 의의 (　　　)를 거두느니라〉는 (　　　)장 (　　　)절이다.

52. 〈(　　　)하여도 받지 못함은 (　　　)으로 쓰려고 잘못 (　　　)하기 때문이라〉는 (　　　)장 (　　　)절이다.

53. 〈하나님이 (　　　)한 자를 물리치시고 (　　　)한 자에게 은혜를 주신다〉

54. 〈(　　　)를 대적하라 그리하면 너희를 (　　　)하리라〉는 (　　　)장 (　　　)절이다.

55. 〈형제들아 서로 (　　　)하지 말라 형제를 비방하는 자나 형제를 (　　　)하는 자는 곧 율법을 (　　　)하고 율법을 (　　　)하는 것이라 네가 만일 율법을 (　　　)하면 율법의 준행자가 아니요 (　　　)이로다 입법자와 (　　　)은 오직 한 분이시니 능히 (　　　)하기도 하시며 (　　　)하기도 하시느니라 너는 누구이기에 이웃을 (　　　)하느냐〉

56. 〈(　　　) 일을 너희가 알지 못하는도다 너희 (　　　)이 무엇이냐 너희는 잠깐 보이다가 없어지는 (　　　)니라〉는 (　　　)장 (　　　)절이다.

57. 〈사람이 (　　　)을 행할 줄 알고도 행하지 아니하면 (　　　)니라〉

58. 〈너희는 (　　　　)을 정죄하고 죽였으나 그는 너희에게 (　　　　) 하지 아니하였느니라〉에서 '너희'는 누구입니까?

59. 〈(　　　　)의 기도는 병든 자를 (　　　　)하리니 주께서 그를 (　　　　)키시리라 혹시 죄를 범하였을지라도 (　　　　)하심을 받으리라 그러므로 너희 (　　　　)를 서로 고백하며 병이 낫기를 위하여 서로 (　　　　)하라 의인의 간구는 (　　　　)하는 힘이 큼이니라〉

60. 〈엘리야는 우리와 (　　　　)이 같은 사람이로되 그가 (　　　　)가 오지 않기를 간절히 (　　　　)한즉 삼 년 육 개월 동안 땅에 (　　　　)가 오지 아니하고 다시 (　　　　)하니 하늘이 비를 주고 땅이 (　　　　)를 맺었느니라〉

61. 〈내 (　　　　)아 너희 중에 미혹되어 (　　　　)를 떠난 자를 누가 (　　　　)서게 하면 너희가 알 것은 (　　　　)을 미혹된 길에서 (　　　　)서게 하는 자가 그의 (　　　　)을 사망에서 (　　　　)할 것이며 허다한 (　　　　)를 덮을 것임이라〉는 (　　　　)장 (　　　　)절이다.

베드로전서

62. 〈우리 주 (　　　　) 그리스도의 아버지 하나님을 (　　　　)하리로다 그의 많으신 (　　　　)대로 예수 그리스도를 죽은 자 가운데서 (　　　　)하게 하심으로 말미암아 우리를 (　　　　)나게 하사 산 (　　　　)이 있게 하시며〉는 (　　　　)장 (　　　　)절이다.

63. 〈너희 (　　　)의 확실함은 불로 연단하여도 없어질 (　　　)보다 더 귀하여 예수 그리스도께서 나타나실 때에 (　　　)과 영광과 (　　　)를 얻게 할 것이니라〉

64. 〈(　　　)를 너희가 보지 못하였으나 (　　　)하는도다 이제도 보지 못하나 (　　　) 말할 수 없는 영광스러운 (　　　)으로 기뻐하니 (　　　)의 결국 곧 영혼의 (　　　)을 받음이라〉

65. 〈너희가 알거니와 너희 (　　　)이 물려 준 헛된 (　　　)에서 대속함을 받은 것은 은이나 (　　　)같이 없어질 것으로 된 것이 아니요 오직 (　　　) 없고 점 없는 어린 양 같은 (　　　)의 보배로운 (　　　)로 된 것이니라〉는 (　　　)장 (　　　)절이다.

66. 〈모든 (　　　)는 풀과 같고 그 모든 영광은 풀의 (　　　)과 같으니 풀은 마르고 (　　　)은 떨어지되 오직 주의 (　　　)은 세세토록 있도다 하였으니 너희에게 전한 (　　　)이 곧 이 (　　　)이니라〉는 (　　　)장 (　　　)절이다.

67. 〈(　　　)같이 순전하고 신령한 (　　　)을 사모하라 이는 그로 말미암아 너희로 (　　　)에 이르도록 자라게 하려 함이라〉는 (　　　)장 (　　　)절이다.

68. 〈너희는 (　　　)하신 족속이요 왕 같은 (　　　)들이요 거룩한 나라요 그의 (　　　)가 된 백성이니〉는 (　　　)장 (　　　)절이다.

69. 〈(　　　　)을 공경하며 (　　　　)를 사랑하며 (　　　　)을 두려워하며 (　　　　)을 존대하라〉

70. 〈친히 (　　　　)에 달려 그 몸으로 우리 (　　　　)를 담당하셨으니 이는 우리로 (　　　　)에 대하여 죽고 (　　　　)에 대하여 살게 하려 하심이라 그가 (　　　　)에 맞음으로 너희는 (　　　　)을 얻었나니〉는 (　　　　)장 (　　　　)절이다.

71. 〈아내들아 이와 같이 자기 남편에게 (　　　　)하라 이는 혹 말씀을 (　　　　)하지 않는 자라도 (　　　　)로 말미암지 않고 그 아내의 (　　　　)로 말미암아 (　　　　)을 받게 하려 함이니 너희의 두려워하며 (　　　　)한 행실을 봄이라〉는 (　　　　)장 (　　　　)절이다.

72. 〈남편들아 이와 같이 (　　　　)을 따라 너희 아내와 (　　　　)하고 그를 더 연약한 그릇이요 또 (　　　　)의 은혜를 함께 이어받을 자로 알아 (　　　　) 여기라 이는 너희 (　　　　)가 막히지 아니하게 하려 함이라〉

73. 〈(　　　　)을 악으로 (　　　　)을 욕으로 갚지 말고 도리어 (　　　　)을 빌라 이를 위하여 너희가 부르심을 받았으니 이는 (　　　　)을 이어받게 하려 하심이라〉는 (　　　　)장 (　　　　)절이다.

74. 〈너희 마음에 (　　　　)를 주로 삼아 거룩하게 하고 너희 속에 있는 (　　　　)에 관한 이유를 묻는 자에게는 (　　　　)할 것을 항상 준비하되 (　　　　)와 두려움으로 하고〉

75. 〈(   )께서도 단번에 죄를 위하여 죽으사 (   )으로서 불의한 자를 대신하셨으니 이는 우리를 (   ) 앞으로 인도하려 하심이라 (   )로는 죽임을 당하시고 (   )으로는 살리심을 받으셨으니〉는 (   )장 (   )절이다.

76. 〈물은 예수 그리스도께서 (   )하심으로 말미암아 이제 너희를 (   )하는 표니 곧 세례라 이는 (   )의 더러운 것을 제하여 버림이 아니요 (   )을 향한 선한 양심의 (   )니라〉

77. 〈무엇보다도 뜨겁게 서로 (   )할지니 사랑은 허다한 (   )를 덮느니라 서로 (   )하기를 원망 없이 하고 각각 (   )를 받은 대로 하나님의 여러 가지 은혜를 맡은 선한 (   )같이 서로 봉사하라〉는 (   )장 (   )절이다.

78. 〈하나님의 (   )대로 고난을 받는 자들은 또한 (   )을 행하는 가운데에 그 (   )을 미쁘신 창조주께 (   )할지어다〉는 (   )장 (   )절이다.

79. 〈하나님은 교만한 자를 (   )하시되 겸손한 자들에게는 (   )를 주시느니라 그러므로 (   )의 능하신 손 아래에서 (   )하라 때가 되면 너희를 (   )시리라〉

베드로후서

80. 신성한 성품 8가지는? (   ) 안을 채우십시오.

믿음, (   ), 지식, (   ), 인내, (   ), 형제 우애, (   )

81. 〈우리 주 (   ) 그리스도의 능력과 (   )하심을 너희에게 알게 한 것이 교묘히 만든 (   )를 따른 것이 아니요 우리는 그의 크신 위엄을 (   ) 본 자라〉

82. 〈먼저 알 것은 성경의 모든 (   )은 사사로이 풀 것이 아니니 (   )은 언제든지 사람의 (   )으로 낸 것이 아니요 오직 (   )의 감동하심을 받은 사람들이 (   )께 받아 말한 것임이라〉는 (   )장 (   )절이다.

83. 〈(   )과 고모라 성을 멸망하기로 정하여 (   )가 되게 하사 후세에 경건하지 아니할 자들에게 (   )을 삼으셨으며〉는 (   )장 (   )절이다.

84. 〈참된 속담에 이르기를 (   )가 그 토하였던 것에 돌아가고 (   )가 씻었다가 더러운 (   )에 도로 누웠다 하는 말이 그들에게 (   )하였도다〉에서 '그들'은 누구입니까?

85. 〈사랑하는 자들아 (   )께는 하루가 (   ) 년 같고 천 년이 (   ) 같다는 이 한 가지를 잊지 말라 (   )의 약속은 어떤 이들이 (   )다고 생각하는 것같이 (   ) 것이 아니라 오직 (   )께서는 너희를 대하여 (   ) 참으사 아무도 멸망하지 아니하고 다 (   )하기에 이르기를 원하시느니라〉는 (   )장 (   )절이다.

86. 〈(   )하는 자들아 너희가 이것을 바라보나니 (   ) 앞에서 점도 없고 (   )도 없이 (   ) 가운데서 나타나기를 힘쓰

라〉에서 '이것'은 무엇을 말합니까?

87. 〈오직 우리 (   ) 곧 구주 예수 그리스도의 (   )와 그를 아는 (   )에서 자라 가라 (   )이 이제와 영원한 날까지 그에게 있을지어다〉는 (   )장 (   )절이다.

88. 오늘 읽은 말씀 중 가장 좋아하는 성경 구절을 외워 쓰십시오.

15 신약(개역개정판) 성경대학문제

요한일서 1-5장, 요한이서 1장, 요한삼서 1장
유다서 1장, 요한계시록 1-22장

(　　　)년 (　　)월 (　　)일　　　이름 (　　　)

요한일서

1. 〈태초부터 있는 (　　　)의 말씀에 관하여는 우리가 (　　　) 바요 눈으로 본 바요 자세히 보고 우리의 (　　　)으로 만진 바라〉에서 '말씀'은 누구를 가리킵니까?

2. 〈만일 우리가 우리 (　　　)를 자백하면 그는 미쁘시고 의로우사 우리 (　　　)를 사하시며 우리를 모든 (　　　)에서 깨끗하게 하실 것이요〉는 (　　　)장 (　　　)절이다.

3. 〈만일 누가 (　　　)를 범하여도 아버지 앞에서 우리에게 (　　　)가 있으니 곧 의로우신 예수 (　　　)시라〉는 (　　　)장 (　　　)절이다.

4. 〈그는 우리 죄를 위한 (　　　)이니 우리만 위할 뿐 아니요 온 (　　　)의 죄를 위하심이라〉에서 '그'는 누구입니까?

5. 〈(　　　)에 있는 모든 것이 육신의 (　　　)과 안목의 정욕과 이생의 (　　　)이니 다 아버지께로부터 온 것이 아니요 (　　　)으로부터 온 것이라 이 세상도, 그 (　　　)도 지나가되 오직 하나님의 (　　　)을 행하는 자는 영원히 거하느니라〉는 (　　　)장 (　　　)절이다.

6. 〈그가 우리에게 (　　　)하신 것은 이것이니 곧 영원한 (　　　)이니라〉에서 '그'는 누구입니까?

7. 〈그가 우리 (　　　)를 없애려고 나타나신 것을 너희가 아나니 그에게는 (　　　)가 없느니라〉는 (　　　)장 (　　　)절이다.

8. 〈우리는 형제를 (　　　)함으로 사망에서 옮겨 (　　　)으로 들어간 줄을 알거니와 (　　　)하지 아니하는 자는 (　　　)에 머물러 있느니라〉

9. 〈그가 우리를 위하여 (　　　)을 버리셨으니 우리가 이로써 (　　　)을 알고 우리도 형제들을 위하여 (　　　)을 버리는 것이 마땅하니라〉는 (　　　)장 (　　　)절이다.

10. 〈자녀들아 우리가 (　　　)과 혀로만 사랑하지 말고 (　　　)과 진실함으로 하자 이로써 우리가 (　　　)에 속한 줄을 알고 또 우리 마음을 (　　　) 앞에서 굳세게 하리니〉

11. 〈그의 (　　　)은 이것이니 곧 그 아들 예수 그리스도의 (　　　)을 믿고 그가 우리에게 주신 계명대로 서로 (　　　)할 것이니라〉

는 (　　　)장 (　　　)절이다.

12. 〈너희가 하나님의 (　　　)을 알지니 곧 예수 그리스도께서 (　　　)로 오신 것을 시인하는 (　　　)마다 하나님께 속한 것이요 예수를 (　　　)하지 아니하는 영마다 (　　　)께 속한 것이 아니니 이것이 곧 (　　　)의 영이니라〉는 (　　　)장 (　　　)절이다.

13. 〈(　　　)은 여기 있으니 우리가 하나님을 (　　　)한 것이 아니요 하나님이 우리를 (　　　)하사 우리 죄를 속하기 위하여 화목제물로 그 (　　　)을 보내셨음이라〉

14. 〈누구든지 예수를 하나님의 (　　　)이라 시인하면 하나님이 그의 안에 거하시고 그도 (　　　) 안에 거하느니라〉

15. 〈누구든지 (　　　)을 사랑하노라 하고 그 (　　　)를 미워하면 이는 (　　　)하는 자니 보는 바 그 (　　　)를 사랑하지 아니하는 자는 보지 못하는 바 (　　　)을 사랑할 수 없느니라 우리가 이 (　　　)을 주께 받았나니 하나님을 (　　　)하는 자는 또한 그 형제를 (　　　)할지니라〉는 (　　　)장 (　　　)절이다.

16. 〈무릇 (　　　)께로부터 난 자마다 (　　　)을 이기느니라 세상을 이기는 (　　　)는 이것이니 우리의 (　　　)이니라〉는 (　　　)장 (　　　)절이다.

17. 〈하나님이 우리에게 (　　　)을 주신 것과 이 생명이 그의

(   ) 안에 있는 그것이니라 (   )이 있는 자에게는 (   )이 있고 하나님의 아들이 없는 자에게는 (   )이 없느니라〉

18. 〈내가 하나님의 아들의 (   )을 믿는 너희에게 이것을 쓰는 것은 너희로 하여금 너희에게 (   )이 있음을 알게 하려 함이라〉는 (   )장 (   )절이다.

19. 〈그를 향하여 우리가 가진 바 (   )이 이것이니 그의 뜻대로 무엇을 (   )하면 들으심이라〉에서 '그'는 누구입니까?

20. 〈우리가 무엇이든지 (   )하는 바를 들으시는 줄을 안즉 우리가 그에게 (   )한 그것을 얻은 줄을 또한 아느니라〉는 (   )장 (   )절이다.

21. 〈하나님께로부터 난 자는 다 (   )하지 아니하는 줄을 우리가 아노라 (   )께로부터 나신 자가 그를 지키시매 (   ) 자가 그를 만지지도 못하느니라〉

요한이서

22. 〈너의 (   ) 중에 우리가 아버지께 받은 (   )대로 진리를 행하는 자를 내가 보니 심히 (   )도다〉는 (   )장 (   )절이다.

23. 〈미혹하는 자가 (   )에 많이 나왔나니 이는 예수 그리스도

께서 (   )로 오심을 부인하는 자라 이런 자가 미혹하는 자요 (   )니〉

요한삼서

24. 〈사랑하는 자여 네 (   )이 잘됨같이 네가 (   )에 잘되고 강건하기를 내가 (   )하노라〉는 (   )장 (   )절이다.

25. 〈내가 내 (   )이 진리 안에서 (   ) 함을 듣는 것보다 더 (   ) 일이 없도다〉

26. 〈사랑하는 자여 (   )한 것을 본받지 말고 (   )한 것을 본받으라 선을 행하는 자는 (   )께 속하고 악을 행하는 자는 (   )을 뵈옵지 못하였느니라〉는 (   )장 (   )절이다.

유다서

27. 〈예수 그리스도의 (   )이요 야고보의 형제인 (   )는 부르심을 받은 자 곧 하나님 (   ) 안에서 사랑을 얻고 예수 (   )를 위하여 지키심을 받은 자들에게 (   )하노라 긍휼과 평강과 (   )이 너희에게 더욱 많을지어다〉는 (   )장 (   )절이다.

28. 〈천사장 (   )이 모세의 시체에 관하여 (   )와 다투어 변론할 때에 감히 (   )하는 판결을 내리지 못하고 다만 말하되 (   )께서 너를 꾸짖으시기를 원하노라〉

29. 〈(　　　)하는 자들아 너희는 너희의 지극히 거룩한 (　　　) 위에 자신을 세우며 (　　　)으로 기도하며 하나님의 (　　　) 안에서 자신을 지키며 (　　　)에 이르도록 우리 주 예수 그리스도의 (　　　)을 기다리라〉는 (　　　)장 (　　　)절이다.

요한계시록

30. 〈이 (　　　)의 말씀을 읽는 자와 (　　　) 자와 그 가운데에 기록한 것을 지키는 자는 (　　　)이 있나니 때가 가까움이라〉는 (　　　)장 (　　　)절이다.

31. 〈볼지어다 그가 (　　　)을 타고 오시리라 각 사람의 (　　　)이 그를 보겠고 그를 (　　　) 자들도 볼 것이요 땅에 있는 모든 (　　　)이 그로 말미암아 (　　　)하리니 그러하리라 아멘〉에서 '그'는 누구입니까?

32. 〈네가 참고 내 (　　　)을 위하여 견디고 게으르지 아니한 것을 아노라 그러나 너를 (　　　)할 것이 있나니 너의 처음 (　　　)을 버렸느니라〉에서 '너'와 '나'는 누구입니까?

33. 〈네가 죽도록 (　　　)하라 그리하면 내가 (　　　)의 관을 네게 주리라〉에서 '너'는 누구입니까?

34. 〈모든 (　　　)가 나는 사람의 뜻과 (　　　)을 살피는 자인 줄 알지라 내가 너희 각 사람의 (　　　) 대로 갚아주리라〉에서 '너희'는 누구입니까?

35. 〈이기는 자는 이와 같이 (   )을 입을 것이요 내가 그 이름을 (   )에서 결코 지우지 아니하고 그 (   )을 내 아버지 앞과 그의 천사들 앞에서 (   )하리라〉

36. 〈볼지어다 내가 네 앞에 (   )을 두었으되 능히 (   ) 사람이 없으리라 내가 네 (   )를 아노니 네가 작은 (   )을 가지고서도 내 (   )을 지키며 내 이름을 (   )하지 아니하였도다〉에서 '너'는 누구입니까?

37. 〈네가 나의 인내의 (   )을 지켰은즉 내가 또한 너를 지켜 (   )의 때를 면하게 하리니 이는 장차 온 (   )에 임하여 땅에 거하는 자들을 (   )할 때라〉

38. 〈볼지어다 내가 (   ) 밖에 서서 두드리노니 누구든지 내 (   )을 듣고 문을 열면 내가 그에게로 (   ) 그와 더불어 먹고 그는 (   ) 더불어 먹으리라〉는 (   )장 (   )절이다.

39. 〈우리 주 하나님이여 (   )과 존귀와 권능을 받으시는 것이 (   )하오니 주께서 만물을 지으신지라 (   )이 주의 뜻대로 있었고 또 (   )을 받았나이다〉는 누가 하는 말입니까?

40. 〈(   )이 나아와서 보좌에 앉으신 이의 (   )에서 두루마리를 취하시니라 그 두루마리를 취하시매 네 (   )과 이십사 장로들이 그 (   ) 앞에 엎드려 각각 거문고와 (   )이 가득한 금 대접을 가졌으니 이 (   )은 성도의 기도들이라〉는 (   )장 (   )절이다.

41. 〈내가 또 보고 들으매 (　　　)와 생물들과 (　　　)을 둘러 선 많은 (　　　)의 음성이 있으니 그 수가 (　　　)이요 천천이라 큰 음성으로 이르되 (　　　)을 당하신 어린 양은 능력과 부와 (　　　)와 힘과 존귀와 (　　　)과 찬송을 받으시기에 (　　　) 하도다〉

42. 〈(　　　)하심이 보좌에 앉으신 우리 하나님과 (　　　)에게 있도다〉는 (　　　)장 (　　　)절이다

43. 〈보좌 가운데에 계신 (　　　)이 그들의 목자가 되사 (　　　) 샘으로 인도하시고 (　　　)께서 그들의 눈에서 모든 (　　　)을 씻어 주실 것임이라〉

44. 〈향연이 성도의 (　　　)와 함께 천사의 손으로부터 (　　　) 앞으로 올라가는지라 (　　　)가 향로를 가지고 제단의 (　　　)을 담아다가 땅에 쏟으매 (　　　)와 음성과 번개와 (　　　)이 나더라〉는 (　　　)장 (　　　)절이다.

45. 〈내가 (　　　)의 손에서 작은 두루마리를 갖다 (　　　) 버리니 내 입에는 (　　　)같이 다나 먹은 후에 내 (　　　)에서는 쓰게 되더라 그가 내게 말하기를 네가 (　　　) 백성과 나라와 방언과 임금에게 다시 (　　　)하여야 하리라〉는 (　　　)장 (　　　)절이다.

46. 〈주의 이름을 (　　　)하는 자들에게 상 주시며〉는 (　　　)장 (　　　)절이다.

47. 〈여자가 (　　　)을 낳으니 이는 장차 철장으로 (　　　)을 다스릴 남자라 그 (　　　)를 하나님 앞과 그 보좌 앞으로 올려가더라〉는 (　　　)장 (　　　)절이다.

48. 〈큰 (　　　)이 내쫓기니 옛 뱀 곧 (　　　)라고도 하고 사탄이라고도 하며 온 (　　　)를 꾀는 자라 그가 (　　　)으로 내쫓기니 그의 (　　　)도 그와 함께 내쫓기니라〉는 (　　　)장 (　　　)절이다.

49. 〈(　　　)이 여자에게 분노하여 돌아가서 그 여자의 (　　　) 자손 곧 하나님의 (　　　)을 지키며 예수의 (　　　)를 가진 자들과 더불어 싸우려고 (　　　) 모래 위에 서 있더라〉

50. 〈죽임을 당한 (　　　)의 생명책에 창세 이후로 (　　　)이 기록되지 못하고 이 땅에 사는 자들은 다 그 (　　　)에게 경배하리라〉는 (　　　)장 (　　　)절이다.

51. 〈(　　　)을 두려워하며 그에게 (　　　)을 돌리라 이는 그의 (　　　)의 시간이 이르렀음이니 (　　　)과 땅과 바다와 물들의 근원을 만드신 이를 (　　　)하라〉

52. 〈성도들의 (　　　)가 여기 있나니 그들은 (　　　)의 계명과 예수에 대한 (　　　)을 지키는 자니라〉는 (　　　)장 (　　　)절이다.

53. 〈(　　　) 안에서 죽는 자들은 복이 있도다 하시매 (　　　)이

이르시되 그러하다 그들이 (   )를 그치고 쉬리니 이는 그들의 (   )한 일이 따름이라 하시더라〉

54. 〈주여 누가 주의 (   )을 두려워하지 아니하며 (   )롭게 하지 아니하오리이까 오직 (   )만 거룩하시니이다 (   )의 의로우신 일이 나타났으매 (   )이 와서 주께 경배하리이다〉는 (   )장 (   )절이다.

55. 〈보라 내가 (   )같이 오리니 누구든지 깨어 자기 (   )을 지켜 벌거벗고 다니지 아니하며 자기의 (   )을 보이지 아니하는 자는 (   )이 있도다〉는 (   )장 (   )절이다.

56. 〈그들이 (   )과 더불어 싸우려니와 (   )은 만주의 주시오 (   )의 왕이시므로 그들을 (   ) 터이요 또 그와 함께 있는 자들 곧 (   )을 받고 택하심을 받은 (   )한 자들도 이기리로다〉는 (   )장 (   )절이다.

57. 〈또 내가 들으니 (   )로부터 다른 음성이 나서 이르되 내 (   )아, 거기서 나와 그의 (   )에 참여하지 말고 그가 받을 (   )들을 받지 말라〉는 (   )장 (   )절이다.

58. 〈할렐루야 (   )과 영광과 능력이 우리 (   )께 있도다〉는 (   )장 (   )절이다.

59. 〈(   )가 내게 말하기를 기록하라 (   )의 혼인 잔치에 청함을 받은 자들은 (   )이 있도다 하고 또 내게 말하되 이것은

(　　　　)의 참되신 말씀이라〉는 (　　　　)장 (　　　　)절이다.

60. 〈오직 하나님께 경배하라〉는 누가 누구에게 한 말입니까?

61. 〈또 내가 (　　　　)이 열린 것을 보니 보라 (　　　　)와 그것을 탄 자가 있으니 그 이름은 (　　　　)과 진실이라 그가 (　　　　)로 심판하며 싸우더라〉는 (　　　　)장 (　　　　)절이다.

62. 〈(　　　　)이 잡히고 그 앞에서 표적을 행하던 거짓 (　　　　)도 함께 잡혔으니 이는 (　　　　)의 표를 받고 그의 우상에게 (　　　　)하던 자들을 표적으로 (　　　　)하던 자라 이 둘이 산 채로 (　　　　) 붙는 못에 던져지고 그 나머지는 말 탄 자의 (　　　　)으로부터 나오는 (　　　　)에 죽으매 모든 (　　　　)가 그들의 살로 배불리더라〉는 (　　　　)장 (　　　　)절이다.

63. 〈또 내가 보매 (　　　　)가 무저갱의 열쇠와 큰 쇠사슬을 그의 손에 가지고 (　　　　)로부터 내려와서 (　　　　)을 잡으니 곧 옛 뱀이요 (　　　　)요 사탄이라 잡아서 (　　　　) 년 동안 결박하여 (　　　　)에 던져 넣어 잠그고 그 위에 인봉하여 (　　　　)이 차도록 다시는 만국을 (　　　　)하지 못하게 하였는데 그 후에는 반드시 (　　　　) 놓이리라〉는 (　　　　)장 (　　　　)절이다.

64. 〈또 내가 보니 (　　　　) 자들이 큰 자나 작은 자나 그 (　　　　) 앞에 서 있는데 (　　　　)들이 펴 있고 또 다른 (　　　　)이 펴졌으니 곧 (　　　　)이라 죽은 자들이 자기 (　　　　)를 따라 책들에 기록된 대로 (　　　　)을 받으니〉는 (　　　　)장 (　　　　)절이다.

65. 〈누구든지 (   )에 기록되지 못한 자는 (   )에 던져지더라〉

66. 〈내가 새 하늘과 새 땅을 보니 (   ) 하늘과 처음 땅이 없어졌고 (   )도 다시 있지 않더라〉는 (   )장 (   )절이다.

67. 〈모든 (   )을 그 눈에서 닦아 주시니 다시는 (   )이 없고 애통하는 것이나 (   )하는 것이나 아픈 것이 (   ) 있지 아니하리니 처음 것들이 (   ) 지나갔음이러라〉는 (   )장 (   )절이다.

68. 〈무엇이든지 (   )된 것이나 가증한 일 또는 (   )하는 자는 결코 그리로 (   )가지 못하되 오직 어린양의 (   )에 기록된 자들만 (   )가리라〉는 (   )장 (   )절이다.

69. 〈강 좌우에 (   )나무가 있어 열두 가지 (   )를 맺되 달마다 그 (   )를 맺고 그 나무 잎사귀들은 (   )을 치료하기 위하여 있더라〉는 (   )장 (   )절이다.

70. 〈보라 내가 속히 오리니 내가 줄 (   )이 내게 있어 각 사람에게 그가 (   ) 대로 갚아 주리라〉는 (   )장 (   )절이다.

71. 〈내가 이 두루마리의 예언의 (   )을 듣는 모든 사람에게 (   )하노니 만일 누구든지 이것들 외에 (   )하면 하나님이 이 두루마리에 기록된 (   )을 그에게 더하실 것이요 만일 누구든지 이 (   )의 예언의 말씀에서 (   )하여 버리면 하나님이 이 두루마리에 기록된 (   )나무와 및 거룩한 성에 참

여함을 (   )하여 버리시리라〉

72. 〈이것들을 (   )하신 이가 이르시되 내가 (   ) 속히 오리라 하시거늘 아멘 주 (   ) 오시옵소서 주 예수의 (   )가 모든 자들에게 있을지어다 아멘〉은 (   )장 (   )절이다.

73. 오늘 읽은 말씀 중 가장 좋아하는 성경 구절을 외워 쓰십시오.

시가서(개역개정판)
성경대학문제

욥기 / 시편 / 잠언 / 전도서 / 아가

01 시가서(개역개정판) 성경대학문제

욥기 1-21장

(　　　)년 (　　)월 (　　)일　　이름 (　　　)

1. 〈우스 땅에 (　　　)이라 불리는 사람이 있었는데 그 사람은 (　　　)하고 정직하여 하나님을 (　　　)하며 (　　　)에서 떠난 자더라 그에게 아들 (　　　)과 딸 (　　　)이 태어나니라〉는 (　　　)장 (　　　)절이다.

2. 〈그의 아들들이 자기 (　　　)에 각각 자기의 집에서 (　　　)를 베풀고 그의 누이 (　　　)명도 청하여 함께 (　　　) 마시더라 그들이 차례대로 (　　　)를 끝내면 욥이 그들을 불러다가 (　　　)하게 하되 아침에 일어나서 그들의 (　　　)대로 번제를 드렸으니 이는 (　　　)이 말하기를 혹시 내 아들들이 (　　　)를 범하여 마음으로 하나님을 (　　　)되게 하였을까 함이라 욥의 (　　　)가 항상 이러하였더라〉는 (　　　)장 (　　　)절이다.

3. 〈여호와께서 (　　　)에게 이르시되 네가 내 종 (　　　)을 주의하여 보았느냐 그와 같이 (　　　)하고 정직하여 하나님을 (　　　)하며 악에서 떠난 자는 (　　　)에 없느니라〉

4. 〈이제 주의 손을 펴서 그의 모든 (　　　)을 치소서 그리하시면 틀

림없이 (   )를 향하여 (   )하지 않겠나이까〉는 누가 한 말이며, '그'는 누구입니까?

5. 〈또 한 사람이 와서 아뢰되 (   )의 자녀들이 그들의 (   )의 집에서 음식을 먹으며 (   )를 마시는데 거친 들에서 (   ) 바람이 와서 집 네 (   )를 치매 그 청년들 위에 무너지므로 (   )이 죽었나이다 나만 홀로 (   )하였으므로 주인께 아뢰러 왔나이다 한지라〉는 (   )장 (   )절이다.

6. 〈욥이 일어나 겉옷을 찢고 (   )을 밀고 땅에 엎드려 (   )하며 이르되 내가 모태에서 (   )으로 나왔사온즉 또한 (   )이 그리로 돌아가올지라 (   ) 이도 여호와시요 거두신 이도 (   )시오니 여호와의 (   )이 (   )을 받으실지니이다〉는 (   )장 (   )절이다.

7. 〈네가 나를 (   )하여 까닭 없이 그를 (   ) 하였어도 그가 여전히 자기의 (   )함을 굳게 지켰느니라〉에서 '너'와 '그'는 각각 누구입니까?

8. 〈여호와께서 (   )에게 이르시되 내가 그를 네 (   )에 맡기노라 다만 그의 (   )은 해하지 말지니라〉에서 '그'는 누구입니까?

9. 〈그의 (   )가 그에게 이르되 당신이 그래도 자기의 (   )을 굳게 지키느냐 하나님을 (   )하고 죽으라 그가 이르되 그대의 (   )이 한 어리석은 여자의 (   ) 같도다 우리가 하

나님께 (　　　)을 받았은즉 (　　　)도 받지 아니하겠느냐 하고 이 모든 일에 욥이 (　　　)로 범죄하지 아니하니라〉는 (　　　)장 (　　　)절이다.

10. 욥을 위로하려고 온 세 친구의 이름을 쓰십시오.

11. 〈밤낮 (　　　) 일 동안 그와 함께 땅에 앉았으나 (　　　)의 고통이 심함을 보므로 그에게 (　　　)마디도 말하는 자가 없었더라〉는 (　　　)장 (　　　)절이다.

12. 욥의 탄식 가운데서 가장 처절한 탄식을 한 절만 쓰십시오(3장 안에서).

13. 〈생각하여 보라 (　　　) 없이 망한 자가 누구인가 (　　　)한 자의 끊어짐이 어디 있는가 내가 보건대 (　　　)을 밭 갈고 독을 뿌리는 자는 (　　　) 거두나니 다 하나님의 (　　　) 기운에 멸망하고 그의 (　　　)에 사라지느니라〉는 (　　　)장 (　　　)절이다.

14. 〈(　　　)이 어찌 하나님보다 (　　　)롭겠느냐 (　　　)이 어찌 그 창조하신 이보다 (　　　)하겠느냐〉는 누가 한 말입니까?

15. 〈(　　　)가 미련한 자를 죽이고 (　　　)가 어리석은 자를 멸하느니라〉는 (　　　)장 (　　　)절이다.

16. 〈나라면 (　　　)을 찾겠고 내 일을 (　　　)께 의탁하리라〉에서 '나'는 누구입니까?

17. 〈볼지어다 (   )께 징계 받는 자에게는 (   )이 있나니 그런즉 너는 전능자의 (   )를 업신여기지 말지니라〉는 (   )장 (   )절이다.

18. 〈하나님은 (   ) 하시다가 싸매시며 (   )하게 하시다가 그의 (   )으로 고치시나니 여섯 가지 (   )에서 너를 구원하시며 일곱 가지 (   )이라도 그 (   )이 네게 미치지 않게 하시며〉는 (   )장 (   )절이다.

19. 〈그러할지라도 내가 오히려 (   )를 받고 그칠 줄 모르는 (   ) 가운데서도 (   )하는 것은 내가 거룩하신 이의 (   )을 거역하지 아니하였음이라〉에서 '나'는 누구입니까?

20. 〈내 (   )은 개울과 같이 변덕스럽고 그들은 (   )의 물살 같이 지나가누나〉

21. 〈내게 가르쳐서 나의 (   )된 것을 깨닫게 하라 내가 (   ) 하리라〉는 누가 한 말입니까?

22. 〈이제 원하건대 너희는 내게로 (   )을 돌리라 내가 너희를 대면하여 결코 (   )하지 아니하리라〉는 (   )장 (   )절이다.

23. 〈내 살에는 (   )와 흙 덩이가 의복처럼 입혀졌고 내 (   )는 굳어졌다가 터지는구나〉는 (   )장 (   )절이다.

24. 〈그런즉 내가 내 (   )을 금하지 아니하고 내 (   )의 아픔 때문에 말하며 내 (   )의 괴로움 때문에 (   )하리이다〉는 누가 한 말입니까?

25. 〈사람이 무엇이기에 (   )께서 그를 크게 만드사 그에게 (   )을 두시고 아침마다 (   )하시며 순간마다 (   )하시나이까〉는 (   )장 (   )절이다.

26. 〈하나님이 어찌 (   )를 굽게 하시겠으며 (   )하신 이가 어찌 (   )를 굽게 하시겠는가〉는 (   )장 (   )절이다.

27. 〈네가 만일 (   )을 찾으며 전능하신 이에게 (   )하고 또 청결하고 (   )하면 반드시 너를 돌아보시고 네 의로운 처소를 (   )하게 하실 것이라〉에서 '너'는 누구입니까?

28. 욥기 8장 7절 말씀을 외워 쓰십시오.

29. 〈하나님은 (   ) 사람을 버리지 아니하시고 (   ) 자를 붙들어 주지 아니하시므로 (   )을 네 입에, 즐거운 소리를 네 (   )에 채우시리니 너를 (   )하는 자는 부끄러움을 당할 것이라 (   )의 장막은 없어지리라〉는 (   )장 (   )절이다.

30. 〈그는 마음이 (   )로우시고 힘이 (   )하시니 그를 거슬러 스스로 (   )하게 행하고도 (   )할 자가 누구이랴〉에서 '그'는 누구입니까?

31. 〈그가 내 ( ) 지나시나 내가 ( ) 못하며 그가 내 ( ) 움직이시나 내가 깨닫지 못하느니라〉에서 ‘그’와 ‘나’는 각각 누구입니까?

32. 〈가령 내가 ( )로울지라도 내 입이 나를 ( )하리니 가령 내가 ( )할지라도 나를 ( )하시리라〉는 ( )장 ( )절이다.

33. 〈나의 날이 ( )보다 빨리 사라져버리니 ( )을 볼 수 없구나 그 지나가는 것이 빠른 ( ) 같고 먹이에 날아 내리는 ( )와도 같구나〉에서 ‘나’는 누구입니까?

34. 〈주께서 그의 ( )를 내게서 떠나게 하시고 그의 ( )이 나를 두렵게 하지 아니하시기를 ( )하노라〉는 ( )장 ( )절이다.

35. 〈내가 하나님께 아뢰오리니 나를 ( )하지 마시옵고 무슨 ( )으로 나와 더불어 변론하시는지 내게 ( ) 하옵소서〉는 ( )장 ( )절이다.

36. 〈주께서는 내가 ( )하지 않은 줄을 아시나이다 주의 ( )에서 나를 벗어나게 할 자도 없나이다〉

37. 〈생명과 ( )를 내게 주시고 나를 보살피심으로 내 ( )을 지키셨나이다〉

38. 〈내가 악하면 (　　　　)가 있을 것이오며 내가 의로울지라도 (　　　　)를 들지 못하는 것은 내 (　　　　)에 부끄러움이 가득하고 내 (　　　　)을 내 눈이 보기 때문이니이다〉는 (　　　　)장 (　　　　)절이다.

39. 〈주께서 나를 (　　　　)에서 나오게 하셨음은 어찌함이니이까〉는 누가 한 말입니까?

40. 〈(　　　　)이 많으니 어찌 대답이 없으랴 (　　　　)이 많은 사람이 어찌 (　　　　)롭다 함을 얻겠느냐〉는 (　　　　)장 (　　　　)절이다.

41. 〈네가 (　　　　)의 오묘함을 어찌 능히 (　　　　)하며 전능자를 어찌 능히 (　　　　) 알겠느냐〉는 누가 누구에게 한 말입니까?

42. 〈하나님은 (　　　　)한 사람을 아시나니 (　　　　)한 일은 상관하지 않으시는 듯하나 (　　　　) 보시느니라〉는 (　　　　)장 (　　　　)절이다.

43. 〈네 손에 (　　　　)이 있거든 멀리 버리라 (　　　　)가 네 장막에 있지 못하게 하라〉

44. 〈네가 (　　　　)이 있으므로 (　　　　)할 것이며 두루 살펴보고 (　　　　)히 쉬리라 네가 누워도 (　　　　) 할 자가 없겠고 많은 사람이 네게 (　　　　)를 구하리라〉는 (　　　　)장 (　　　　)절이다.

45. 〈(　　　　)한 자의 마음은 (　　　　)을 멸시하나 재앙이 (　　　　)

하는 자를 기다리는구나〉는 (　　　)장 (　　　)절이다.

46. 〈모든 (　　　)의 생명과 모든 사람의 육신의 (　　　)이 다 그의 손에 있느니라〉

47. 〈늙은 자에게는 (　　　)가 있고 장수하는 자에게는 (　　　)이 있느니라〉

48. 〈(　　　)와 권능이 하나님께 있고 (　　　)과 명철도 그에게 속하였나니〉

49. 〈(　　　)을 커지게도 하시고 (　　　) 멸하기도 하시며 (　　　)을 널리 퍼지게도 하시고 (　　　) 끌려가게도 하시며〉는 (　　　)장 (　　　)절이다.

50. 〈너희가 참으로 (　　　)하면 그것이 너희의 (　　　)일 것이니라〉는 (　　　)장 (　　　)이다.

51. 〈하나님이 너희를 (　　　)하시면 좋겠느냐 너희가 사람을 (　　　) 같이 그를 속이려느냐〉

52. 〈그가 나를 죽이시리니 내가 (　　　)이 없노라 그러나 그의 앞에서 내 (　　　)를 아뢰리라〉는 (　　　)장 (　　　)절이다.

53. 〈나의 (　　　)이 얼마나 많으니이까 나의 (　　　)과 죄를 내게 (　　　) 하옵소서〉

54. 〈(   )에게서 태어난 사람은 (   )가 짧고 걱정이 가득하며 그는 (   )과 같이 자라나서 시들며 (   )같이 지나가며 머물지 아니하거늘〉

55. 〈(   )이라도 죽으면 어찌 (   ) 살리이까 나는 나의 모든 (   )의 날 동안을 참으면서 (   )나기를 기다리겠나이다〉는 누가 한 말입니까?

56. 〈주는 내 (   )을 주머니에 봉하시고 내 (   )을 싸매시나이다〉는 (   )장 (   )절이다.

57. 〈너를 (   )한 것은 내가 아니요 네 (   )이라 네 (   )이 네게 불리하게 (   )하느니라〉에서 '너'와 '나'는 각각 누구입니까?

58. 〈(   )이 어찌 깨끗하겠느냐 (   )에게서 난 자가 어찌 (   )롭겠느냐〉

59. 〈이는 그의 손을 들어 (   )을 대적하며 교만하여 (   )에게 힘을 과시하였음이니라〉는 (   )장 (   )절이다.

60. 〈(   )하지 못한 무리는 (   )을 낳지 못할 것이며 (   )을 받는 자의 장막은 (   ) 것이라〉는 (   )장 (   )절이다.

61. 〈(   )으로 너희를 강하게 하며 입술의 (   )로 너희의 근

심을 풀었으리라〉

62. 〈무리들은 나를 향하여 (   )을 크게 벌리며 나를 모욕하여 (   )을 치며 함께 모여 나를 (   )하는구나〉는 (   )장 (   )절이다.

63. 〈내 손에는 (   )이 없고 나의 기도는 (   )하니라〉

64. 〈지금 나의 (   )이 하늘에 계시고 나의 (   )가 높은 데 계시니라〉는 (   )장 (   )절이다.

65. 〈(   )이 지나면 나는 돌아오지 못할 (   )로 갈 것임이니라〉는 누가 한 말입니까?

66. 〈나의 (   )이 쇠하였으며 나의 (   )이 다하였고 (   )이 나를 위하여 준비되었구나〉는 (   )장 (   )절이다.

67. 〈보상을 얻으려고 (   )를 비난하는 자는 그의 (   )의 눈이 멀게 되리라〉

68. 〈(   )은 그 길을 꾸준히 가고 (   )이 깨끗한 자는 점점 (   )을 얻느니라〉는 (   )장 (   )절이다.

69. 〈악인의 (   )은 꺼지고 그의 불꽃은 (   )나지 않을 것이요〉는 (   )장 (   )절이다.

70. 〈그는 그의 백성 가운데 (   )도 없고 후예도 없을 것이며 그가 (   )하던 곳에는 남은 자가 (   ) 사람도 없을 것이라〉는 (   )장 (   )절이다.

71. 〈너희가 열 번이나 나를 (   )하고도 부끄러워 아니하는구나 비록 내게 (   )이 있다 할지라도 그 (   )이 내게만 있느냐〉는 (   )장 (   )절이다.

72. 〈내 아내도 내 (   )을 싫어하며 내 허리의 (   )도 나를 가련하게 여기는구나〉에서 '나'는 누구입니까?

73. 〈내가 알기에는 나의 (   )가 살아 계시니 마침내 그가 (   ) 위에 서실 것이라 내 (   )이 벗김을 당한 뒤에도 내가 (   ) 밖에서 (   )을 보리라 내가 그를 (   ) 내 눈으로 그를 보기를 (   ) 사람처럼 하지 않을 것이라〉는 (   )장 (   )절이다.

74. 〈네가 알지 못하느냐 (   )로부터 (   )이 세상에 생긴 때로부터 (   )이 이긴다는 자랑도 (   )요 경건하지 못한 자의 즐거움도 (   )이니라〉는 (   )장 (   )절이다.

75. 〈그가 (   )을 삼켰을지라도 토할 것은 (   )이 그의 배에서 (   ) 나오게 하심이니〉

76. 〈그가 (   )를 불리려 할 때에 (   )이 맹렬한 진노를 내리시리니 (   )을 먹을 때에 그의 위에 (   )같이 쏟으시리라〉

77. 〈하늘이 그의 (   )을 드러낼 것이요 땅이 그를 (   )하여 일어날 것인즉 그의 (   )이 떠나가며 하나님의 (   )의 날에 끌려가리라〉는 (   )장 (   )절이다.

78. 〈어찌하여 (   )이 생존하고 장수하며 (   )이 강하냐 그들의 (   )이 앞에서 그들과 (   ) 굳게 서고 자손이 그들의 (   )에서 그러하구나〉는 (   )장 (   )절이다.

79. 〈그들의 날을 (   )하게 지내다가 (   ) 사이에 스올에 내려가느니라〉에서 '그들'은 누구입니까?

80. 〈(   )의 등불이 꺼짐과 (   )이 그들에게 닥침과 (   )이 진노하사 그들을 (   )하게 하심이 몇 번인가 그들이 (   ) 앞에 검불같이, 폭풍에 날려가는 (   )같이 되었도다〉는 (   )장 (   )절이다.

81. 〈(   )은 그의 죄악을 그의 (   )을 위하여 쌓아 두시며 그에게 (   ) 것을 알게 하시기를 원하노라〉

82. 〈내가 너희의 (   )을 알고 너희가 나를 해하려는 (   )도 아노라〉에서 '나'와 '너희'는 각각 누구입니까?

83. 〈그런데도 너희는 나를 (   ) 위로하려느냐 너희 대답은 (   )일 뿐이니라〉는 (   )장 (   )절이다.

84. 오늘 읽은 말씀 중 가장 좋아하는 성경 구절을 외워 쓰십시오.

02 시가서(개역개정판) 성경대학문제

욥기 22-42장

(　　　)년 (　　)월 (　　)일　　이름 (　　　)

1. 《(　　　)이 어찌 하나님께 (　　　)하게 하겠느냐 (　　　)로운 자도 자기에게 (　　　)할 따름이니라》는 (　　　)장 (　　　)절이다.

2. 〈너는 (　　　)를 빈손으로 돌려보내며 (　　　)의 팔을 꺾는구나 그러므로 (　　　)이 너를 둘러 있고 (　　　)이 갑자기 너를 엄습하며 (　　　)이 너로 하여금 보지 못하게 하고 (　　　)가 너를 덮느니라〉

3. 〈너는 하나님과 (　　　)하고 평안하라 그리하면 (　　　)이 네게 임하리라〉는 누가 한 말입니까?

4. 〈청하건대 너는 (　　　)의 입에서 교훈을 받고 (　　　)의 말씀을 네 마음에 두라〉

5. 《(　　　)이 너를 낮추거든 너는 (　　　)했노라고 말하라 하나님은 (　　　)한 자를 구원하시리라》는 (　　　)장 (　　　)절이다.

6. 〈내가 어찌하면 (　　　)을 발견하고 그의 (　　　)에 나아가랴

어찌하면 그 앞에서 내가 ( )하며 변론할 말을 내 ( )에 채우고 내게 대답하시는 ( )을 내가 알며 내게 이르시는 것을 내가 ( )으랴〉는 ( )장 ( )절이다.

7. 〈그가 큰 ( )을 가지시고 나와 더불어 ( )시겠느냐 아니라 도리어 내 ( )을 들으시리라 거기서는 ( )한 자가 그와 변론할 수 있은즉 내가 ( )에게서 영원히 벗어나리라〉에서 '그'와 '나'는 각각 누구입니까?

8. 〈내가 가는 ( )을 그가 아시나니 그가 나를 ( )하신 후에는 내가 ( ) 같이 되어 나오리라〉는 ( )장 ( )절이다.

9. 〈내가 그의 ( )의 명령을 어기지 아니하고 정한 ( )보다 그의 입의 ( )을 귀히 여겼도다〉는 ( )장 ( )절이다.

10. 〈어찌하여 ( )는 때를 정해 놓지 아니하셨는고 그를 ( ) 자들이 그의 ( )을 보지 못하는고〉는 ( )장 ( )절이다.

11. 〈( )을 배반하는 사람들은 이러하니 그들은 그 ( )를 알지 못하며 그 ( )에 머물지 아니하는 자라〉

12. 〈하나님이 그의 ( )으로 강포한 자들을 ( )내시나니 일어나는 자는 있어도 살아남을 ( )은 없으리라〉는 ( )장 ( )절이다.

13. 〈(   )은 주권과 위엄을 가지셨고 (   ) 곳에서 (   )을 베푸시느니라〉는 (   )장 (   )절이다.

14. 〈(   ) 앞에서 사람이 어찌 (   )롭다 하며 여자에게서 난 자가 어찌 (   )하다 하랴〉는 (   )장 (   )절이다.

15. 〈네가 (   ) 없는 자를 참 잘도 도와 주는구나 (   ) 없는 팔을 참 잘도 (   )하여 주는구나〉는 (   )장 (   )절이다.

16. 〈(   ) 앞에서는 스올도 벗은 (   )으로 드러나며 멸망도 (   )이 없으리라〉

17. 〈그는 (   )으로 바다를 잔잔하게 하시며 (   )로 라합(폭풍우)을 깨뜨리시며〉는 (   )장 (   )절이다.

18. 〈결코 내 (   )이 불의를 말하지 아니하며 내 (   )가 거짓을 말하지 아니하리라〉는 (   )장 (   )절이다.

19. 〈내가 내 (   )를 굳게 잡고 놓지 아니하리니 내 (   )이 나의 생애를 비웃지 아니하리라〉에서 '나'는 누구입니까?

20. 〈(   )한 자가 이익을 얻었으나 하나님이 그의 (   )을 거두실 때에는 무슨 (   )이 있으랴〉는 (   )장 (   )절이다.

21. 〈그가 비록 (   )을 티끌같이 쌓고 (   )을 진흙같이 준비할지라도 그가 (   )한 것을 의인이 입을 것이요 그의 (   )은 죄 없는 자가 차지할 것이며〉에서 '그'는 누구입니까?

22. 〈사람이 굳은 (   )에 손을 대고 산을 (   )까지 뒤엎으며 반석에 (   )를 터서 각종 (   )을 눈으로 발견하고 (   )를 막아 스며 나가지 않게 하고 (   )어져 있던 것을 (   ) 데로 끌어내느니라〉는 (   )장 (   )절이다.

23. 〈그러나 (   )는 어디서 얻으며 (   )이 있는 곳은 어디인고 그 (   )을 사람이 알지 못하나니 사람 사는 (   )에서는 찾을 수 없구나〉는 (   )장 (   )절이다.

24. 〈(   )와 벽옥으로도 비길 수 없나니 (   )의 값은 산호보다 귀하구나〉

25. 〈보라 주를 경외함이 (   )요 악을 떠남이 (   )이니라〉는 (   )장 (   )절이다.

26. 〈나는 지난 세월과 (   )이 나를 보호하시던 때가 (   ) 오기를 원하노라 그 때에는 그의 (   )이 내 머리에 비치었고 내가 그의 (   )을 힘입어 (   )에서도 걸어다녔느니라〉는 (   )장 (   )절이다.

27. 〈내가 (   ) 왕성하던 날과 같이 지내기를 (   )하노라 그 때에는 하나님이 내 (   )에 기름을 발라 주셨도다〉

28. 〈귀가 들은즉 나를 (　　　)하고 눈이 본즉 나를 (　　　)하였나니 이는 부르짖는 (　　　)과 도와 줄 자 없는 (　　　)를 내가 건졌음이라〉에서 '나'는 누구입니까?

29. 〈내가 (　　　)를 옷으로 삼아 입었으며 나의 (　　　)는 겉옷과 모자 같았느니라〉

30. 〈내가 스스로 말하기를 나는 내 (　　　)에서 숨을 거두며 나의 날은 (　　　)같이 많으리라〉

31. 〈무리는 내 말을 듣고 (　　　)을 걸었으며 내가 가르칠 때에 (　　　)하였노라〉는 (　　　)장 (　　　)절이다.

32. 〈그들이 나를 (　　　)하여 멀리하고 서슴지 않고 내 (　　　)에 침을 뱉는도다〉는 (　　　)장 (　　　)절이다.

33. 〈(　　　)이 넘어질 때에 어찌 (　　　)을 펴지 아니하며 (　　　)을 당할 때에 어찌 (　　　)을 부르짖지 아니하리이까〉는 (　　　)장 (　　　)절이다.

34. 〈내가 내 (　　　)과 약속하였나니 어찌 (　　　)에게 주목하랴〉는 (　　　)장 (　　　)절이다.

35. 〈그가 내 (　　　)을 살피지 아니하시느냐 내 (　　　)을 다 세지 아니하시느냐〉에서 '그'는 누구입니까?

36. 〈하나님께서 나를 (   )한 저울에 달아보시고 그가 나의 (   )을 아시기를 바라노라〉는 (   )장 (   )절이다.

37. 〈실상은 내가 젊었을 때부터 (   ) 기르기를 그의 (   )처럼 하였으며 내가 어렸을 때부터 (   )를 인도하였노라〉에서 '나'는 누구입니까?

38. 〈내가 언제 나를 (   )하는 자의 멸망을 기뻐하고 그가 (   )을 당함으로 즐거워하였던가〉

39. 〈(   )가 거리에서 자지 아니하도록 나는 (   )에게 내 문을 열어 주었노라〉

40. 〈만일 내가 (   )을 내지 않고 그 소출을 먹고 그 (   )가 생명을 잃게 하였다면 (   ) 대신에 가시나무가 나고 (   ) 대신에 독보리가 나는 것이 (   )하니라 하고 (   )의 말이 그치니라〉는 (   )장 (   )절이다.

41. 〈그가 욥에게 (   )를 냄은 욥이 하나님보다 자기가 (   )롭다 함이요 또 세 친구에게 (   )를 냄은 그들이 능히 (   )하지 못하면서도 욥을 (   )함이라〉는 (   )장 (   )절이며, '세 친구'는 누구입니까?

42. 〈사람의 속에는 (   )이 있고 전능자의 숨결이 사람에게 (   )을 주시나니 어른이라고 (   )롭거나 노인이라고 정의를 (   ) 것이 아니니라〉는 누가 한 말입니까?

43. 〈나는 결코 사람의 ( )을 보지 아니하며 사람에게 ( )을 돌리지 아니하리니 이는 ( )할 줄을 알지 못함이라〉는 ( )장 ( )절이다.

44. 〈내 ( )의 정직함이 곧 내 말이며 내 ( )이 아는 바가 ( )을 말하느니라 하나님의 ( )이 나를 지으셨고 전능자의 ( )이 나를 살리시느니라〉는 ( )장 ( )절이다.

45. 〈그는 사람의 혼을 ( )에 빠지지 않게 하시며 그 ( )을 칼에 맞아 ( )하지 않게 하시느니라〉에서 '그'는 누구입니까?

46. 〈하나님이 그 사람을 ( ) 여기사 그를 건져서 ( )에 내려가지 않게 하라 내가 ( )을 얻었다 하시리라〉는 ( )장 ( )절이다.

47. 〈그는 하나님께 ( )하므로 하나님이 ( )를 베푸사 그로 말미암아 ( ) 외치며 하나님의 ( )을 보게 하시고 사람에게 그의 ( )를 회복시키시느니라〉

48. 〈만일 할 ( )이 있거든 대답하라 내가 ( ) 마음으로 그대를 ( )롭다 하리니 그대는 말하라 만일 없으면 내 ( )을 들으라 잠잠하라 내가 ( )로 그대를 가르치리라〉는 누가 누구에게 한 말입니까?

49. 〈입이 ( )의 맛을 분별함같이 귀가 ( )을 분별하나니 우리가 ( )를 가려내고 무엇이 ( )한가 우리끼리 알아

보자〉는 (　　　)장 (　　　)절이다.

50. 〈너희 (　　　)한 자들아 내 말을 들으라 (　　　)은 악을 행하지 아니하시며 (　　　)는 결코 불의를 행하지 아니하시고 사람의 (　　　)를 따라 갚으사 각각 그의 (　　　)대로 받게 하시나니〉는 (　　　)장 (　　　)절이다.

51. 〈그는 (　　　)의 길을 주목하시며 (　　　)의 모든 걸음을 감찰하시나니 (　　　)는 숨을 만한 흑암이나 (　　　)의 그늘이 없느니라〉

52. 〈그대가 (　　　)께 아뢰기를 내가 (　　　)를 지었사오니 다시는 (　　　)하지 아니하겠나이다 내가 (　　　) 못하는 것을 내게 가르치소서 내가 (　　　)을 행하였으나 다시는 아니하겠나이다 하였는가〉

53. 〈나는 (　　　)이 끝까지 시험 받기를 (　　　)하노니 이는 그 대답이 (　　　)과 같음이라〉는 누가 한 말입니까?

54. 〈그들이 악인의 (　　　)으로 말미암아 거기에서 부르짖으나 (　　　)하는 자가 없음은 헛된 것은 (　　　)이 결코 듣지 아니하시며 (　　　)가 돌아보지 아니하심이라〉는 (　　　)장 (　　　)절이다.

55. 〈(　　　)은 능하시나 아무도 (　　　)하지 아니하시며 그의 (　　　)가 무궁하사 (　　　)을 살려두지 아니하시며 (　　　)

받는 자에게 공의를 베푸시며 그의 (   )을 의인에게서 떼지 아니하시고 그를 (   )과 함께 왕좌에 앉히사 영원토록 (   )하게 하시며〉는 (   )장 (   )절이다.

56. 〈그들의 (   )를 열어 교훈을 듣게 하시며 명하여 (   )에서 돌이키게 하시나니 만일 그들이 (   )하여 섬기면 (   )한 날을 보내며 즐거운 (   )를 지낼 것이요〉

57. 〈(   )이 경건하지 아니한 자들은 (   )를 쌓으며 하나님이 속박할지라도 (   )을 구하지 아니하나니〉는 (   )장 (   )절이다.

58. 〈하나님이 그대를 (   )에서 이끌어 내사 좁지 않고 (   ) 곳으로 옮기려 하셨은즉 무릇 그대의 (   )에는 기름진 것이 놓이리라〉

59. 〈그대는 (   )하지 않도록 조심하며 많은 (   )이 그대를 그릇된 (   )로 가게 할까 조심하라〉

60. 〈그대는 (   )께서 하신 일을 기억하고 높이라 (   ) 말지니라 인생이 그의 일을 (   )하였느니라〉에서 '그대'는 누구입니까?

61. 〈(   )은 높으시니 우리가 그를 (   ) 수 없고 그의 햇수를 (   ) 수 없도다〉

62. 〈그의 ( )가 다가오는 풍우를 알려 주니 ( )도 그 다가 옴을 아느니라〉는 ( )장 ( )절이다.

63. 〈하나님은 놀라운 ( )을 내시며 우리가 헤아릴 수 없는 ( ) 일을 행하시느니라 ( )을 명하사 땅에 내리라 하시며 적은 ( )와 큰 비도 내리게 명하시느니라〉는 ( )장 ( )절이다.

64. 〈그가 모든 사람의 ( )에 표를 주시어 모든 사람이 그가 ( ) 것을 알게 하려 하심이라〉에서 '그'는 누구입니까?

65. 〈( )이여 이것을 듣고 가만히 서서 ( )의 오묘한 일을 깨달으라 ( )이 이런 것들에게 ( )하셔서 그 구름의 ( )로 번쩍거리게 하시는 것을 그대가 아느냐〉는 ( )장 ( )절이다.

66. 〈북쪽에서는 ( ) 같은 빛이 나오고 하나님께는 두려운 ( )이 있느니라〉는 ( )장 ( )절이다.

67. 〈내가 ( )의 기초를 놓을 때에 네가 ( ) 있었느냐 네가 깨달아 알았거든 ( )할지어다〉는 ( )장 ( )절이다.

68. 〈네가 너의 날에 ( )에게 명령하였느냐 ( )에게 그 자리를 일러 주었느냐〉는 누가 누구에게 한 말입니까?

69. 〈네가 ( )의 샘에 들어갔었느냐 깊은 ( ) 밑으로 걸어

다녀 보았느냐〉

70. 〈너는 (   )을 각각 제 때에 이끌어 낼 수 있으며 (   )을 다른 별들에게로 (   ) 갈 수 있겠느냐〉는 (   )장 (   )절이다.

71. 〈네가 하늘의 (   )를 아느냐 하늘로 하여금 그 (   )을 땅에 베풀게 하겠느냐〉

72. 〈(   ) 새끼가 하나님을 향하여 부르짖으며 (   ) 것이 없어서 허우적거릴 때에 그것을 위하여 (   )를 마련하는 이가 누구냐〉는 (   )장 (   )절이다.

73. 〈산 염소가 (   ) 치는 때를 네가 아느냐 (   )이 새끼 낳는 것을 네가 본 적이 있느냐〉는 (   )장 (   )절이다.

74. 〈(   )가 어찌 기꺼이 너를 위하여 (   )하겠으며 네 (   )에 머물겠느냐〉

75. 〈(   )의 힘을 네가 주었느냐 그 목에 흩날리는 (   )를 네가 입혔느냐〉는 누가 한 말이며, '너'는 누구입니까?

76. 〈(   )가 공중에 떠서 높은 곳에 (   )를 만드는 것이 어찌 네 (   )을 따름이냐〉는 (   )장 (   )절이다.

77. 〈여호와께서 또 (   )에게 일러 말씀하시되 (   ) 잡

는 자가 전능자와 (   )겠느냐 하나님을 (   )하는 자는 대답할지니라 (   )이 여호와께 대답하여 이르되 보소서 나는 (   )하오니 무엇이라 주께 (   )하리이까 손으로 (   )을 가릴 뿐이로소이다〉는 (   )장 (   )절이다.

78. 〈네가 내 (   )를 부인하려느냐 네 의를 세우려고 나를 (   )하다 하겠느냐 네가 하나님처럼 (   )이 있느냐 하나님처럼 (   ) 소리를 내겠느냐〉

79. 〈이제 (   )같이 풀을 먹는 베헤못(하마로 볼 수도 있음)을 볼지어다 내가 너를 (   ) 것같이 그것도 지었느니라〉는 (   )장 (   )절이다.

80. 〈네가 (   )로 리워야단(악어로 볼 수도 있음)을 끌어낼 수 있겠느냐 (   )으로 그 혀를 맬 수 있겠느냐〉는 (   )장 (   )절이다.

81. 〈아무도 그것을 (   )시킬 만큼 담대하지 못하거든 누가 내게 감히 (   )할 수 있겠느냐〉에서 '그것'은 무엇입니까?

82. 〈온 (   )에 있는 것이 다 내 것이니라〉는 (   )장 (   )절이다.

83. 〈무지한 말로 (   )를 가리는 자가 누구니이까 나는 (   ) 못한 일을 말하였고 스스로 (   ) 수도 없고 헤아리기도 (   ) 일을 말하였나이다〉는 누가 누구에게 한 말입니까?

84. 〈내가 주께 대하여 ( )로 듣기만 하였사오나 이제는 ( )으로 주를 뵈옵나이다 그러므로 내가 ( ) 거두어들이고 ( )과 재 가운데에서 ( )하나이다〉는 ( )장 ( )절이다.

85. 〈욥이 그의 ( )을 위하여 기도할 때 여호와께서 욥의 ( )을 돌이키시고 여호와께서 욥에게 이전 모든 ( )보다 갑절이나 주신지라〉는 ( )장 ( )절이다.

86. 〈여호와께서 욥의 ( )에 욥에게 처음보다 더 ( )을 주시니 그가 양 ( )과 낙타 ( )과 소 천 ( )와 암나귀 ( )을 두었고 또 아들 ( )과 딸 ( )을 두었으며〉

87. 〈그 후에 욥이 ( ) 년을 살며 아들과 손자 ( ) 대를 보았고 욥이 늙어 ( )가 차서 죽었더라〉는 ( )장 ( )절이다.

88. 오늘 읽은 말씀 중 가장 좋아하는 성경 구절을 외워 쓰십시오.

03 시가서(개역개정판) 성경대학문제

시편 1-30편

(　　　)년 (　　)월 (　　)일　　　이름 (　　　)

1. 〈복 있는 사람은 (　　　)의 꾀를 따르지 아니하며 (　　　)의 길에 서지 아니하며 (　　　) 자들의 자리에 앉지 아니하고 오직 여호와의 (　　　)을 즐거워하여 그의 (　　　)을 주야로 묵상하는도다 그는 (　　　)에 심은 나무가 철을 따라 (　　　)를 맺으며 그 (　　　)가 마르지 아니함 같으니 그가 하는 (　　　) 일이 다 형통하리로다〉는 (　　　)편 (　　　)절이다.

2. 〈내게 (　　　)하라 내가 이방 나라를 네 (　　　)으로 주리니 네 소유가 (　　　)까지 이르리로다 네가 (　　　)으로 그들을 깨뜨림이여 (　　　)같이 부수리라〉는 (　　　)편 (　　　)절이다.

3. 〈여호와께 피하는 모든 사람은 다 (　　　)이 있도다〉는 (　　　)편 (　　　)절이다.

4. 〈(　　　)이 나를 에워싸 진 친다 하여도 나는 (　　　)하지 아니하리이다〉

5. 〈(　　　)은 여호와께 있사오니 주의 (　　　)을 주의 백성에게 내

리소서〉는 (　　　　)편 (　　　　)절이다.

6. 〈내가 (　　　　) 눕고 자기도 하리니 나를 (　　　　) 살게 하시는 이는 오직 (　　　　)이시니이다〉는 (　　　　)편 (　　　　)절이다.

7. 〈여호와여 (　　　　)에 주께서 나의 (　　　　)를 들으시리니 (　　　　)에 내가 주께 (　　　　)하고 바라리이다〉에서 '나'는 누구입니까?

8. 〈여호와여 주는 의인에게 (　　　　)을 주시고 방패와 같은 (　　　　)로 그를 호위하시리이다〉는 (　　　　)편 (　　　　)절이다.

9. 〈여호와여 돌아와 나의 (　　　　)을 건지시며 주의 사랑으로 나를 (　　　　)하소서〉

10. 〈여호와께서 내 (　　　　)를 들으셨음이여 여호와께서 내 (　　　　)를 받으시리로다〉는 (　　　　)편 (　　　　)절이다.

11. 〈나의 방패는 마음이 (　　　　) 자를 구원하시는 (　　　　)께 있도다〉는 (　　　　)편 (　　　　)절이다.

12. 〈그가 (　　　　)를 파 만듦이여 제가 만든 (　　　　)에 빠졌도다〉는 (　　　　)편 (　　　　)절이다.

13. 〈(　　　　)이 무엇이기에 주께서 그를 생각하시며 (　　　　)가 무엇이기에 주께서 그를 돌보시나이까 그를 (　　　　)보다 조금 못하게 하시고 (　　　　)와 존귀로 (　　　　)을 씌우셨나이다〉는 (　　　　)

편 (　　　)절이다.

14. 〈내가 전심으로 여호와께 (　　　)하오며 주의 모든 기이한 일들을 (　　　)하리이다〉는 (　　　)편 (　　　)절이다.

15. 〈여호와여 주의 이름을 (　　　) 자는 주를 의지하오리니 이는 주를 (　　　) 자들을 버리지 아니하심이니이다〉

16. 〈(　　　) 나라들은 자기가 판 (　　　)에 빠짐이여 자기가 숨긴 (　　　)에 자기 발이 걸렸도다〉

17. 〈여호와여 그들을 (　　　) 하시며 이방 나라들이 자기는 (　　　) 뿐인 줄 알게 하소서〉는 (　　　)편 (　　　)절이다.

18. 〈악인은 그의 마음의 욕심을 (　　　)하며 탐욕을 부리는 자는 (　　　)를 배반하여 멸시하나이다〉

19. 〈(　　　)와 압제 당하는 자를 위하여 (　　　)하사 세상에 속한 자가 다시는 (　　　)하지 못하게 하시리이다〉는 (　　　)편 (　　　)절이다.

20. 〈그의 (　　　)이 인생을 통촉하시고 그의 (　　　)이 그들을 감찰하시도다〉는 (　　　)편 (　　　)절이다.

21. 〈(　　　)는 의로우사 의로운 일을 좋아하시나니 (　　　) 자는 그의 얼굴을 뵈오리로다〉는 (　　　)편 (　　　)절이다.

22. 〈여호와의 (   )은 순결함이여 흙 도가니에 (   ) 번 단련한 (   ) 같도다〉는 (   )편 (   )절이다.

23. 〈내가 여호와를 (   )하리니 이는 주께서 내게 (   )을 베푸심이로다〉는 (   )편 (   )절이다.

24. 〈어리석은 자는 그의 (   )에 이르기를 하나님이 (   ) 하는도다 그들은 (   )하고 그 행실이 가증하니 (   )을 행하는 자가 없도다〉는 (   )편 (   )절이다.

25. 〈너희가 가난한 자의 (   )을 부끄럽게 하나 오직 여호와는 그의 (   )가 되시도다〉는 (   )장 (   )절이다.

26. 〈주의 성산에 사는 자〉는 누구라고 하였습니까? 그 자격을 두 가지만 쓰십시오.

27. 〈땅에 있는 (   )은 존귀한 자들이니 나의 모든 (   )이 그들에게 있도다〉는 (   )편 (   )절이다.

28. 〈나를 (   )하신 여호와를 송축할지라 밤마다 내 (   )이 나를 교훈하도다〉는 (   )편 (   )절이다.

29. 〈주의 앞에는 충만한 (   )이 있고 주의 오른쪽에는 영원한 (   )이 있나이다〉는 (   )편 (   )절이다.

30. 〈내가 결심하고 (   )으로 범죄하지 아니하리이다〉에서 '나'는

누구입니까?

31. 〈나를 (　　　)같이 지키시고 주의 (　　　) 그늘 아래에 감추사〉는 (　　　)편 (　　　)절이다.

32. 〈나는 의로운 중에 주의 (　　　)을 뵈오리니 깰 때에 주의 (　　　)으로 만족하리이다〉는 (　　　)편 (　　　)절이다.

33. 〈나의 (　　　)이신 여호와여 내가 (　　　)를 사랑하나이다〉에서 '나'는 누구입니까?

34. 〈내가 (　　　) 중에서 여호와께 아뢰며 나의 (　　　)께 부르짖었더니 그가 그의 성전에서 내 (　　　)를 들으심이여〉는 (　　　)편 (　　　)절이다.

35. 〈여호와께서 내 의를 따라 (　　　) 주시며 내 손의 깨끗함을 따라 내게 (　　　)셨으니〉는 (　　　)편 (　　　)절이다.

36. 〈내가 내 (　　　)를 뒤쫓아가리니 그들이 (　　　)하기 전에는 돌아서지 아니하리이다〉는 (　　　)편 (　　　)절이다.

37. 〈여호와는 (　　　) 계시니 나의 반석을 (　　　)하며 내 (　　　)의 하나님을 높일지로다〉에서 '나'는 누구입니까?

38. 〈여호와께서 그 왕에게 큰 (　　　)을 주시며 기름 부음 받은 자에게 (　　　)를 베푸심이여 영원토록 (　　　)과 그 후손에게로

다〉는 (   )편 (   )절이다.

39. 〈하늘이 하나님의 (   )을 선포하고 궁창이 그의 (   )으로 하신 일을 나타내는도다〉는 (   )편 (   )절이다.

40. 〈여호와의 (   )은 완전하여 영혼을 소성시키며 여호와의 (   )는 확실하여 우둔한 자를 (   ) 하며 여호와의 (   )은 정직하여 마음을 (   )게 하고 여호와의 (   )은 순결하여 (   )을 밝게 하시도다〉는 (   )편 (   )절이다.

41. 〈주의 종에게 고의로 (   )를 짓지 말게 하사 그 (   )가 나를 주장하지 못하게 하소서〉는 (   )편 (   )절이다.

42. 〈나의 구속자이신 여호와여 내 (   )의 말과 (   )의 묵상이 주님 앞에 (   )되기를 원하나이다〉는 (   )편 (   )절이다.

43. 〈네 (   )의 소원대로 허락하시고 네 모든 (   )을 이루어 주시기를 원하노라〉는 (   )편 (   )절이다.

44. 〈어떤 사람은 (   ), 어떤 사람은 (   )을 의지하나 우리는 여호와 우리 하나님의 (   )을 자랑하리로다〉는 (   )편 (   )절이다.

45. 〈그가 (   )을 구하매 주께서 그에게 주셨으니 곧 영원한 (   )로소이다〉는 (   )편 (   )절이다.

46. 〈여호와여 주의 (　　　　)으로 높임을 받으소서 우리가 주의 (　　　　)을 노래하고 찬송하게 하소서〉는 (　　　　)편 (　　　　)절이다.

47. 시편 22편 1절 말씀에 〈내 하나님이여 내 하나님이여 어찌 나를 버리셨나이까〉는 신약성경 어디에 나오는 예언입니까?(참조: 마태복음, 마가복음)

48. 〈이스라엘의 (　　　　) 중에 계시는 주여 주는 (　　　　)하시니이다〉는 (　　　　)편 (　　　　)절이다.

49. 〈내가 (　　　　) 때부터 주께 맡긴 바 되었고 (　　　　)에서 나올 때부터 주는 나의 (　　　　)이 되셨나이다.

50. 〈그는 곤고한 자의 곤고를 (　　　　)하거나 싫어하지 아니하시며 그의 (　　　　)을 그에게서 숨기지 아니하시고 그가 (　　　　) 때에 들으셨도다〉는 (　　　　)편 (　　　　)절이다.

51. 〈여호와는 나의 (　　　　)시니 내게 (　　　　)함이 없으리로다 그가 나를 푸른 (　　　　)에 누이시며 쉴 만한 물 가로 인도하시는도다 내 (　　　　)을 소생시키시고 자기 이름을 위하여 (　　　　)의 길로 인도하시는도다 내가 (　　　　)의 음침한 골짜기로 다닐지라도 (　　　　)를 두려워하지 않을 것은 주께서 나와 (　　　　) 하심이라 주의 (　　　　)와 막대기가 나를 안위하시나이다〉는 (　　　　)편 (　　　　)절이다.

52. 〈여호와의 산에 오를 자〉의 자격 두 가지를 쓰십시오.

53. 〈주의 ( )로 나를 지도하시고 교훈하소서 주는 내 ( )의 하나님이시니 내가 ( ) 주를 기다리나이다〉는 ( )편 ( )절이다.

54. 〈여호와여 내 ( ) 시절의 죄와 ( )을 기억하지 마시고 주의 ( )하심을 따라 주께서 나를 ( )하시되 주의 선하심으로 하옵소서〉

55. 〈나의 ( )와 환난을 보시고 내 모든 ( )를 사하소서〉

56. 〈내가 주를 바라오니 ( )과 정직으로 나를 ( )하소서〉는 ( )편 ( )절이다.

57. 〈여호와여 나를 살피시고 ( )하사 내 뜻과 내 ( )을 단련하소서〉는 ( )편 ( )절이다.

58. 〈여호와는 나의 ( )이요 나의 ( )이시니 내가 누구를 두려워하리요 여호와는 내 생명의 ( )이시니 내가 누구를 무서워하리요〉는 ( )편 ( )절이다.

59. 〈여호와여 내가 ( ) 내어 부르짖을 때에 들으시고 또한 나를 ( ) 여기사 응답하소서〉는 ( )편 ( )절이다.

60. 〈내 ( )는 나를 버렸으나 ( )는 나를 영접하시리이다〉에서 '나'는 누구입니까?

61. 〈너는 (　　　　)를 기다릴지어다 강하고 담대하며 (　　　　)를 기다릴지어다〉는 (　　　　)편 (　　　　)절이다.

62. 〈여호와는 나의 (　　　　)과 나의 방패이시니 내 (　　　　)이 그를 의지하여 (　　　　)을 얻었도다〉는 (　　　　)편 (　　　　)절이다.

63. 〈여호와께 그의 (　　　　)에 합당한 영광을 돌리며 거룩한 (　　　　)을 입고 여호와께 예배할지어다〉는 (　　　　)편 (　　　　)절이다.

64. 〈여호와께서 자기 백성에게 (　　　　)의 복을 주시리로다〉는 (　　　　)편 (　　　　)절이다.

65. 〈여호와 내 (　　　　)이여 내가 주께 부르짖으매 나를 (　　　　)셨나이다〉는 (　　　　)편 (　　　　)절이다.

66. 〈그의 (　　　　)은 잠깐이요 그의 (　　　　)은 평생이로다 저녁에는 (　　　　)이 깃들일지라도 아침에는 (　　　　)이 오리로다〉는 (　　　　)편 (　　　　)절이다.

67. 〈여호와 나의 (　　　　)이여 내가 주께 영원히 (　　　　)하리이다〉는 (　　　　)편 (　　　　)절이다.

68. 오늘 읽은 말씀 중 가장 좋아하는 성경 구절을 외워 쓰십시오.

04 시가서(개역개정판) 성경대학문제

시편 31-60편

( )년 ( )월 ( )일 이름 ( )

1. 〈주는 나의 ( )과 산성이시니 그러므로 주의 ( )을 생각하셔서 나를 인도하시고 ( )하소서〉는 ( )편 ( )절이다.

2. 〈내가 나의 ( )을 주의 손에 부탁하나이다 ( )의 하나님 여호와여 나를 ( )하셨나이다〉에서 '나'는 누구입니까?

3. 〈나의 앞날이 주의 ( )에 있사오니 내 ( )과 나를 핍박하는 자들의 손에서 나를 ( ) 주소서〉는 ( )편 ( )절이다.

4. 〈너희 모든 ( ) 여호와를 사랑하라 여호와께서 ( )한 자를 보호하시고 ( ) 행하는 자에게 엄중히 갚으시느니라〉는 ( )편 ( )절이다.

5. 〈( )의 사함을 받고 자신의 ( )가 가려진 자는 ( )이 있도다〉는 누가 한 말입니까?

6. 〈내가 이르기를 내 (   )을 여호와께 자복하리라 하고 주께 내 (   )를 아뢰고 내 (   )을 숨기지 아니하였더니 곧 주께서 내 (   )을 사하셨나이다〉는 (   )편 (   )절이다.

7. 〈모든 경건한 자는 주를 만날 (   )를 얻어서 주께 (   )할지라 진실로 (   )가 범람할지라도 그에게 (   ) 못하리이다〉

8. 〈내가 네 갈 (   )을 가르쳐 보이고 너를 (   )하여 훈계하리로다〉

9. 〈악인에게는 많은 (   )이 있으나 여호와를 신뢰하는 자에게는 (   )이 두르리로다〉는 (   )편 (   )절이다.

10. 〈너희 (   )아 여호와를 즐거워하라 (   )은 정직한 자들이 마땅히 할 바로다〉는 (   )편 (   )절이다.

11. 〈여호와의 (   )으로 하늘이 지음이 되었으며 그 만상을 그의 (   ) 기운으로 이루었도다〉는 (   )편 (   )절이다.

12. 〈여호와를 자기 (   )으로 삼은 나라 곧 하나님의 (   )으로 선택된 백성은 (   )이 있도다〉는 (   )편 (   )절이다.

13. 〈그는 그들 모두의 (   )을 지으시며 그들이 하는 (   )을 굽어살피시는 이로다〉

14. 〈여호와는 그를 (   )하는 자 곧 그의 인자하심을 (   ) 자

를 살피사 그들의 영혼을 (   )에서 건지시며 그들이 (   ) 때에 그들을 살리시는도다〉는 (   )편 (   )절이다.

15. 〈내가 여호와께 (   )하매 내게 응답하시고 내 모든 (   )에서 나를 건지셨도다〉

16. 〈여호와의 (   )가 주를 경외하는 자를 (   ) 진 치고 그들을 건지시는도다〉

17. 〈젊은 (   )는 궁핍하여 주릴지라도 (   )를 찾는 자는 모든 좋은 것에 (   )이 없으리로다〉는 (   )편 (   )절이다.

18. 〈(   )을 버리고 선을 행하며 (   )을 찾아 따를지어다〉는 (   )편 (   )절이다.

19. 〈여호와의 (   )은 의인을 향하시고 그의 (   )는 그들의 부르짖음에 (   )이시는도다〉

20. 〈여호와는 (   )이 상한 자를 가까이 하시고 충심으로 (   ) 하는 자를 구원하시는도다〉는 (   )편 (   )절이다.

21. 〈그의 모든 (   )를 보호하심이여 그 중에서 (   ) 꺾이지 아니하도다〉는 (   )편 (   )절이다. 그리고 이 예언의 말씀은 신약성경 어디에 나옵니까?(요한복음 19장 참조)

22. 〈여호와여 나와 다투는 자와 (   )시고 나와 싸우는 자와

(　　　)소서〉는 (　　　)편 (　　　)절이다.

23. 〈내 (　　　)이 여호와를 즐거워함이여 그의 (　　　)을 기뻐하리로다〉는 (　　　)편 (　　　)절이다.

24. 〈나는 그들이 (　　　) 들었을 때에 굵은 베옷을 입으며 (　　　)하여 내 영혼을 괴롭게 하였더니 내 (　　　)가 내 품으로 돌아왔도다〉

25. 〈내가 대회 중에서 주께 (　　　)하며 많은 백성 중에서 주를 (　　　)하리이다〉

26. 〈나의 (　　　)가 주의 의를 말하며 종일토록 주를 (　　　)하리이다〉는 (　　　)편 (　　　)절이다.

27. 〈하나님이여 주의 (　　　)하심이 어찌 그리 (　　　)로우신지요 사람들이 주의 (　　　) 그늘 아래에 피하나이다〉는 (　　　)편 (　　　)절이다.

28. 〈교만한 자의 (　　　)이 내게 이르지 못하게 하시며 악인들의 (　　　)이 나를 쫓아내지 못하게 하소서〉는 (　　　)편 (　　　)절

29. 〈여호와를 (　　　)하라 그가 네 마음의 (　　　)을 네게 이루어 주시리로다〉는 (　　　)편 (　　　)절이다.

30. 〈(　　　　)을 그치고 노를 버리며 (　　　　)하지 말라 오히려 (　　　　)을 만들 뿐이라〉

31. 〈진실로 (　　　　)을 행하는 자들은 끊어질 것이나 (　　　　)를 소망하는 자들은 (　　　　)을 차지하리로다〉는 (　　　　)편 (　　　　)절이다.

32. 〈주의 (　　　　)을 받은 자들은 땅을 차지하고 주의 (　　　　)를 받은 자들은 끊어지리로다〉

33. 〈내가 (　　　　)부터 늙기까지 (　　　　)이 버림을 당하거나 그의 (　　　　)이 (　　　　)을 보지 못하였도다 그는 (　　　　) 은혜를 베풀고 (　　　　) 주니 그의 자손이 (　　　　)을 받는도다〉는 (　　　　)편 (　　　　)절이다.

34. 〈의인의 (　　　　)은 지혜로우며 그의 (　　　　)는 정의를 말하며 그의 (　　　　)에는 하나님의 법이 있으니 그의 걸음은 (　　　　)이 없으리로다〉는 (　　　　)편 (　　　　)절이다.

35. 〈모든 (　　　　) 자의 미래는 (　　　　)이로다〉

36. 〈여호와여 주의 (　　　　)으로 나를 (　　　　)하지 마시고 주의 분노하심으로 나를 (　　　　)하지 마소서〉는 (　　　　)편 (　　　　)절이다.

37. 〈여호와여 내가 (　　　　)를 바랐사오니 내 주 하나님이 내게

(   )하시리이다〉

38. 〈여호와여 나를 (   ) 마소서 나의 하나님이여 나를 (   ) 마소서 (   ) 나를 도우소서 주 나의 (   )이시여〉는 (   )편 (   )절이다.

39. 〈내 (   )로 범죄하지 아니하리니 (   )이 내 앞에 있을 때에 내가 내 (   )에 재갈을 먹이리라〉는 (   )편 (   )절이다.

40. 〈주께서 나의 날을 (   ) 길이만큼 되게 하시매 나의 (   )이 주 앞에는 없는 것 같사오니〉는 (   )장 (   )절이다.

41. 〈주여 이제 내가 (   )을 바라리요 나의 (   )은 주께 있나이다〉

42. 〈주는 나를 (   )하사 내가 떠나 없어지기 전에 나의 (   )을 회복시키소서〉는 (   )편 (   )절이다.

43. 〈내가 (   )를 기다리고 기다렸더니 (   )를 기울이사 나의 부르짖음을 (   )셨도다〉는 누가 한 말입니까?

44. 〈나의 하나님이여 내가 주의 (   ) 행하기를 즐기오니 주의 법이 나의 (   )에 있나이다〉는 (   )편 (   )절이다.

45. 〈주를 찾는 자는 다 (   ) 안에서 즐거워하고 기뻐하게 하시며

주의 (　　　)을 사랑하는 자는 항상 말하기를 (　　　)는 위대하시다 하게 하소서〉는 (　　　)편 (　　　)절이다.

46. 〈(　　　) 자를 보살피는 자에게 (　　　)이 있음이여 (　　　)의 날에 여호와께서 그를 건지시리로다〉는 (　　　)편 (　　　)절이다.

47. 〈여호와께서 그를 (　　　)에서 붙드시고 그가 누워 있을 때마다 그의 (　　　)을 고쳐 주시나이다〉에서 '그'는 누구입니까?

48. 〈주께서 나를 (　　　) 중에 붙드시고 영원히 주 (　　　) 세우시나이다 이스라엘의 하나님 (　　　)를 영원부터 영원까지 (　　　)할지로다 아멘 (　　　)〉은 (　　　)편 (　　　)절이다.

49. 〈하나님이여 (　　　)이 시냇물을 찾기에 갈급함같이 내 (　　　)이 주를 찾기에 갈급하니이다〉는 (　　　)편 (　　　)절이다.

50. 〈내 (　　　) 네가 어찌하여 낙심하며 어찌하여 내 속에서 (　　　) 하는가 너는 하나님께 (　　　)을 두라 그가 나타나 도우심으로 말미암아 내가 여전히 (　　　)하리로다〉

51. 〈밤에는 그의 (　　　)이 내게 있어 (　　　)의 하나님께 (　　　)하리로다〉는 (　　　)편 (　　　)절이다.

52. 〈주의 (　　　)과 주의 진리를 보내시어 나를 (　　　)하시고 주

의 거룩한 산과 주께서 (　　　　) 곳에 이르게 하소서〉는 (　　　　) 편 (　　　　)절이다.

53. 〈그들이 자기 칼로 (　　　　)을 얻어 차지함이 아니요 그들의 (　　　　)이 그들을 구원함도 아니라 오직 (　　　　)의 오른손과 주의 팔과 주의 얼굴의 (　　　　)으로 하셨으니 주께서 그들을 (　　　　)하신 까닭이니이다〉에서 '그들'은 누구입니까?

54. 〈우리가 종일 하나님을 (　　　　)하였나이다 우리는 하나님의 (　　　　)에 영원히 (　　　　)하리이다〉

55. 〈주는 (　　　　)의 비밀을 아시나이다〉는 (　　　　)편 (　　　　)절이다.

56. 〈왕은 사람들보다 아름다워 (　　　　)를 입술에 머금으니 그러므로 (　　　　)이 왕에게 영원히 (　　　　)을 주시도다〉는 (　　　　) 편 (　　　　)절이다.

57. 〈왕은 (　　　　)를 사랑하고 (　　　　)을 미워하시니 그러므로 하나님 곧 (　　　　)의 하나님이 즐거움의 (　　　　)을 왕에게 부어 왕의 (　　　　)보다 뛰어나게 하셨나이다〉

58. 〈내가 왕의 (　　　　)을 만세에 기억하게 하리니 그러므로 (　　　　)이 왕을 영원히 (　　　　)하리로다〉는 (　　　　)편 (　　　　)절이다.

59. 〈하나님은 우리의 (　　　　)시요 힘이시니 (　　　　) 중에 만날 큰 (　　　　)이시라〉는 (　　　　)편 (　　　　)절이다.

60. 〈너희는 가만히 있어 내가 (　　　　) 됨을 알지어다 내가 뭇 나라 중에서 (　　　　)을 받으리라 내가 세계 중에서 (　　　　)을 받으리라〉는 (　　　　)편 (　　　　)절이다.

61. 〈찬송하라 (　　　　)을 찬송하라 찬송하라 우리 (　　　　)을 찬송하라〉

62. 〈하나님이 뭇 (　　　　)을 다스리시며 하나님이 그의 거룩한 (　　　　)에 앉으셨도다〉는 (　　　　)편 (　　　　)절이다.

63. 〈하나님이여 주의 (　　　　)과 같이 찬송도 (　　　　) 끝까지 미쳤으며 주의 오른손에는 (　　　　)가 충만하였나이다〉

64. 〈이 하나님은 (　　　　) 우리 하나님이시니 그가 우리를 (　　　　) 때까지 인도하시리로다〉는 (　　　　)편 (　　　　)절이다.

65. 〈그는 (　　　　) 있는 자도 죽고 어리석고 무지한 자도 함께 (　　　　)하며 그들의 (　　　　)은 남에게 남겨 두고 (　　　　) 것을 보게 되리로다〉는 (　　　　)편 (　　　　)절이다.

66. 〈사람이 (　　　　)하여 그의 집의 (　　　　)이 더할 때에 너는 두려워하지 말지어다 그가 (　　　　) 가져가는 것이 없고 그의 (　　　　)이 그를 따라 내려가지 못함이로다〉

67. 〈(　　　)하나 깨닫지 못하는 사람은 멸망하는 (　　　) 같도다〉는 (　　　)편 (　　　)절이다.

68. 〈(　　　)하신 이 여호와 하나님께서 말씀하사 (　　　) 돋는 데서부터 지는 데까지 (　　　)을 부르셨도다〉는 (　　　)편 (　　　)절이다.

69. 〈(　　　) 날에 나를 부르라 내가 너를 (　　　)리니 네가 나를 (　　　)롭게 하리로다〉

70. 〈(　　　)로 제사를 드리는 자가 나를 (　　　)롭게 하나니 그의 (　　　)를 옳게 하는 자에게 내가 하나님의 (　　　)을 보이리라〉는 (　　　)편 (　　　)절이다.

71. 〈(　　　)이여 주의 인자를 따라 내게 (　　　)를 베푸시며 주의 많은 긍휼을 따라 내 (　　　)을 지워 주소서〉는 (　　　)편 (　　　)절이다.

72. 〈나의 (　　　)을 말갛게 씻으시며 나의 (　　　)를 깨끗이 제하소서〉

73. 〈(　　　)이여 내 속에 정한 (　　　)을 창조하시고 내 안에 정직한 (　　　)을 새롭게 하소서 나를 주 (　　　)에서 쫓아내지 마시며 주의 (　　　)을 내게서 거두지 마소서 주의 (　　　)의 즐거움을 내게 회복시켜 주시고 (　　　)하는 심령을 주사 나를 붙드소서〉는 (　　　)편 (　　　)절이다.

74. 〈주여 내 (　　　　)을 열어 주소서 내 (　　　　)이 주를 찬송하여 (　　　　)하리이다〉에서 '나'는 누구입니까?

75. 〈(　　　　)이여 상하고 (　　　　)하는 마음을 주께서 (　　　　)하지 아니하시리이다〉는 (　　　　)편 (　　　　)절이다.

76. 〈간사한 (　　　　)여 너는 남을 해치는 모든 (　　　　)을 좋아하는도다〉

77. 〈나는 하나님의 집에 있는 푸른 (　　　　)나무 같음이여 하나님의 (　　　　)하심을 영원히 의지하리로다〉는 (　　　　)편 (　　　　)절이다.

78. 〈(　　　　) 자는 그의 마음에 이르기를 (　　　　)이 없다 하도다 그들은 부패하며 가증한 (　　　　)을 행함이여 (　　　　)을 행하는 자가 없도다〉는 (　　　　)편 (　　　　)절이다.

79. 〈하나님은 나를 (　　　　) 이시며 주께서는 내 (　　　　)을 붙들어 주시는 이시니이다〉는 (　　　　)편 (　　　　)절이다.

80. 〈하나님이여 내 (　　　　)에 귀를 기울이시고 내가 (　　　　)할 때에 숨지 마소서〉는 (　　　　)편 (　　　　)절이다.

81. 〈저녁과 (　　　　)과 정오에 내가 근심하여 (　　　　)하리니 여호와께서 내 (　　　　)를 들으시리로다〉

82. 〈네 짐을 (　　　)께 맡기라 그가 너를 붙드시고 (　　　)의 요동함을 영원히 (　　　)하지 아니하시리로다〉는 (　　　)편 (　　　)절이다.

83. 〈내가 하나님을 의지하고 그 (　　　)을 찬송하올지라 내가 (　　　)을 의지하였은즉 (　　　) 아니하리니 혈육을 가진 (　　　)이 내게 어찌하리이까〉에서 '나'는 누구입니까?

84. 〈나의 (　　　)을 주께서 계수하셨사오니 나의 (　　　)을 주의 병에 담으소서 이것이 주의 (　　　)에 기록되지 아니하였나이까〉는 (　　　)편 (　　　)절이다.

85. 〈내가 (　　　)하신 하나님께 부르짖음이여 곧 나를 위하여 (　　　) 것을 이루시는 하나님께로다〉

86. 〈내 (　　　)아 깰지어다 비파야, (　　　)아, 깰지어다. 내가 (　　　)을 깨우리로다〉는 (　　　)편 (　　　)절이다.

87. 〈통치자들아 너희가 (　　　)를 말해야 하거늘 어찌 잠잠하냐 (　　　)아 너희가 올바르게 (　　　)해야 하거늘 어찌 잠잠하냐〉는 (　　　)편 (　　　)절이다.

88. 〈진실로 (　　　)에게 갚음이 있고 진실로 땅에서 (　　　)하시는 하나님이 계시다〉

89. 〈(　　　)을 행하는 자에게서 나를 건지시고 (　　　) 흘리기를

즐기는 자에게서 나를 (   )하소서〉는 (   )편 (   )절이다.

90. 〈나의 (   )이시여 내가 주께 (   )하오리니 하나님은 나의 (   )이시며 나를 긍휼히 여기시는 (   )이심이니이다〉

91. 〈주께서 (   )을 진동시키사 갈라지게 하셨사오니 그 (   )을 기우소서 (   )이 흔들림이니이다〉는 (   )편 (   )절이다.

92. 〈우리를 도와 (   )을 치게 하소서 사람의 (   )은 헛됨이니이다〉는 (   )편 (   )절이다.

93. 오늘 읽은 말씀 중 가장 좋아하는 성경 구절을 외워 쓰십시오.

05 시가서(개역개정판) 성경대학문제

시편 61-90편

(　　　)년 (　　)월 (　　)일　　　이름 (　　　)

1. 〈하나님이여 나의 (　　　)을 들으시며 내 (　　　)에 유의하소서〉

2. 〈주 하나님이여 주께서 나의 (　　　)을 들으시고 주의 이름을 (　　　)하는 자가 얻을 기업을 내게 주셨나이다〉에서 '나'는 누구입니까?

3. 〈오직 그만이 나의 (　　　)이시요 나의 (　　　)이시요 나의 요새이시니 내가 (　　　)흔들리지 아니하리로다〉는 (　　　)편 (　　　)절이다.

4. 〈주여 (　　　)은 주께 속하오니 주께서 각 사람이 (　　　) 대로 갚으심이니이다〉

5. 〈내가 주의 (　　　)과 영광을 보기 위하여 이와 같이 (　　　)에서 주를 바라보았나이다〉는 (　　　)편 (　　　)절이다.

6. 〈나의 (　　　)이 기쁜 입술로 주를 (　　　)하되 내가 나의 (　　　)에서 주를 기억하며 (　　　)에 주의 말씀을 작은 소리로

(　　　) 때에 하오리니〉는 (　　　)편 (　　　)절이다.

7. 〈하나님이여 내가 (　　　)하는 소리를 들으시고 (　　　)의 두려움에서 나의 (　　　)을 보존하소서〉는 누가 한 말입니까?

8. 〈(　　　)은 여호와로 말미암아 (　　　)하며 그에게 피하리니 (　　　)이 정직한 자는 다 (　　　)하리로다〉는 (　　　)편 (　　　)절이다.

9. 〈(　　　)를 들으시는 주여 모든 (　　　)가 주께 나아오리이다〉는 (　　　)편 (　　　)절이다.

10. 〈(　　　)이 나를 이겼사오니 우리의 (　　　)을 주께서 사하시리이다〉에서 '나'는 누구입니까?

11. 〈하나님이 (　　　)를 변하여 육지가 되게 하셨으므로 (　　　)가 걸어서 강을 건너고 우리가 거기서 (　　　)로 말미암아 기뻐하였도다〉는 (　　　)편 (　　　)절이다.

12. 〈하나님이여 주께서 우리를 (　　　)하시되 우리를 단련하시기를 (　　　)을 단련함같이 하셨으며〉

13. 〈내가 나의 (　　　)에 죄악을 품었더라면 (　　　)께서 듣지 아니하시리라 그러나 (　　　)이 실로 들으셨음이여 내 (　　　) 소리에 귀를 기울이셨도다〉는 (　　　)편 (　　　)절이다.

14. 〈주의 (   )를 땅 위에, 주의 (   )을 모든 나라에게 알리소서〉

15. 〈하나님이 우리에게 (   )을 주시리니 땅의 모든 끝이 (   )을 경외하리로다〉

16. 〈하나님이 (   ) 자들은 가족과 함께 살게 하시며 (   ) 자들은 이끌어 내사 (   )하게 하시느니라 오직 (   )하는 자들의 거처는 메마른 (   )이로다〉

17. 〈주께서 (   ) 자를 위하여 주의 (   )을 준비하셨나이다〉

18. 〈날마다 우리 (   )을 지시는 주 곧 우리의 (   )이신 하나님을 찬송할지로다〉

19. 〈하나님이여 (   )을 성소에서 나타내시나이다 (   )의 하나님은 그의 백성에게 (   )과 능력을 주시나니 하나님을 (   )할지어다〉는 (   )편 (   )절이다.

20. 〈주는 나의 (   )을 아시오니 나의 (   )가 주 앞에서 숨김이 없나이다〉

21. 〈(   )여 나를 반기시는 때에 내가 주께 (   )하오니 하나님이여 많은 (   )와 구원의 진리로 내게 응답하소서〉는 (   )편 (   )절이다.

22. 〈그들이 (   )를 나의 음식물로 주며 목마를 때에는 (   )를 마시게 하였사오니〉는 (   )편 (   )절이다.

23. 〈내가 (   )로 하나님의 이름을 찬송하며 (   )으로 하나님을 위대하시다 하리니〉에서 '나'는 누구입니까?

24. 〈주의 (   )을 사랑하는 자들이 (   ) 말하기를 하나님은 (   )하시다 하게 하소서〉는 (   )편 (   )절이다.

25. 〈내가 (   )에서부터 주를 의지하였으며 나의 (   )의 배에서부터 주께서 나를 (   )하셨사오니 나는 항상 주를 (   )하리이다〉는 (   )편 (   )절이다.

26. 〈내가 측량할 수 없는 (   )의 공의와 (   )을 내 입으로 종일 (   )하리이다〉

27. 〈하나님이여 내가 늙어 (   )이 될 때에도 나를 (   ) 마시며 내가 주의 힘을 후대에 (   )하고 주의 능력을 장래의 모든 사람에게 (   )하기까지 나를 버리지 마소서〉

28. 〈내가 주를 (   )할 때에 나의 입술이 (   ) 외치며 주께서 속량하신 내 (   )이 즐거워하리이다〉는 (   )편 (   )절이다.

29. 〈하나님이여 주의 판단력을 (   )에게 주시고 주의 공의를 왕의 (   )에게 주소서〉는 (   )편 (   )절이다.

30. 〈그 영화로운 (   )을 영원히 (   )할지어다 온 땅에 그의 (   )이 충만할지어다 아멘 (   )〉은 (   )편 (   )절이다.

31. 〈하나님의 (   )에 들어갈 때에야 그들의 (   )을 내가 깨달았나이다〉에서 '그들'은 누구입니까?

32. 〈주의 (   )으로 나를 인도하시고 후에는 (   )으로 나를 영접하시리니 (   )에서는 주 외에 누가 내게 있으리요 (   )에서는 주 밖에 내가 (   )할 이 없나이다〉는 (   )편 (   )절이다.

33. 〈(   )께 가까이 함이 내게 (   )이라 내가 주 여호와를 나의 (   )로 삼아 (   )의 모든 행적을 (   )하리이다〉는 누가 한 말입니까?

34. 〈그들이 (   )속으로 이르기를 우리가 그들을 (   )하자 하고 이 땅에 있는 하나님의 모든 (   )을 불살랐나이다〉

35. 〈하나님은 예로부터 나의 (   )이시라 사람에게 (   )을 베푸셨나이다〉에서 '나'는 누구입니까?

36. 〈너희 (   )을 높이 들지 말며 교만한 목으로 (   )하지 말지어다〉는 (   )편 (   )절이다.

37. 〈(   )의 뿔을 다 베고 (   )의 뿔은 높이 들리로다〉는

(　　　　)편 (　　　　)절이다.

38. 〈주께서 (　　　　)에서 판결을 선포하시매 땅이 두려워 (　　　　) 하였나니 곧 하나님이 땅의 모든 (　　　　)한 자를 구원하시려고 (　　　　)하러 일어나신 때에로다〉는 (　　　　)편 (　　　　)절이다.

39. 〈내가 내 (　　　　)으로 하나님께 부르짖으리니 내 (　　　　)으로 하나님께 부르짖으면 내게 (　　　　)를 기울이시리로다〉에서 '나'는 누구입니까?

40. 〈주의 백성을 (　　　　) 떼같이 (　　　　)와 아론의 손으로 인도하셨나이다〉

41. 〈그가 (　　　　)를 갈라 물을 (　　　　)같이 서게 하시고 (　　　　)을 지나가게 하셨으며 낮에는 (　　　　)으로, 밤에는 (　　　　)으로 인도하셨으며〉에서 '그'는 누구입니까?

42. 〈그들에게 (　　　　)를 비같이 내려 먹이시며 하늘 (　　　　)을 그들에게 주셨나니〉

43. 〈먼지처럼 많은 (　　　　)를 비같이 내리시고 나는 (　　　　)를 바다의 모래같이 내리셨도다〉는 (　　　　)편 (　　　　)절이다.

44. 〈하나님이 그들의 (　　　　)이시며 지존하신 하나님이 그들의 (　　　　)이심을 기억하였도다〉는 (　　　　)편 (　　　　)절이다.

45. 〈그들이 그의 (　　　　)의 손을 기억하지 아니하며 (　　　　) 에게서 그들을 구원하신 날도 (　　　　)하지 아니하였도다〉는 (　　　　)편 (　　　　)절이다.

46. 〈우리 조상들의 (　　　　)을 기억하지 마시고 주의 (　　　　)로 우리를 속히 영접하소서〉

47. 〈우리는 주의 (　　　　)이요 주의 목장의 (　　　　)이니 우리는 영원히 주께 (　　　　)하며 주의 영예를 대대에 (　　　　)하리이다〉는 (　　　　)편 (　　　　)절이다.

48. 〈만군의 하나님이여 우리를 (　　　　)하여 주시고 주의 얼굴의 (　　　　)를 비추사 우리가 (　　　　)을 얻게 하소서〉는 (　　　　) 편 (　　　　)절이다.

49. 〈우리의 (　　　　)이 되시는 하나님을 향하여 기쁘게 (　　　　)하며 야곱의 하나님을 향하여 (　　　　) 소리칠지어다〉는 (　　　　) 편 (　　　　)절이다.

50. 〈나는 너를 (　　　　) 땅에서 인도하여 낸 여호와 네 하나님이니 네 (　　　　)을 크게 열라 내가 (　　　　)리라〉는 (　　　　)편 (　　　　)절이다.

51. 〈(　　　　) 자와 궁핍한 자를 구원하여 (　　　　)의 손에서 건질지니라〉

52. 〈내가 말하기를 너희는 (　　　　)이며 다 지존자의 (　　　　)이라〉는 (　　　　)편 (　　　　)절이다.

53. 〈하나님이여 (　　　　)하지 마소서 하나님이여 (　　　　)하지 마시고 조용하지 마소서〉

54. 〈(　　　　)라 이름하신 주만 온 세계의 (　　　　)로 알게 하소서〉는 (　　　　)편 (　　　　)절이다.

55. 〈주의 (　　　　)에 사는 자들은 (　　　　)이 있나니 그들이 항상 주를 (　　　　)하리이다〉

56. 〈주의 궁정에서의 (　　　　) 날이 다른 곳에서의 (　　　　) 날보다 나은즉 (　　　　)의 장막에 사는 것보다 내 하나님의 성전 (　　　　)로 있는 것이 좋사오니〉는 (　　　　)편 (　　　　)절이다.

57. 〈우리 (　　　　)의 하나님이여 우리를 돌이키시고 우리에게 향하신 주의 (　　　　)를 거두소서〉는 (　　　　)편 (　　　　)절이다.

58. 〈여호와여 주의 (　　　　)하심을 우리에게 보이시며 주의 (　　　　)을 우리에게 주소서〉

59. 〈(　　　　)와 진리가 같이 만나고 의와 (　　　　)이 서로 입맞추었으며 (　　　　)는 땅에서 솟아나고 (　　　　)는 하늘에서 굽어보도다〉는 (　　　　)편 (　　　　)절이다.

60. 〈주는 선하사 (　　　　)하기를 즐거워하시며 주께 부르짖는 자에게 (　　　　)이 후하심이니이다〉는 (　　　　)편 (　　　　)절이다.

61. 〈여호와여 나의 (　　　　)에 귀를 기울이시고 내가 (　　　　)하는 소리를 들으소서〉는 누가 한 말입니까?

62. 〈무릇 주는 위대하사 (　　　　) 일들을 행하시오니 주만이 (　　　　)이시니이다〉

63. 〈주여 주는 (　　　　) 여기시며 은혜를 베푸시며 (　　　　)를 더디하시며 인자와 진실이 (　　　　)하신 하나님이시오니 내게로 돌이키사 내게 (　　　　)를 베푸소서 주의 종에게 (　　　　)을 주시고 주의 여종의 (　　　　)을 구원하소서〉는 (　　　　)편 (　　　　)절이다.

64. 〈나의 (　　　　)가 주 앞에 이르게 하시며 나의 부르짖음에 주의 (　　　　)를 기울여 주소서〉는 (　　　　)편 (　　　　)절이다.

65. 〈(　　　　)여 오직 내가 주께 부르짖었사오니 (　　　　)에 나의 기도가 주의 앞에 이르리이다〉는 (　　　　)편 (　　　　)절이다.

66. 〈여호와여 주의 (　　　　) 일을 하늘이 찬양할 것이요 주의 (　　　　)도 거룩한 자들의 모임 가운데에서 (　　　　)하리이다〉

67. 〈(　　　　)와 정의가 주의 보좌의 (　　　　)라 인자함과 (　　　　)이 주 앞에 있나이다〉

68. 〈내가 내 종 (　　　　)을 찾아내어 나의 거룩한 (　　　　)을 그에게 부었도다〉

69. 〈그가 내게 부르기를 주는 나의 (　　　　)시요 나의 하나님이시요 나의 (　　　　)의 바위시라 하리로다〉

70. 〈그의 (　　　　)을 영구하게 하여 그의 왕위를 (　　　　)의 날과 같게 하리로다〉에서 '그'는 누구입니까?

71. 〈내가 나의 (　　　　)으로 한 번 맹세하였은즉 (　　　　)에게 거짓말을 하지 아니할 것이라〉는 (　　　　)편 (　　　　)절이다.

72. 〈(　　　　)과 세계도 주께서 (　　　　)하시기 전 곧 영원부터 (　　　　)까지 주는 (　　　　)이시니이다〉는 (　　　　)편 (　　　　)절이다.

73. 〈주의 (　　　　)에는 천 년이 지나간 (　　　　) 같으며 밤의 한 (　　　　) 같을 뿐임이니이다〉

74. 〈우리의 연수가 (　　　　)이요 강건하면 (　　　　)이라도 그 연수의 (　　　　)은 수고와 슬픔뿐이요 (　　　　) 가니 우리가 날아가나이다〉는 (　　　　)편 (　　　　)절이다.

75. 〈우리에게 우리 날 (　　　　)함을 가르치사 (　　　　)로운 마음을 얻게 하소서〉는 누가 한 말입니까?

76. 〈(　　　)에 주의 인자하심이 우리를 (　　　)하게 하사 우리를 (　　　) 동안 즐겁고 기쁘게 하소서〉

77. 〈주께서 (　　　)하신 일을 주의 (　　　)에게 나타내시며 주의 (　　　)을 그들의 자손에게 나타내소서〉는 (　　　)편 (　　　) 절이다.

78. 오늘 읽은 말씀 중 가장 좋아하는 성경 구절을 외워 쓰십시오.

06 시가서(개역개정판) 성경대학문제

시편 91-120편

(　　　)년 (　　)월 (　　)일　　　이름 (　　　)

1. 〈그가 너를 새 (　　　)의 올무에서와 심한 (　　　)에서 건지실 것임이로다〉에서 '그'는 누구입니까?

2. 〈(　　　) 명이 네 왼쪽에서, (　　　) 명이 네 오른쪽에서 엎드러지나 이 (　　　)이 네게 가까이 하지 못하리로다〉는 (　　　)편 (　　　)절이다.

3. 〈그가 너를 위하여 그의 (　　　)을 명령하사 네 모든 (　　　)에서 너를 지키게 하심이라 그들이 그들의 (　　　)으로 너를 붙들어 발이 (　　　)에 부딪히지 아니하게 하리로다〉는 신약성경 어디에 인용되었습니까?(마태복음 4장 참조)

4. 〈(　　　)은 종려나무같이 (　　　)하며 레바논의 백향목같이 (　　　)하리로다 이는 여호와의 (　　　)에 심겼음이여 우리 하나님의 (　　　) 안에서 번성하리로다〉는 (　　　)편 (　　　)절이다.

5. 〈주의 (　　　)는 예로부터 견고히 섰으며 주는 (　　　)부터 계

셨나이다〉는 (　　　)편 (　　　)절이다.

6. 〈여호와여 주의 (　　　)이 매우 확실하고 거룩함이 주의 집에 (　　　)하니 여호와는 영원무궁하시리이다〉

7. 〈(　　　)를 심판하시는 주여 일어나사 (　　　)한 자들에게 마땅한 (　　　)을 주소서〉

8. 〈(　　　)를 지으신 이가 듣지 아니하시랴 (　　　)을 만드신 이가 (　　　) 아니하시랴〉는 (　　　)편 (　　　)절이다.

9. 〈내 속에 (　　　)이 많을 때에 주의 위안이 내 (　　　)을 즐겁게 하시나이다〉

10. 〈오라 우리가 (　　　)께 노래하며 우리의 (　　　)의 반석을 향하여 즐거이 외치자〉

11. 〈오라 우리가 굽혀 (　　　)하며 우리를 지으신 (　　　) 앞에 무릎을 꿇자 그는 우리의 (　　　)이시요 우리는 그가 기르시는 (　　　)이며 그의 손이 돌보시는 (　　　)이기 때문이라〉는 (　　　)편 (　　　)절이다.

12. 〈(　　　)께 노래하여 그의 이름을 (　　　)하며 그의 구원을 날마다 (　　　)할지어다〉

13. 〈여호와의 (　　　)에 합당한 영광을 그에게 돌릴지어다

( )을 들고 그의 궁정에 들어갈지어다〉는 ( )편 ( )절이다.

14. 〈( )를 사랑하는 너희여 ( )을 미워하라 그가 그의 ( )의 영혼을 보전하사 ( )의 손에서 건지시느니라〉는 ( )편 ( )절이다.

15. 〈의인을 위하여 ( )을 뿌리고 마음이 정직한 자를 위하여 ( )을 뿌리시는도다〉

16. 〈여호와께서 그의 ( )을 알게 하시며 그의 ( )를 뭇 나라의 목전에서 ( ) 나타내셨도다〉

17. 〈온 땅이여 ( )께 즐거이 소리칠지어다 ( ) 내어 즐겁게 노래하며 ( )할지어다〉는 ( )편 ( )절이다.

18. 〈그가 의로 ( )를 판단하시며 공평으로 그의 ( )을 심판하시리로다〉

19. 〈능력 있는 왕은 ( )를 사랑하느니라〉는 ( )편 ( )절이다.

20. 〈너희는 ( ) 우리 하나님을 높여 그의 ( ) 앞에서 경배할지어다 그는 ( )하시도다〉는 ( )편 ( )절이다.

21. 〈여호와가 우리 ( )이신 줄 너희는 알지어다 그는 우리를

(　　　)이요 우리는 그의 것이니 그의 (　　　)이요 그의 기르시는 (　　　)이로다〉

22. 〈(　　　)으로 그의 문에 들어가며 (　　　)으로 그의 궁정에 들어가서 그에게 (　　　)하며 그의 이름을 (　　　)할지어다〉는 (　　　)편 (　　　)절이다.

23. 〈(　　　)는 선하시니 그의 (　　　)하심이 영원하고 그의 (　　　)하심이 대대에 이르리로다〉는 (　　　)편 (　　　)절이다.

24. 〈자기의 (　　　)을 은근히 헐뜯는 자를 내가 (　　　)할 것이요 눈이 높고 마음이 (　　　)한 자를 내가 (　　　)하지 아니하리로다〉는 (　　　)편 (　　　)절이다.

25. 〈(　　　)마다 내가 이 땅의 모든 (　　　)을 멸하리니 악을 행하는 자는 (　　　)의 성에서 다 끊어지리로다〉는 (　　　)편 (　　　)절이다.

26. 〈여호와여 내 (　　　)를 들으시고 나의 부르짖음을 주께 (　　　)하게 하소서〉는 (　　　)편 (　　　)절이다.

27. 〈여호와께서 빈궁한 자의 (　　　)를 돌아보시며 그들의 (　　　)를 멸시하지 아니하셨도다〉는 (　　　)편 (　　　)절이다.

28. 〈나의 하나님이여 나의 (　　　)에 나를 데려가지 마옵소서 주의 연대는 대대에 (　　　)하니이다〉는 (　　　)편 (　　　)절이다.

29. 〈(　　　)는 없어지려니와 주는 (　　　)하시겠고 그것들은 다 (　　　) 같이 낡으리니 의복 같이 (　　　)시면 바뀌려니와 주는 (　　　)같으시고 주의 연대는 (　　　)하리이다〉는 (　　　)편 (　　　)절이다.

30. 〈내 (　　　)아 여호와를 송축하라 내 (　　　)에 있는 것들아 다 그의 거룩한 (　　　)을 송축하라〉는 누가 한 말입니까?

31. 〈그가 네 모든 (　　　)을 사하시며 네 모든 (　　　)을 고치시며 네 생명을 (　　　)에서 속량하시고 인자와 (　　　)로 관을 씌우시며 좋은 것으로 네 (　　　)을 만족하게 하사 네 청춘을 (　　　)같이 새롭게 하시는도다〉에서 '그'는 누구입니까?

32. 〈(　　　)이 서에서 먼 것같이 우리의 (　　　)를 우리에게서 (　　　) 옮기셨으며〉는 (　　　)편 (　　　)절이다.

33. 〈(　　　)은 그 날이 풀과 같으며 그 (　　　)가 들의 꽃과 같도다〉

34. 〈여호와의 (　　　)하심은 자기를 (　　　)하는 자에게 영원부터 (　　　)까지 이르며 그의 의는 자손의 (　　　)에게 이르리니 곧 그의 (　　　)을 지키고 그의 법도를 (　　　)하여 행하는 자에게로다〉는 (　　　)편 (　　　)절이다.

35. 〈땅에 (　　　)를 놓으사 (　　　) 흔들리지 아니하게 하셨나이다〉

36. 〈사람의 (　　　)을 기쁘게 하는 포도주와 사람의 (　　　)을 윤

택하게 하는 기름과 사람의 (　　　　)을 힘있게 하는 양식을 주셨도다〉

37. 〈여호와여 주께서 하신 (　　　　)이 어찌 그리 많은지요 주께서 (　　　　)로 그들을 다 지으셨으니 주께서 (　　　　) 것들이 땅에 가득하니이다〉는 (　　　　)편 (　　　　)절이다.

38. 〈내가 (　　　　)토록 여호와께 노래하며 내가 (　　　　) 있는 동안 내 하나님을 (　　　　)하리로다〉는 (　　　　)편 (　　　　)절이다.

39. 〈여호와께 (　　　　)하고 그의 이름을 불러 아뢰며 그가 하는 일을 (　　　　) 중에 알게 할지어다〉는 (　　　　)편 (　　　　)절이다.

40. 〈나의 (　　　　) 부은 자를 손대지 말며 나의 (　　　　)을 해하지 말라〉에서 '나'는 누구입니까?

41. 〈여호와의 (　　　　)이 응할 때까지라 그의 말씀이 그를 (　　　　) 하였도다〉는 (　　　　)편 (　　　　)절이다.

42. 〈그들이 그들의 (　　　　) 중에서 여호와의 (　　　　)을 보이고 함의 땅에서 (　　　　)을 행하였도다〉에서 '그들'은 누구입니까?

43. 〈마침내 그들을 인도하여 (　　　　)을 가지고 나오게 하시니 그의 (　　　　) 중에 비틀거리는 자가 (　　　　) 없었도다〉

44. 〈그들이 구한즉 (　　　　)를 가져 오시고 또 하늘의 (　　　　)으로

그들을 만족하게 하셨도다〉는 (   )편 (   )절이다.

45. 〈할렐루야 여호와께 (   )하라 그는 선하시며 그 (   )하심이 영원함이로다〉는 (   )편 (   )절이다.

46. 〈(   )를 지키는 자들과 항상 (   )를 행하는 자는 (   )이 있도다〉는 (   )편 (   )절이다.

47. 〈여호와께서는 자기의 (   )을 위하여 그들을 (   )하셨으니 그의 큰 권능을 (   )이 알게 하려 하심이로다〉

48. 〈그들이 호렙에서 (   )를 만들고 부어 만든 우상을 (   )하여 자기 영광을 풀 먹는 소의 (   )으로 바꾸었도다〉는 (   )편 (   )절이다.

49. 〈여호와 우리 하나님이여 우리를 (   )하사 여러 나라로부터 (   ) 우리가 주의 거룩하신 이름을 (   )하며 주의 영예를 (   )하게 하소서〉는 (   )편 (   )절이다.

50. 〈그가 사모하는 (   )에게 만족을 주시며 주린 (   )에게 좋은 것으로 채워주심이로다〉는 (   )편 (   )절이다.

51. 〈그가 그의 (   )을 보내어 그들을 고치시고 (   ) 지경에서 건지시는도다〉

52. 〈여호와의 (   )하심과 인생에게 행하신 (   )으로 말미

암아 그를 (   )할지로다〉

53. 〈(   )야, 수금아, 깰지어다 내가 (   )을 깨우리로다〉는 누가 한 말입니까?

54. 〈우리가 하나님을 (   )하고 용감히 행하리니 그는 우리의 (   )을 밟으실 자이심이로다〉는 (   )편 (   )절이다.

55. 〈나는 (   )하나 그들은 도리어 나를 대적하니 나는 (   )할 뿐이라〉에서 '나'는 누구입니까?

56. 〈그가 (   )하기를 좋아하더니 그것이 (   )에게 임하고 축복하기를 기뻐하지 아니하더니 (   )이 그를 멀리 떠났으며〉는 (   )편 (   )절이다.

57. 〈그들은 내게 (   )하여도 주는 내게 (   )을 주소서〉는 (   )편 (   )절이다.

58. 〈내가 네 (   )로 네 발판이 되게 하기까지 너는 내 (   )에 앉아 있으라〉에서 '나'는 누구입니까?

59. 〈주의 (   )의 날에 주의 백성이 거룩한 (   )을 입고 즐거이 헌신하니 (   ) 이슬 같은 주의 (   )이 주께 나오는도다〉는 (   )편 (   )절이다.

60. 〈할렐루야, 내가 (   )한 자들의 모임과 회중 가운데에

서 (　　　　)으로 여호와께 (　　　　)하리로다〉는 (　　　　)편 (　　　　)절이다.

61. 〈여호와께서 자기를 (　　　　)하는 자들에게 (　　　　)을 주시며 그의 언약을 영원히 (　　　　)하시리로다〉

62. 〈여호와를 (　　　　)함이 (　　　　)의 근본이라〉는 (　　　　)편 (　　　　)절이다.

63. 〈할렐루야, (　　　　)를 경외하며 그의 (　　　　)을 크게 즐거워하는 자는 (　　　　)이 있도다〉는 (　　　　)편 (　　　　)절이다.

64. 〈(　　　　)를 베풀며 꾸어 주는 자는 (　　　　) 되나니 그 일을 (　　　　)로 행하리로다 그는 영원히 흔들리지 아니함이여 (　　　　)은 영원히 (　　　　)되리로다〉는 (　　　　)편 (　　　　)절이다.

65. 〈그가 재물을 흩어 (　　　　) 자들에게 주었으니 그의 (　　　　)가 영구히 있고 그의 뿔이 (　　　　) 중에 들리리로다〉

66. 〈(　　　　) 돋는 데에서부터 (　　　　) 지는 데에까지 여호와의 (　　　　)이 찬양을 받으시리로다〉는 (　　　　)편 (　　　　)절이다.

67. 〈그가 (　　　　)을 쳐서 못물이 되게 하시며 (　　　　)로 샘물이 되게 하셨도다〉는 (　　　　)편 (　　　　)절이다.

68. 〈여호와여 ( )을 우리에게 돌리지 마옵소서 ( )에게 돌리지 마옵소서 오직 ( )는 인자하시고 진실하시므로 주의 ( )에만 영광을 돌리소서〉는 ( )편 ( )절이다.

69. 〈( ) 사람이나 ( ) 사람을 막론하고 여호와를 ( )하는 자들에게 ( )을 주시리로다〉는 ( )편 ( )절이다.

70. 〈우리는 ( )부터 영원까지 여호와를 ( )하리로다 할렐루야〉

71. 〈여호와께서 내 ( )과 내 간구를 들으시므로 내가 그를 ( )하는도다 그의 ( )를 내게 기울이셨으므로 내가 ( )에 기도하리로다〉는 ( )편 ( )절이다.

72. 〈그의 ( ) 자들의 죽음은 여호와께서 보시기에 ( ) 것이로다〉

73. 〈우리에게 향하신 여호와의 ( )하심이 크시고 여호와의 진실하심이 ( )함이로다 할렐루야〉는 ( )편 ( )절이다.

74. 〈여호와는 내 ( )이시라 내가 두려워하지 아니하리니 ( )이 내게 어찌할까〉

75. 〈( )께 피하는 것이 고관들을 ( )하는 것보다 낫도다〉

는 (   )편 (   )절이다.

76. 〈여호와는 나의 (   )과 찬송이시요 또 나의 (   )이 되셨도다〉는 (   )편 (   )절이다.

77. 〈내가 (   ) 않고 살아서 여호와께서 하시는 일을 (   )하리로다〉

78. 〈건축자가 (   ) 돌이 집 모퉁이의 (   )이 되었나니 이는 (   )께서 행하신 것이요 우리 눈에 (   ) 바로다〉는 (   )편 (   )절이다.

79. 〈청년이 무엇으로 그의 (   )을 깨끗하게 하리이까 주의 (   )만 지킬 따름이니이다〉

80. 〈내가 주께 (   )하지 아니하려 하여 주의 (   )을 내 마음에 두었나이다〉

81. 〈나에게 주의 (   )의 길을 깨닫게 하여 주소서 그리하시면 내가 (   )의 기이한 일들을 작은 소리로 (   )리리이다〉는 (   )편 (   )절이다.

82. 〈여호와여 주의 (   )의 도를 내게 가르치소서 내가 (   )까지 지키리이다〉

83. 〈내가 (   )의 율법을 항상 지키리이다 (   ) 지키리이다〉

는 (   )편 (   )절이다.

84. 〈여호와여 내가 (   )에 주의 이름을 기억하고 주의 (   )을 지켰나이다〉

85. 〈나는 (   )를 경외하는 모든 자들과 (   )의 법도들을 지키는 자들의 (   )라〉는 (   )편 (   )절이다.

86. 〈(   ) 당한 것이 내게 유익이라 이로 말미암아 내가 (   )의 율례들을 배우게 되었나이다〉

87. 〈주를 (   )하는 자들이 나를 보고 (   )하는 것은 내가 주의 (   )을 바라는 까닭이니이다〉

88. 〈주의 법이 나의 (   )이 되지 아니하였더면 내가 내 (   ) 중에 멸망하였으리이다〉

89. 〈내가 주의 (   )을 늘 읊조리므로 나의 (   )이 나의 모든 (   )보다 나으며 주의 (   )을 지키므로 나의 명철함이 (   )보다 나으니이다〉는 (   )편 (   )절이다.

90. 〈주의 (   )의 맛이 내게 어찌 그리 단지요 내 입에 (   )보다 더 다니이다〉

91. 〈주의 (   )은 내 발에 등이요 내 길에 (   )이니이다〉는 (   )편 (   )절이다.

92. 〈내가 (　　　　)의 계명들을 금 곧 (　　　　)보다 더 (　　　　)하나이다〉는 (　　　　)편 (　　　　)절이다.

93. 〈주의 (　　　　)을 열면 빛이 비치어 우둔한 (　　　　)을 깨닫게 하나이다〉

94. 〈나의 (　　　　)을 주의 말씀에 굳게 세우시고 어떤 (　　　　)도 나를 주관하지 못하게 하소서〉

95. 〈내가 날이 (　　　　) 전에 부르짖으며 주의 (　　　　)을 바랐사오며 주의 (　　　　)을 조용히 읊조리려고 내가 (　　　　)에 눈을 떴나이다〉는 (　　　　)편 (　　　　)절이다.

96. 〈주의 의로운 (　　　　)로 말미암아 내가 하루 (　　　　) 번씩 주를 찬양하나이다〉

97. 〈내가 (　　　　) 중에 여호와께 부르짖었더니 내게 (　　　　)하셨도다〉는 (　　　　)편 (　　　　)절이다.

98. 〈나는 (　　　　)을 원할지라도 내가 말할 때에 그들은 (　　　　)하는도다〉는 (　　　　)편 (　　　　)절이다.

99. 오늘 읽은 말씀 중 가장 좋아하는 성경 구절을 외워 쓰십시오.

07 시가서(개역개정판) 성경대학문제

시편 121-150편

(　　　)년 (　　)월 (　　)일　　　이름 (　　　)

1. 〈내가 산을 향하여 (　　　)을 들리라 나의 (　　　)이 어디서 올까 나의 도움은 (　　　)를 지으신 (　　　)에게서로다〉는 (　　　)편 (　　　)절이다.

2. 〈여호와께서 너를 (　　　)하지 아니하게 하시며 너를 지키시는 이가 (　　　) 아니하시리로다〉

3. 〈여호와께서 너를 지켜 모든 (　　　)을 면하게 하시며 또 네 (　　　)을 지키시리로다〉

4. 〈사람이 내게 말하기를 (　　　)의 집에 올라가자 할 때에 내가 (　　　)하였도다〉

5. 〈예루살렘을 위하여 (　　　)을 구하라 예루살렘을 (　　　)하는 자는 형통하리로다〉는 누가 한 말입니까?

6. 〈하늘에 계시는 주여 내가 (　　　)을 들어 주께 향하나이다〉는 (　　　)편 (　　　)절이다.

7. 〈우리의 (　　　　)이 사냥꾼의 올무에서 벗어난 (　　　　)같이 되었나니 (　　　　)가 끊어지므로 우리가 벗어났도다 우리의 (　　　　)은 천지를 지으신 여호와의 (　　　　)에 있도다〉는 (　　　　)편 (　　　　)절이다.

8. 〈여호와여 (　　　　) 자들과 마음이 (　　　　)한 자들에게 선대하소서〉는 (　　　　)편 (　　　　)절이다.

9. 〈여호와께서 시온의 (　　　　)를 돌려 보내실 때에 우리는 (　　　　) 것 같았도다〉는 (　　　　)편 (　　　　)절이다.

10. 〈눈물을 흘리며 (　　　　)를 뿌리는 자는 (　　　　)으로 거두리로다 울며 (　　　　)를 뿌리러 나가는 자는 반드시 (　　　　)으로 그 (　　　　) 단을 가지고 돌아오리로다〉

11. 〈여호와께서 (　　　　)을 세우지 아니하시면 세우는 자의 (　　　　)가 헛되며 여호와께서 (　　　　)을 지키지 아니하시면 (　　　　)의 깨어 있음이 헛되도다〉

12. 〈여호와께서 그의 사랑하시는 자에게는 (　　　　)을 주시는도다〉는 누가 한 말입니까?

13. 〈보라 자식들은 여호와의 (　　　　)이요 태의 열매는 그의 (　　　　)이로다〉는 (　　　　)편 (　　　　)절이다.

14. 〈젊은 자의 자식은 장사의 수중의 (　　　　) 같으니 이것이 그의

( )에 가득한 자는 ( )되도다〉는 ( )편 ( )
절이다.

15. 〈네가 네 ( )이 수고한 대로 먹을 것이라 네가 ( )되고 형통하리로다〉는 ( )편 ( )절이다.

16. 〈여호와께서 시온에서 네게 ( )을 주실지어다 너는 ( )에 예루살렘의 번영을 보며 네 ( )의 자식을 볼지어다 이스라엘에게 ( )이 있을지로다〉는 ( )편 ( )절이다.

17. 〈( )께서는 의로우사 ( )의 줄을 끊으셨도다〉는 ( )편 ( )절이다.

18. 〈파수꾼이 ( )을 기다림보다 내 ( )이 주를 더 기다리나니 참으로 ( )이 아침을 기다림보다 ( )하도다〉는 ( )편 ( )절이다.

19. 〈여호와여 내 ( )이 교만하지 아니하고 내 ( )이 오만하지 아니하오며 내가 큰 ( )과 감당하지 못할 놀라운 ( )을 하려고 힘쓰지 아니하나이다〉는 누가 한 말입니까?

20. 〈네 자손이 내 ( )과 그들에게 교훈하는 내 ( )를 지킬진대 그들의 후손도 영원히 네 ( )에 앉으리라 하셨도다〉에서 '너'와 '나'는 각각 누구입니까?

21. 〈내가 그의 (　　　　)에게는 수치를 옷 입히고 그에게는 (　　　　)이 빛나게 하리라〉에서 '그'는 누구입니까?

22. 〈형제가 (　　　　)하여 동거함이 어찌 그리 (　　　　)하고 아름다운고〉는 (　　　　)편 (　　　　)절이다.

23. 〈여호와께서 (　　　　)을 명령하셨나니 곧 (　　　　)이로다〉는 누가 한 말입니까?

24. 〈(　　　　)를 지으신 여호와께서 시온에서 네게 (　　　　)을 주실지어다〉는 (　　　　)편 (　　　　)절이다.

25. 〈(　　　　)께서 자기를 위하여 (　　　　) 곧 이스라엘을 자기의 특별한 (　　　　)로 택하셨음이로다〉는 (　　　　)편 (　　　　)절이다.

26. 〈열국의 우상은 (　　　　)이요 사람의 (　　　　)으로 만든 것이라〉는 (　　　　)편 (　　　　)절이다.

27. 〈여호와를 (　　　　)하는 너희들아 여호와를 (　　　　)하라〉는 (　　　　)편 (　　　　)절이다.

28. 〈여호와께 (　　　　)하라 그는 선하시며 그 (　　　　)하심이 영원함이로다〉는 (　　　　)편 (　　　　)절이다.

29. 〈(　　　　)로 낮을 주관하게 하신 이에게 (　　　　)하라 그 인자하심이 (　　　　)함이로다 달과 별들로 (　　　　)을 주관하게 하신 이

에게 (　　　　)하라 그 인자하심이 (　　　　)함이로다〉는 (　　　　) 편 (　　　　)절이다.

30. 〈(　　　　)를 가르신 이에게 (　　　　)하라 그 인자하심이 (　　　　)함이로다 이스라엘을 그 가운데로 (　　　　)하게 하신 이에게 (　　　　)하라 그 인자하심이 (　　　　)함이로다〉는 (　　　　) 편 (　　　　)절이다.

31. 〈우리를 (　　　　)한 가운데에서도 기억해 주신 이에게 (　　　　) 하라 그 인자하심이 (　　　　)함이로다〉

32. 〈모든 (　　　　)에게 먹을 것을 주신 이에게 (　　　　)하라 그 인자하심이 (　　　　)함이로다〉는 (　　　　)편 (　　　　)절이다.

33. 〈우리가 (　　　　)의 여러 강변 거기에 앉아서 (　　　　)을 기억하며 울었도다〉는 (　　　　)편 (　　　　)절이다.

34. 〈(　　　　)아 내가 너를 잊을진대 내 오른손이 그의 (　　　　)를 잊을지로다〉

35. 〈멸망할 딸 (　　　　)아 네가 우리에게 (　　　　)한 대로 네게 갚는 자가 (　　　　)이 있으리로다〉는 (　　　　)편 (　　　　)절이다.

36. 〈내가 주의 성전을 향하여 (　　　　)하며 주의 인자하심과 (　　　　) 하심으로 말미암아 주의 이름에 (　　　　)하오리니 이는 주께서 주의 (　　　　)을 주의 모든 (　　　　)보다 높게 하셨음이라〉

37. 〈(　　　)께서는 높이 계셔도 (　　　) 자를 굽어살피시며 멀리 서도 (　　　) 자를 아심이니이다〉는 (　　　)편 (　　　)절이다.

38. 〈내가 (　　　) 중에 다닐지라도 주께서 나를 (　　　)나게 하시고 주의 손을 펴사 내 (　　　)의 분노를 막으시며 주의 오른손이 나를 (　　　)하시리이다〉는 누가 한 말입니까?

39. 〈주께서 내가 (　　　) 일어섬을 아시고 멀리서도 나의 (　　　)을 밝히 아시오며 나의 모든 (　　　)과 내가 눕는 것을 (　　　) 보셨으므로 나의 모든 (　　　)를 익히 아시오니 여호와여 내 (　　　)의 말을 알지 못하시는 것이 (　　　) 없으시니이다〉는 (　　　)편 (　　　)절이다.

40. 〈주께서 나의 (　　　)를 둘러싸시고 내게 (　　　)하셨나이다〉는 (　　　)편 (　　　)절이다.

41. 〈내가 주의 (　　　)을 떠나 어디로 가며 주의 (　　　)에서 어디로 피하리이까 내가 (　　　)에 올라갈지라도 거기 (　　　) 스올에 내 자리를 펼지라도 (　　　) 계시니이다〉

42. 〈내가 (　　　) 날개를 치며 (　　　) 끝에 가서 거주할지라도 거기서도 주의 (　　　)이 나를 인도하시며 주의 (　　　)이 나를 붙드시리이다〉

43. 〈주께서 내 (　　　)을 지으시며 나의 모태에서 나를 (　　　)셨나이다 내가 주께 (　　　)하옴은 나를 지으심이 심히 (　　　)하

심이라 주께서 하시는 일이 기이함을 내 (　　　　)이 잘 아나이다〉는 (　　　　)편 (　　　　)절이다.

44. 〈내 (　　　　)이 이루어지기 전에 주의 (　　　　)이 보셨으며 나를 위하여 (　　　　) 날이 하루도 되기 전에 주의 (　　　　)에 다 기록이 되었나이다〉

45. 〈하나님이여 나를 살피사 내 (　　　　)을 아시며 나를 시험하사 내 (　　　　)을 아옵소서 내게 무슨 (　　　　) 행위가 있나 보시고 나를 (　　　　) 길로 인도하소서〉는 (　　　　)편 (　　　　) 절이며, 누가 한 말입니까?

46. 〈주는 나의 (　　　　)이시니 여호와여 나의 (　　　　)하는 소리에 귀를 기울이소서〉는 (　　　　)편 (　　　　)절이다.

47. 〈진실로 (　　　　)이 주의 이름에 감사하며 (　　　　)한 자들이 주의 앞에서 살리이다〉는 누가 한 말입니까?

48. 〈여호와여 내 (　　　　)에 파수꾼을 세우시고 내 입술의 (　　　　)을 지키소서〉는 (　　　　)편 (　　　　)절이다.

49. 〈의인이 나를 칠지라도 (　　　　)로 여기며 책망할지라도 머리의 (　　　　)같이 여겨서 내 머리가 이를 (　　　　)하지 아니할지라 그들의 (　　　　) 중에도 내가 항상 (　　　　)하리로다〉

50. 〈악인은 자기 (　　　　)에 걸리게 하시고 나만은 온전히 (　　　　)

하게 하소서〉는 (　　　)편 (　　　)절이다.

51. 〈나의 부르짖음을 들으소서 나는 심히 (　　　)하니이다 나를 핍박하는 자들에게서 나를 (　　　)소서〉는 누가 한 말입니까?

52. 〈주의 종에게 (　　　)을 행하지 마소서 주의 (　　　) 앞에는 의로운 인생이 (　　　) 없나이다〉는 (　　　)편 (　　　)절이다.

53. 〈(　　　)에 나로 하여금 주의 인자한 (　　　)을 듣게 하소서 내가 주를 (　　　)함이니이다 내가 다닐 (　　　)을 알게 하소서 내가 내 (　　　)을 주께 드림이니이다〉는 (　　　)편 (　　　)절이다.

54. 〈주는 나의 (　　　)이시니 나를 가르쳐 주의 (　　　)을 행하게 하소서 주의 (　　　)은 선하시니 나를 (　　　)한 땅에 인도하소서〉

55. 〈여호와여 (　　　)이 무엇이기에 주께서 그를 (　　　) 주시며 인생이 무엇이기에 그를 (　　　)하시나이까 사람은 (　　　) 같고 그의 날은 지나가는 (　　　) 같으니이다〉

56. 〈여호와를 자기 (　　　)으로 삼는 백성은 (　　　)이 있도다〉는 (　　　)편 (　　　)절이다.

57. 〈(　　　)이신 나의 하나님이여 내가 (　　　)를 높이고 영원히 주의 (　　　)을 송축하리이다〉

58. 〈여호와께서는 자기에게 (   )하는 모든 자 곧 진실하게 (   )하는 모든 자에게 (   ) 하시는도다〉

59. 〈여호와께서 자기를 (   )하는 자들은 다 (   )하시고 악인들은 다 (   )하시리로다〉는 (   )편 (   )절이다.

60. 〈나의 (   )에 여호와를 찬양하며 나의 (   )에 내 하나님을 (   )하리로다〉

61. 〈(   )을 의지하지 말며 도울 힘이 없는 (   )도 의지하지 말지니 그의 (   )이 끊어지면 (   )으로 돌아가서 그 날에 그의 (   )이 소멸하리로다〉

62. 〈(   ) 자기 하나님에게 자기의 (   )을 두는 자는 (   )이 있도다〉

63. 〈여호와께서 (   )을 보호하시며 고아와 (   )를 붙드시고 악인들의 (   )은 굽게 하시는도다〉는 (   )편 (   )절이다.

64. 〈그가 별들의 (   )를 세시고 그것들을 다 (   )대로 부르시는도다〉에서 '그'는 누구입니까?

65. 〈여호와께서 (   )한 자들은 붙드시고 (   )은 땅에 엎드러뜨리시는도다〉

66. 〈여호와는 자기를 (   )하는 자들과 그의 인자하심을 (   ) 자들을 기뻐하시는도다〉는 (   )편 (   )절이다.

67. 〈할렐루야 (   )에서 여호와를 찬양하며 (   ) 데서 그를 찬양할지어다 그의 모든 (   )여 찬양하며 모든 군대여 그를 (   )할지어다 해와 달아 그를 (   )하며 밝은 별들아 다 그를 (   )할지어다〉는 (   )편 (   )절이다.

68. 〈(   )과 처녀와 노인과 아이들아 여호와의 (   )을 찬양할지어다〉는 (   )편 (   )절이다.

69. 〈할렐루야 (   ) 노래로 여호와께 노래하며 (   )의 모임 가운데에서 (   )할지어다〉

70. 〈(   ) 추며 그의 이름을 찬양하며 (   )와 수금으로 그를 찬양할지어다 (   )께서는 자기 백성을 (   )하시며 겸손한 자를 (   )으로 아름답게 하심이로다〉

71. 〈할렐루야 그의 (   )에서 하나님을 (   )하며 그의 권능의 (   )에서 그를 찬양할지어다 그의 (   )하신 행동을 찬양하며 그의 지극히 (   )하심을 따라 찬양할지어다〉는 (   )편 (   )절이다.

72. 〈(   ) 소리로 찬양하며 비파와 (   )으로 찬양할지어다 소고 치며 (   ) 추어 찬양하며 현악과 (   )로 찬양할지어다 큰 소리 나는 (   )으로 찬양하며 높은 소리 나는

( )으로 찬양할지어다〉는 ( )편 ( )절이다.

73. 〈( )이 있는 자마다 여호와를 ( )할지어다. 할렐루야〉

74. 오늘 읽은 말씀 중 가장 좋아하는 성경 구절을 외워 쓰십시오.

08 시가서(개역개정판) 성경대학문제

잠언 1-15장

(　　　)년 (　　)월 (　　)일　　　이름 (　　　)

1. 잠언은 (대부분) 누가 기록하였습니까?

2. 〈여호와를 (　　　)하는 것이 지식의 (　　　)이거늘 미련한 자는 지혜와 (　　　)를 멸시하느니라〉는 (　　　)편 (　　　)절이다.

3. 〈내 아들아 네 (　　　)의 훈계를 들으며 네 (　　　)의 법을 떠나지 말라 이는 네 (　　　)의 아름다운 관이요 네 (　　　)의 금 사슬이니라〉는 (　　　)장 (　　　)절이다.

4. 〈내 아들아 그들과 (　　　) 길에 다니지 말라 네 (　　　)을 금하여 그 길을 밟지 말라〉에서 '그들'은 누구입니까?

5. 〈나의 (　　　)을 듣고 돌이키라 보라 내가 나의 (　　　)을 너희에게 부어 주며 내 (　　　)을 너희에게 보이리라〉에서 '나'는 누구입니까?

6. 〈오직 내 말을 듣는 자는 (　　　) 살며 재앙의 두려움이 없이 (　　　)하리라〉는 (　　　)장 (　　　)절이다.

7. 〈그는 (　　　　) 자를 위하여 완전한 지혜를 예비하시며 (　　　　)이 온전한 자에게 방패가 되시나니 대저 그는 (　　　　)의 길을 보호하시며 그의 (　　　　)의 길을 보전하려 하심이니라〉는 (　　　　)장 (　　　　)절이다.

8. 〈(　　　　)이 너를 지키며 (　　　　)이 너를 보호하여 악한 자의 (　　　　)과 패역을 말하는 자에게서 (　　　　) 내리라〉는 (　　　　)장 (　　　　)절이다.

9. 〈대저 (　　　　) 자는 땅에 거하며 (　　　　) 자는 땅에 남아 있으리라 그러나 (　　　　)은 땅에서 끊어지겠고 (　　　　) 자는 땅에서 뽑히리라〉는 (　　　　)장 (　　　　)절이다.

10. 〈내 아들아 나의 (　　　　)을 잊어버리지 말고 네 (　　　　)으로 나의 (　　　　)을 지키라 그리하면 그것이 네가 (　　　　)하여 많은 해를 누리게 하며 (　　　　)을 더하게 하리라〉는 (　　　　)장 (　　　　)절이다.

11. 〈인자와 (　　　　)가 네게서 떠나지 말게 하고 그것을 네 (　　　　)에 매며 네 (　　　　)에 새기라 그리하면 네가 (　　　　)과 사람 앞에서 은총과 (　　　　) 여김을 받으리라〉는 (　　　　)장 (　　　　)절이다.

12. 〈너는 (　　　　)을 다하여 여호와를 신뢰하고 네 (　　　　)을 의지하지 말라 너는 범사에 그를 (　　　　)하라 그리하면 네 길을 (　　　　)하시리라〉는 (　　　　)장 (　　　　)절이다.

13. 〈스스로 (　　　　)롭게 여기지 말지어다 여호와를 (　　　　)하며 악을 떠날지어다 이것이 네 몸에 (　　　　)이 되어 네 골수를 (　　　　)하게 하리라〉는 (　　　　)장 (　　　　)절이다.

14. 〈네 (　　　　)과 네 소산물의 처음 익은 (　　　　)로 여호와를 공경하라 그리하면 네 (　　　　)가 가득히 차고 네 포도즙 틀에 (　　　　) 포도즙이 넘치리라〉는 (　　　　)장 (　　　　)절이다.

15. 〈지혜는 (　　　　)보다 귀하니 네가 (　　　　)하는 모든 것으로도 이에 (　　　　)할 수 없도다 그의 오른손에는 (　　　　)가 있고 그의 왼손에는 (　　　　)가 있나니 그 길은 (　　　　) 길이요 그의 지름길은 다 (　　　　)이니라〉는 (　　　　)장 (　　　　)절이다.

16. 〈네 손이 (　　　　)을 베풀 힘이 있거든 (　　　　) 받을 자에게 베풀기를 (　　　　) 말며〉는 (　　　　)장 (　　　　)절이다.

17. 〈그를 (　　　　) 그리하면 그가 너를 (　　　　) 들리라 만일 그를 품으면 그가 너를 (　　　　)롭게 하리라〉에서 '그'는 누구입니까?

18. 〈내 아들아 들으라 내 (　　　　)을 받으라 그리하면 네 (　　　　)의 해가 길리라〉는 (　　　　)장 (　　　　)절이다.

19. 〈의인의 길은 돋는 (　　　　) 같아서 크게 빛나 한낮의 (　　　　)에 이르거니와〉는 (　　　　)장 (　　　　)절이다.

20. 〈모든 (　　　　) 만한 것 중에 더욱 네 (　　　　)을 지키라 생명의

(　　　)이 이에서 남이니라〉는 (　　　)장 (　　　)절이다.

21. 〈내 아들아 내 (　　　)에 주의하며 내 명철에 네 (　　　)를 기울여서 근신을 지키며 네 (　　　)로 지식을 지키도록 하라〉

22. 〈네가 젊어서 취한 (　　　)를 즐거워하라 그는 사랑스러운 (　　　) 같고 아름다운 암노루 같으니 너는 그의 (　　　)을 항상 족하게 여기며 그의 (　　　)을 항상 연모하라〉는 (　　　)장 (　　　)절이다.

23. 〈대저 사람의 길은 여호와의 (　　　) 앞에 있나니 그가 그 사람의 모든 (　　　)을 평탄하게 하시느니라〉는 (　　　)장 (　　　)절이다.

24. 〈게으른 자여 (　　　)에게 가서 그가 하는 것을 보고 (　　　)를 얻으라 개미는 두령도 없고 (　　　)도 없고 통치자도 없으되 (　　　) 것을 여름 동안에 예비하며 (　　　) 때에 (　　　)을 모으느니라〉는 (　　　)장 (　　　)절이다.

25. 〈여호와께서 미워하시는 것 곧 그의 (　　　)에 싫어하시는 것이 예닐곱 가지이니〉라고 하였는데 그것들이 무엇 무엇들입니까?

(1) 교만한 눈　(2)　(3)　(4)

(5)　(6)　(7)

26. 〈대저 (　　　)은 등불이요 법은 (　　　)이요 훈계의 책망은 곧 (　　　)의 길이라〉는 (　　　)장 (　　　)절이다.

27. 〈내 (　　　　)을 지켜 살며 내 법을 네 (　　　　)처럼 지키라 이것을 네 (　　　　)에 매며 이것을 네 (　　　　)에 새기라〉는 (　　　　)장 (　　　　)절이다.

28. 〈(　　　　)가 곧 그를 따랐으니 소가 (　　　　)으로 가는 것 같고 미련한 자가 (　　　　)을 받으려고 (　　　　)에 매이러 가는 것과 같도다〉에서 '그'는 누구입니까?

29. 〈너희가 (　　　　)을 받지 말고 나의 (　　　　)를 받으며 (　　　　)보다 지식을 얻으라〉는 (　　　　)장 (　　　　)절이다.

30. 〈여호와를 경외하는 것은 (　　　　)을 미워하는 것이라 나는 (　　　　)과 거만과 악한 행실과 패역한 (　　　　)을 미워하느니라〉는 (　　　　)장 (　　　　)절이다.

31. 〈나를 사랑하는 자들이 나의 (　　　　)을 입으며 나를 간절히 찾는 자가 나를 (　　　　) 것이니라〉에서 '나'는 누구입니까?

32. 〈누구든지 내게 (　　　　) 날마다 내 문 곁에서 (　　　　) 문설주 옆에서 기다리는 자는 (　　　　)이 있나니 대저 나를 얻는 자는 (　　　　)을 얻고 여호와께 (　　　　)을 얻을 것임이니라〉는 (　　　　)장 (　　　　)절이다.

33. 〈(　　　　)한 자를 책망하지 말라 그가 너를 (　　　　)할까 두려우니라 (　　　　) 있는 자를 책망하라 그가 너를 (　　　　)하리라〉

34. 〈여호와를 (　　　)하는 것이 지혜의 근본이요 거룩하신 자를 (　　　) 것이 (　　　)이니라〉는 (　　　)장 (　　　)절이다.

35. 〈네가 만일 (　　　)로우면 그 지혜가 네게 (　　　)할 것이나 네가 만일 (　　　)하면 너 홀로 (　　　)를 당하리라〉는 (　　　)장 (　　　)절이다.

36. 〈(　　　)로운 아들은 아비를 (　　　) 하거니와 미련한 아들은 어미의 (　　　)이니라〉

37. 〈의인의 (　　　)은 생명의 샘이라도 악인의 입은 (　　　)을 머금었느니라〉는 (　　　)장 (　　　)절이다.

38. 〈미움은 (　　　)을 일으켜도 사랑은 모든 (　　　)을 가리느니라〉

39. 〈말이 많으면 (　　　)을 면하기 어려우나 그 (　　　)을 제어하는 자는 (　　　)가 있느니라〉

40. 〈(　　　)의 입술은 여러 사람을 (　　　)하나 미련한 자는 (　　　)이 없어 죽느니라〉

41. 〈(　　　)에게는 그의 두려워하는 것이 임하거니와 (　　　)은 그 원하는 것이 이루어지느니라〉는 (　　　)장 (　　　)절이다.

42. 〈여호와를 경외하면 (　　　)하느니라 그러나 악인의 (　　　)은 짧아지느니라〉

43. 〈(　　　)의 입술은 기쁘게 할 것을 알거늘 (　　　)의 입은 패역을 말하느니라〉는 (　　　)장 (　　　)절이다.

44. 〈교만이 오면 (　　　)도 오거니와 겸손한 자에게는 (　　　)가 있느니라〉는 (　　　)장 (　　　)절이다.

45. 〈악인은 입으로 그의 (　　　)을 망하게 하여도 의인은 그의 (　　　)으로 말미암아 구원을 얻느니라〉

46. 〈성읍은 정직한 자의 (　　　)으로 인하여 진흥하고 악한 자의 (　　　)으로 말미암아 무너지느니라〉

47. 〈두루 다니며 (　　　)하는 자는 남의 비밀을 (　　　)하나 마음이 (　　　)한 자는 그런 것을 숨기느니라〉

48. 〈타인을 위하여 (　　　)이 되는 자는 손해를 당하여도 (　　　)이 되기를 싫어하는 자는 (　　　)하니라〉는 (　　　)장 (　　　)절이다.

49. 〈아름다운 (　　　)이 삼가지 아니하는 것은 마치 돼지 코에 (　　　) 고리 같으니라〉

50. 〈(　　　)를 좋아하는 자는 풍족하여질 것이요 남을 (　　　)하게 하는 자는 자기도 윤택하여지리라〉

51. 〈의인의 열매는 (　　　) 나무라 지혜로운 자는 (　　　)을 얻느

니라〉는 (   )장 (   )절이다.

52. 〈어진 여인은 그 지아비의 (   )이나 욕을 끼치는 여인은 그 지아비의 (   )가 썩음 같게 하느니라〉는 (   )장 (   )절이다.

53. 〈사람은 (   )의 열매로 말미암아 (   )에 족하며 그 손이 (   )하는 대로 자기가 받느니라〉

54. 〈미련한 자는 당장 (   )를 나타내거니와 슬기로운 자는 (   )을 참느니라〉는 (   )장 (   )절이다.

55. 〈칼로 찌름같이 (   ) 말하는 자가 있거니와 (   )로운 자의 혀는 (   )과 같으니라〉

56. 〈의인에게는 어떤 (   )도 임하지 아니하려니와 악인에게는 (   )가 가득하리라〉

57. 〈(   ) 자의 손은 사람을 다스리게 되어도 (   ) 자는 부림을 받느니라〉

58. 〈사람은 (   )의 열매로 인하여 (   )을 누리거니와 (   )이 궤사한 자는 강포를 당하느니라〉는 (   )장 (   )절이다.

59. 〈(   )을 지키는 자는 자기의 (   )을 보전하나 (   )을

크게 벌리는 자에게는 ( )이 오느니라〉

60. 〈교만에서는 ( )만 일어날 뿐이라 ( )을 듣는 자는 지혜가 있느니라〉는 ( )장 ( )절이다.

61. 〈( ) 있는 자의 교훈은 ( )의 샘이니 사망의 ( )에서 벗어나게 하느니라〉

62. 〈지혜로운 자와 동행하면 ( )를 얻고 미련한 자와 사귀면 ( )를 받느니라〉는 ( )장 ( )절이다.

63. 〈( )은 그 산업을 자자 ( )에게 끼쳐도 죄인의 재물은 ( )을 위하여 쌓이느니라〉

64. 〈( )를 아끼는 자는 그의 ( )을 미워함이라 자식을 ( )하는 자는 근실히 징계하느니라〉는 ( )장 ( )절이다.

65. 〈( )로운 여인은 자기 집을 세우되 ( ) 여인은 자기 손으로 그것을 허느니라〉는 ( )장 ( )절이다.

66. 〈( )가 없으면 구유는 깨끗하려니와 ( )의 힘으로 얻는 것이 많으니라〉

67. 〈( )한 자는 지혜를 구하여도 얻지 못하거니와 ( )한 자는 지식 얻기가 쉬우니라〉

68. 〈(　　　　)하기를 속히 하는 자는 (　　　　) 일을 행하고 악한 궤교를 꾀하는 자는 (　　　　)을 받느니라〉

69. 〈(　　　　)을 업신여기는 자는 (　　　　)를 범하는 자요 빈곤한 자를 (　　　　) 여기는 자는 (　　　　)이 있는 자니라〉는 (　　　　)장 (　　　　)절이다.

70. 〈여호와를 (　　　　)하는 자에게는 견고한 의뢰가 있나니 그 (　　　　)에게 피난처가 있으리라〉

71. 〈(　　　　)이 많은 것은 왕의 (　　　　)이요 백성이 적은 것은 주권자의 (　　　　)이니라〉

72. 〈(　　　　) 사람을 학대하는 자는 그를 지으신 이를 (　　　　)하는 자요 궁핍한 사람을 (　　　　) 여기는 자는 주를 (　　　　)하는 자니라〉는 (　　　　)장 (　　　　)절이다.

73. 〈유순한 대답은 (　　　　)를 쉬게 하여도 과격한 말은 (　　　　)를 격동하느니라〉는 (　　　　)장 (　　　　)절이다.

74. 〈온순한 (　　　　)는 곧 생명 나무이지만 패역한 (　　　　)는 마음을 (　　　　)하게 하느니라〉

75. 〈(　　　　)의 즐거움은 얼굴을 (　　　　)나게 하여도 마음의 근심은 (　　　　)을 상하게 하느니라〉는 (　　　　)장 (　　　　)절이다.

76. 〈(   ) 받는 자는 그 날이 다 험악하나 (   )이 즐거운 자는 항상 (   )하느니라〉는 (   )장 (   )절이다.

77. 〈(   )이 적어도 여호와를 (   )하는 것이 크게 부하고 (   )하는 것보다 나으니라〉는 (   )장 (   )절이다.

78. 〈(   )를 먹으며 서로 (   )하는 것이 살진 (   )를 먹으며 서로 (   )하는 것보다 나으니라〉

79. 〈(   )을 쉽게 내는 자는 (   )을 일으켜도 (   )하기를 더디하는 자는 (   )를 그치게 하느니라〉는 (   )장 (   )절이다.

80. 〈(   )이 없으면 (   )이 무너지고 지략이 많으면 (   )이 성립하느니라〉

81. 〈(   )이 밝은 것은 마음을 기쁘게 하고 (   ) 기별은 뼈를 (   )하게 하느니라〉는 (   )장 (   )절이다.

82. 〈여호와를 (   )하는 것은 지혜의 훈계라 (   )은 존귀의 길잡이니라〉는 (   )장 (   )절이다.

83. 오늘 읽은 말씀 중 가장 좋아하는 성경 구절을 외워 쓰십시오.

09 시가서(개역개정판) 성경대학문제

잠언 16-31장

(　　　)년 (　　)월 (　　)일　　　이름 (　　　)

1. 〈마음의 (　　　)은 사람에게 있어도 말의 응답은 (　　　)께로부터 나오느니라〉

2. 〈너의 (　　　)를 여호와께 맡기라 그리하면 네가 (　　　)하는 것이 이루어지리라〉

3. 〈사람의 (　　　)가 여호와를 기쁘시게 하면 그 사람의 (　　　)라도 그와 더불어 (　　　)하게 하시느니라〉는 (　　　)장 (　　　)절이다.

4. 〈(　　　)이 마음으로 자기의 길을 (　　　)할지라도 그의 걸음을 (　　　)하시는 이는 (　　　)시니라〉

5. 〈(　　　) 입술은 왕들이 기뻐하는 것이요 (　　　)하게 말하는 자는 그들의 (　　　)을 입느니라〉

6. 〈(　　　)를 얻는 것이 금을 얻는 것보다 얼마나 나은고 (　　　)을 얻는 것이 은을 얻는 것보다 (　　　) 나으니라〉

7. 〈(　　　)은 패망의 선봉이요 거만한 (　　　)은 넘어짐의 앞잡이니라 (　　　)한 자와 함께 하여 (　　　)을 낮추는 것이 교만한 자와 함께 하여 (　　　)을 나누는 것보다 나으니라〉는 (　　　)장 (　　　)절이다.

8. 〈선한 말은 (　　　) 같아서 마음에 달고 뼈에 (　　　)이 되느니라〉

9. 〈(　　　)하기를 더디하는 자는 (　　　)보다 낫고 자기의 (　　　)을 다스리는 자는 (　　　)을 빼앗는 자보다 나으니라〉는 (　　　)장 (　　　)절이다.

10. 〈(　　　) 떡 한 조각만 있고도 (　　　)하는 것이 (　　　)이 집에 가득하고도 (　　　)는 것보다 나으니라〉는 (　　　)장 (　　　)절이다.

11. 〈도가니는 (　　　)을, 풀무는 (　　　)을 연단하거니와 여호와는 (　　　)을 연단하시느니라〉

12. 〈가난한 자를 (　　　)하는 자는 그를 지으신 주를 (　　　)하는 자요 사람의 (　　　)을 기뻐하는 자는 형벌을 (　　　)하지 못할 자니라〉

13. 〈손자는 (　　　)의 면류관이요 아비는 자식의 (　　　)니라〉

14. 〈(　　　)을 덮어주는 자는 (　　　)을 구하는 자요 그것을 (　　　) 말하는 자는 친한 벗을 (　　　)하는 자니라〉는

( )장 ( )절이다.

15. 〈차라리 새끼 빼앗긴 ( )을 만날지언정 미련한 일을 행하는 ( ) 자를 만나지 말 것이니라〉

16. 〈친구는 ( )이 끊어지지 아니하고 형제는 ( )한 때를 위하여 났느니라〉

17. 〈마음의 즐거움은 ( )이라도 심령의 근심은 ( )를 마르게 하느니라〉는 ( )장 ( )절이다.

18. 〈말을 아끼는 자는 ( )이 있고 성품이 냉철한 자는 ( )하니라〉는 ( )장 ( )절이다.

19. 〈미련한 자는 ( )을 기뻐하지 아니하고 자기의 ( )를 드러내기만 기뻐하느니라〉

20. 〈남의 ( )하기를 좋아하는 자의 말은 ( )과 같아서 뱃속 깊은 데로 내려가느니라〉

21. 〈사람의 마음의 ( )은 멸망의 선봉이요 ( )은 존귀의 길잡이니라〉는 ( )장 ( )절이다.

22. 〈사람의 심령은 그의 ( )을 능히 이기려니와 심령이 ( )하면 그것을 누가 일으키겠느냐〉는 ( )장 ( )절이다.

23. 〈제비 뽑는 것은 ( )을 그치게 하여 강한 자 사이에 ( )하게 하느니라〉

24. 〈죽고 사는 것이 혀의 ( )에 달렸나니 혀를 쓰기 좋아하는 자는 혀의 ( )를 먹으리라〉는 ( )장 ( )절이다.

25. 〈( ) 없는 소원은 선하지 못하고 ( )이 급한 사람은 ( ) 가느니라〉

26. 〈너그러운 사람에게는 ( )를 구하는 자가 많고 ( ) 주기를 좋아하는 자에게는 사람마다 ( )가 되느니라〉는 ( )장 ( )절이다.

27. 〈( )하기를 더디 하는 것이 사람의 슬기요 허물을 ( ) 하는 것이 자기의 영광이니라〉는 ( )장 ( )절이다.

28. 〈집과 재물은 ( )에게서 상속하거니와 슬기로운 아내는 ( )께로서 말미암느니라〉

29. 〈( ) 자를 불쌍히 여기는 것은 ( )께 꾸어 드리는 것이니 그의 ( )을 그에게 갚아 주시리라〉는 ( )장 ( )절이다.

30. 〈사람의 ( )에는 많은 계획이 있어도 오직 ( )의 뜻만이 완전히 서리라〉

31. 〈여호와를 (　　　)하는 것은 사람으로 (　　　)에 이르게 하는 것이라 (　　　)하는 자는 족하게 지내고 (　　　)을 당하지 아니하느니라〉는 (　　　)장 (　　　)절이다.

32. 〈(　　　)을 멀리 하는 것이 사람에게 (　　　)이거늘 미련한 자마다 (　　　)을 일으키느니라〉는 (　　　)장 (　　　)절이다.

33. 〈(　　　)하게 행하는 자가 의인이라 그의 (　　　)에게 복이 있느니라〉

34. 〈듣는 (　　　)와 보는 눈은 다 (　　　)께서 지으신 것이니라〉는 (　　　)장 (　　　)절이다.

35. 〈세상에 (　　　)도 있고 진주도 많거니와 (　　　)로운 입술이 더욱 귀한 (　　　)니라〉

36. 〈두루 다니며 (　　　)하는 자는 남의 비밀을 (　　　)하나니 입술을 벌린 자를 (　　　) 말지니라〉

37. 〈너는 (　　　)을 갚겠다 말하지 말고 (　　　)를 기다리라 그가 너를 (　　　)하시리라〉

38. 〈사람의 (　　　)은 여호와로 말미암나니 (　　　)이 어찌 자기의 (　　　)을 알 수 있으랴〉

39. 〈(　　　)의 영혼은 여호와의 (　　　)이라 사람의 깊은

(　　　　)을 살피느니라〉는 (　　　　)장 (　　　　)절이다.

40. 〈사람의 (　　　　)가 자기 보기에는 모두 (　　　　)하여도 여호와는 마음을 (　　　　)하시느니라〉는 (　　　　)장 (　　　　)절이다.

41. 〈(　　　　)이 높은 것과 마음이 (　　　　)한 것과 악인의 형통한 것은 다 (　　　　)니라〉

42. 〈다투는 (　　　　)과 함께 큰 (　　　　)에서 사는 것보다 (　　　　)에서 사는 것이 나으니라〉

43. 〈(　　　　)를 막고 가난한 자가 부르짖는 (　　　　)를 듣지 아니하면 (　　　　)가 부르짖을 때에도 (　　　　) 자가 없으리라〉는 (　　　　)장 (　　　　)절이다.

44. 〈악인은 의인의 (　　　　)이 되고 사악한 자는 정직한 자의 (　　　　)이 되느니라〉

45. 〈입과 (　　　　)를 지키는 자는 자기의 (　　　　)을 환난에서 보전하느니라〉

46. 〈어떤 자는 종일토록 (　　　　)하기만 하나 의인은 아끼지 아니하고 (　　　　)느니라〉

47. 〈싸울 날을 위하여 (　　　　)을 예비하거니와 이김은 (　　　　)께 있느니라〉는 (　　　　)장 (　　　　)절이다.

48. 〈(   )과 여호와를 경외함의 (   )은 재물과 영광과 (   )이니라〉는 (   )장 (   )절이다.

49. 〈마땅히 행할 길을 (   )에게 가르치라 그리하면 (   ) 그 것을 떠나지 아니하리라〉는 (   )장 (   )절이다.

50. 〈(   )한 눈을 가진 자는 (   )을 받으리니 이는 양식을 (   ) 자에게 줌이니라〉

51. 〈(   )의 마음에는 미련한 것이 얽혔으나 (   )하는 채찍이 이를 멀리 쫓아내리라〉

52. 〈너는 (   )를 기울여 (   ) 있는 자의 말씀을 들으며 내 (   )에 마음을 둘지어다〉

53. 〈(   )를 품는 자와 사귀지 말며 (   )한 자와 동행하지 말지니 그의 (   )를 본받아 네 영혼을 (   )에 빠뜨릴까 두려움이니라〉는 (   )장 (   )절이다.

54. 〈네가 자기의 일에 (   )한 사람을 보았느냐 이러한 사람은 (   ) 앞에 설 것이요〉

55. 〈대저 그 (   )의 생각이 어떠하면 그 (   )도 그러한즉 그가 네게 먹고 마시라 할지라도 그의 (   )은 너와 함께 하지 아니함이라〉는 (   )장 (   )절이다.

56. 〈미련한 자의 (　　　　)에 말하지 말지니 이는 그가 네 (　　　　)로운 말을 업신여길 것임이니라〉는 (　　　　)장 (　　　　)절이다.

57. 〈만일 네 (　　　　)이 정직을 말하면 내 속이 (　　　　)하리라〉는 (　　　　)장 (　　　　)절이다.

58. 〈네 마음으로 죄인의 (　　　　)을 부러워하지 말고 항상 (　　　　)를 경외하라〉

59. 〈(　　　　)를 사되 팔지는 말며 지혜와 훈계와 (　　　　)도 그리할지니라〉

60. 〈네 (　　　　)를 즐겁게 하며 너를 낳은 (　　　　)를 기쁘게 하라〉

61. 〈(　　　　)는 붉고 잔에서 번쩍이며 순하게 내려가나니 너는 그것을 (　　　　) 말지어다〉는 (　　　　)장 (　　　　)절이다.

62. 〈(　　　　) 있는 자는 강하고 (　　　　) 있는 자는 힘을 더하나니 너는 (　　　　)으로 싸우라 승리는 (　　　　)이 많음에 있느니라〉는 (　　　　)장 (　　　　)절이다.

63. 〈미련한 자의 생각은 (　　　　)요 거만한 자는 사람에게 (　　　　)을 받느니라〉

64. 〈네가 만일 (　　　　) 날에 낙담하면 네 힘이 (　　　　)을 보임이니라〉

65. 〈내 아들아 (   )을 먹으라 이것이 좋으니라 (   )을 먹으라 이것이 네 (   )에 다니라 지혜가 네 (   )에게 이와 같은 줄을 알라 이것을 (   ) 정녕히 네 장래가 있겠고 네 (   )이 끊어지지 아니하리라〉는 (   )장 (   )절이다.

66. 〈대저 의인은 (   ) 번 넘어질지라도 (   ) 일어나려니와 악인은 (   )으로 말미암아 엎드러지느니라〉는 (   )장 (   )절이다.

67. 〈내 아들아 (   )와 왕을 경외하고 (   )와 더불어 사귀지 말라〉

68. 〈오직 그를 (   )하는 자는 기쁨을 얻을 것이요 또 좋은 (   )을 받으리라〉에서 '그'는 누구입니까?

69. 〈네가 좀더 (   ), 좀더 졸자, 손을 모으고 좀더 (   ) 있자 하니 네 빈궁이 (   )같이 오며 네 곤핍이 (   )같이 이르리라〉는 (   )장 (   )절이다.

70. 〈은에서 (   )를 제하라 그리하면 장색의 쓸 만한 (   )이 나올 것이요 왕 앞에서 (   )한 자를 제하라 그리하면 그의 (   )가 의로 말미암아 견고히 서리라〉는 (   )장 (   )절이다.

71. 〈너는 이웃과 다투거든 (   )만 하고 남의 은밀한 일은 (   )하지 말라〉

72. 〈경우에 합당한 (　　　)은 아로새긴 은 쟁반에 (　　　)니라〉는 (　　　)장 (　　　)절이다.

73. 〈오래 (　　　)으면 관원도 설득할 수 있나니 부드러운 (　　　)는 뼈를 꺾느니라〉

74. 〈너는 (　　　)을 보거든 족하리만큼 먹으라 (　　　)으로 토할까 두려우니라〉

75. 〈너는 (　　　)에 자주 다니지 말라 그가 너를 (　　　)하며 미워할까 두려우니라〉

76. 〈자기의 (　　　)을 쳐서 거짓 증거하는 사람은 (　　　)요 칼이요 뾰족한 (　　　)이니라〉는 (　　　)장 (　　　)절이다.

77. 〈(　　　)가 배고파하거든 (　　　)을 먹이고 목말라하거든 (　　　)을 마시게 하라 그리 하는 것은 핀 (　　　)을 그의 머리에 놓는 것과 일반이요 (　　　)께서 네게 갚아 주시리라〉

78. 〈(　　　) 땅에서 오는 좋은 (　　　)은 목마른 사람에게 (　　　)와 같으니라〉는 (　　　)장 (　　　)절이다.

79. 〈(　　　)에게는 채찍이요 (　　　)에게는 재갈이요 미련한 자의 등에는 (　　　)니라〉

80. 〈(　　　) 자에게는 그의 어리석음을 따라 (　　　)하라 두렵

건대 그가 스스로 (   )롭게 여길까 하노라〉는 (   )장 (   )절이다.

81. 〈(   )가 그 토한 것을 (   ) 먹는 것같이 (   ) 자는 그 미련한 것을 (   ) 행하느니라〉

82. 〈네가 스스로 (   )롭게 여기는 자를 보느냐 그보다 (   ) 자에게 오히려 (   )이 있느니라〉는 (   )장 (   )절이다.

83. 〈(   )로 지나가다가 자기와 (   ) 없는 다툼을 간섭하는 자는 (   )의 귀를 잡는 자와 같으니라〉

84. 〈나무가 다하면 (   )이 꺼지고 말쟁이가 없어지면 (   )이 쉬느니라〉

85. 〈(   )을 파는 자는 그것에 빠질 것이요 (   )을 굴리는 자는 도리어 그것에 치이리라〉는 (   )장 (   )절이다.

86. 〈너는 (   ) 일을 자랑하지 말라 (   ) 동안에 무슨 일이 일어날는지 네가 (   ) 수 없음이니라〉는 (   )장 (   )절이다.

87. 〈(   )이 너를 칭찬하게 하고 네 (   )으로는 하지 말며 (   )이 너를 칭찬하게 하고 네 (   )로는 하지 말지니라〉

88. 〈(   )은 잔인하고 노는 창수 같거니와 (   ) 앞에야 누가

서리요〉

89. 〈(   )은 숨은 사랑보다 나으니라〉는 (   )장 (   )절이다.

90. 〈네 (   )와 네 아비의 친구를 버리지 말며 네 (   ) 날에 형제의 (   )에 들어가지 말지어다 가까운 (   )이 먼 형제보다 나으니라〉

91. 〈다투는 (   )는 비 오는 날에 이어 떨어지는 (   )이라〉

92. 〈철이 (   )을 날카롭게 하는 것같이 사람이 그의 (   )의 얼굴을 (   )나게 하느니라〉는 (   )장 (   )절이다.

93. 〈(   ) 자를 곡물과 함께 (   )에 넣고 공이로 찧을지라도 그의 (   )은 벗겨지지 아니하느니라〉는 (   )장 (   )절이다.

94. 〈나라는 (   )가 있으면 주관자가 많아져도 (   )과 지식 있는 사람으로 말미암아 (   )하게 되느니라〉는 (   )장 (   )절이다.

95. 〈가난하여도 (   )하게 행하는 자는 부유하면서 (   ) 행하는 자보다 나으니라〉

96. 〈사람이 (   )를 돌려 율법을 듣지 아니하면 그의 (   )도

가증하니라〉

97. 〈자기의 (   )를 숨기는 자는 형통하지 못하나 (   )를 자복하고 버리는 자는 (   )여김을 받으리라〉

98. 〈충성된 자는 (   )이 많아도 속히 부하고자 하는 자는 (   )을 면하지 못하리라〉

99. 〈(   )한 자를 구제하는 자는 (   )하지 아니하려니와 못 (   ) 체하는 자에게는 (   )가 크리라〉는 (   )장 (   )절이다.

100. 〈자주 (   )을 받으면서도 목이 곧은 사람은 갑자기 (   )을 당하고 피하지 못하리라〉는 (   )장 (   )절이다.

101. 〈(   )이 많아지면 백성이 즐거워하고 (   )이 권세를 잡으면 백성이 (   )하느니라〉

102. 〈(   )은 가난한 자의 사정을 알아 주나 (   )은 알아 줄 지식이 없느니라〉

103. 〈(   )로운 자와 미련한 자가 다투면 (   )로운 자가 노하든지 웃든지 그 (   )은 그침이 없느니라〉는 (   )장 (   )절이다.

104. 〈왕이 (   ) 자를 성실히 신원하면 그의 (   )가 영원히 견고하리라〉

105. 〈채찍과 꾸지람이 (   )를 주거늘 임의로 행하게 버려 둔 (   )은 어미를 욕되게 하느니라〉는 (   )장 (   )절이다.

106. 〈네 자식을 (   )하라 그리하면 그가 너를 (   )하게 하겠고 또 네 마음에 (   )을 주리라〉

107. 〈(   )가 없으면 백성이 (   ) 행하거니와 율법을 지키는 자는 (   )이 있느니라〉

108. 〈네가 (   )이 조급한 사람을 보느냐 그보다 (   ) 자에게 오히려 (   )이 있느니라〉는 (   )장 (   )절이다.

109. 〈사람이 (   )하면 낮아지게 되겠고 마음이 (   )하면 영예를 얻으리라〉

110. 〈사람을 두려워하면 (   )에 걸리게 되거니와 여호와를 (   )하는 자는 안전하리라〉

111. 〈주권자에게 (   )를 구하는 자가 많으나 사람의 일의 작정은 (   )께로 말미암느니라〉는 (   )장 (   )절이다.

112. 〈내가 (   ) 가지 일을 주께 구하였사오니 내가 (   ) 전

에 내게 거절하지 마시옵소서 곧 (   ) 것과 거짓말을 내게서 (   ) 하옵시며 나를 가난하게도 마옵시고 (   )하게도 마옵시고 오직 필요한 (   )으로 나를 먹이시옵소서〉는 (   )장 (   )절이다.

113. 〈너는 (   )을 그의 상전에게 (   )하지 말라 그가 너를 (   )하겠고 너는 (   )을 당할까 두려우니라〉

114. 〈아비를 (   )하며 어미 순종하기를 (   )하는 자의 눈은 골짜기의 까마귀에게 쪼이고 (   ) 새끼에게 먹히리라〉

115. 〈세상을 (   )시키며 세상이 (   ) 수 없게 하는 것 서넛이 있나니 곧 (   )이 임금 된 것과 미련한 (   )가 음식으로 배부른 것과 (   ) 받는 여자가 시집 간 것과 (   )이 주모를 이은 것이니라〉

116. 〈만일 네가 (   )하여 스스로 높은 체하였거나 혹 (   ) 한 일을 도모하였거든 네 손으로 (   )을 막으라〉는 (   )장 (   )절이다.

117. 〈네 힘을 (   )에게 쓰지 말며 (   )을 멸망시키는 일을 (   )하지 말지어다〉는 (   )장 (   )절이다.

118. 〈르무엘아 (   )를 마시는 것이 (   )에게 마땅하지 아니하고 (   )에게 마땅하지 아니하며 (   )를 찾는 것이 주권자들에게 (   )하지 않도다〉

119. 〈너는 ( ) 못하는 자와 모든 ( )한 자의 송사를 위하여 ( )을 열지니라 너는 ( )을 열어 공의로 재판하여 ( )한 자와 ( )한 자를 신원할지니라〉

120. 〈누가 ( )한 여인을 찾아 얻겠느냐 그의 값은 ( )보다 더 하니라〉는 ( )장 ( )절이다.

121. 〈그는 ( )한 자에게 손을 펴며 ( )한 자를 위하여 손을 내밀며〉에서 '그'는 누구입니까?

122. 〈( ) 것도 거짓되고 ( ) 것도 헛되나 오직 여호와를 ( )하는 여자는 ( )을 받을 것이라〉는 ( )장 ( )절이다.

123. 오늘 읽은 말씀 중 가장 좋아하는 성경 구절을 외워 쓰십시오.

10 시가서(개역개정판) 성경대학문제

전도서 1-12장

(　　　)년 (　　)월 (　　)일　　　이름 (　　　)

1. 전도서는 누가 기록하였습니까?

2. 〈전도자가 이르되 (　　　) 헛되며 헛되고 헛되니 (　　　) 것이 헛되도다〉는 (　　　)장 (　　　)절이다.

3. 〈내가 내 (　　　) 속으로 말하여 이르기를 보라 내가 (　　　) 되고 (　　　)를 더 많이 얻었으므로 나보다 먼저 예루살렘에 있던 (　　　) 사람들보다 낫다 하였나니 내 마음이 (　　　)와 지식을 많이 만나 보았음이로다〉

4. 〈내가 보니 (　　　)가 우매보다 뛰어남이 (　　　)이 어둠보다 뛰어남 같도다〉는 (　　　)장 (　　　)절이다.

5. 〈사람이 먹고 마시며 (　　　)하는 것보다 그의 마음을 더 (　　　) 하는 것은 없나니 내가 이것도 본즉 (　　　)의 손에서 나오는 것이로다〉는 (　　　)장 (　　　)절이다.

6. 〈하나님은 그가 기뻐하시는 자에게는 (　　　)와 지식과 (　　　)

을 주시나 죄인에게는 (   )를 주시고〉는 (   )장 (   )절 이다.

7. 〈범사에 (   )이 있고 천하 만사가 다 (   )가 있나니 날 때가 있고 (   ) 때가 있으며 심을 때가 있고 심은 것을 (   )을 때가 있으며〉는 (   )장 (   )절이다.

8. 〈(   )이 모든 것을 지으시되 (   )를 따라 아름답게 하셨고 또 사람들에게는 (   )을 사모하는 (   )을 주셨느니라 그러나 (   )이 하시는 일의 시종을 (   )으로 측량할 수 없게 하셨도다〉는 (   )장 (   )절이다.

9. 〈사람들이 (   ) 동안에 기뻐하며 (   )을 행하는 것보다 더 나은 것이 (   ) 줄을 내가 알았고〉

10. 〈혹시 그들이 넘어지면 하나가 그 (   )를 붙들어 일으키려니와 (   ) 있어 넘어지고 붙들어 일으킬 자가 없는 자에게는 (   )가 있으리라〉는 (   )장 (   )절이다.

11. 〈(   ) 사람이면 패하겠거니와 (   ) 사람이면 맞설 수 있나니 (   )은 쉽게 끊어지지 아니하느니라〉는 (   )장 (   )절이다.

12. 〈가난하여도 지혜로운 (   )가 늙고 둔하여 경고를 더 받을 줄 모르는 (   )보다 나으니〉는 (   )장 (   )절이다.

13. 〈너는 (　　　　)의 집에 들어갈 때에 네 (　　　　)을 삼갈지어다 가까이 하여 (　　　　)을 듣는 것이 우매한 자들이 (　　　　)을 드리는 것보다 나으니 그들은 (　　　　)을 행하면서도 깨닫지 못함이니라〉는 (　　　　)장 (　　　　)절이다.

14. 〈(　　　　)이 많으면 헛된 일들이 많아지고 (　　　　)이 많아도 그러하니 오직 너는 하나님을 (　　　　)할지니라〉

15. 〈(　　　　)는 먹는 것이 많든지 적든지 (　　　　)을 달게 자거니와 (　　　　)는 그 부요함 때문에 (　　　　) 못하느니라〉는 (　　　　)장 (　　　　)절이다.

16. 〈그가 (　　　　)에서 벌거벗고 나왔은즉 그가 나온 대로 돌아가고 (　　　　)하여 얻은 것을 아무 것도 자기 (　　　　)에 가지고 가지 못하리니〉는 (　　　　)장 (　　　　)절이다.

17. 〈그가 비록 (　　　　) 년의 갑절을 산다 할지라도 (　　　　)을 보지 못하면 마침내 다 (　　　　) 곳으로 돌아가는 것뿐이 아니냐〉는 (　　　　)장 (　　　　)절이다.

18. 〈(　　　　)에 가는 것이 잔칫집에 가는 것보다 나으니 모든 (　　　　)의 끝이 이와 같이 됨이라 (　　　　) 자는 이것을 그의 (　　　　)에 둘지어다〉는 (　　　　)장 (　　　　)절이다.

19. 〈일의 (　　　　)이 시작보다 낫고 참는 마음이 (　　　　)한 마음보다 나으니〉

20. 〈옛날이 (　　　)보다 나은 것이 어찜이냐 하지 말라 이렇게 묻는 것은 (　　　)가 아니니라〉는 (　　　)장 (　　　)절이다.

21. 〈(　　　)의 그늘 아래 있음은 (　　　)의 그늘 아래 있음과 같으나, (　　　)에 관한 지식이 더 유익함은 (　　　)가 그 지혜 있는 자를 살리기 때문이니라〉

22. 〈(　　　)한 날에는 기뻐하고 (　　　)한 날에는 되돌아 보아라 이 두 가지를 (　　　)이 병행하게 하사 사람이 그의 (　　　) 일을 능히 헤아려 (　　　) 못하게 하셨느니라〉

23. 〈(　　　)을 행하고 전혀 죄를 범하지 아니하는 (　　　)은 세상에 없기 때문이로다〉

24. 〈너도 가끔 사람을 (　　　)하였다는 것을 네 (　　　)도 알고 있느니라〉는 (　　　)장 (　　　)절이다.

25. 〈내가 (　　　)은 것은 오직 이것이라 곧 하나님은 사람을 (　　　)하게 지으셨으나 사람이 많은 (　　　)을 낸 것이니라〉는 (　　　)장 (　　　)절이다.

26. 〈(　　　)을 지키는 자는 (　　　)을 알지 못하리라〉는 (　　　)장 (　　　)절이다.

27. 〈사람이 (　　　) 일을 알지 못하나니 (　　　) 일을 가르칠 자가 누구이랴〉는 (　　　)장 (　　　)절이다.

28. 〈(　　　)한 일에 관한 징벌이 속히 (　　　)되지 아니하므로 인생들이 (　　　)을 행하는 데에 (　　　)이 담대하도다〉는 (　　　)장 (　　　)절이다.

29. 〈악인은 잘 되지 못하며 (　　　)하지 못하고 그 날이 그림자와 같으리니 이는 (　　　)을 경외하지 아니함이니라〉는 (　　　)장 (　　　)절이다.

30. 〈또 내가 하나님의 모든 (　　　)를 살펴 보니 해 아래에서 행해지는 일을 (　　　)이 능히 알아낼 수 없도다 (　　　)이 아무리 애써 알아보려고 할지라도 (　　　) 알지 못하나니 비록 (　　　)가 아노라 할지라도 (　　　) 알아내지 못하리로다〉는 (　　　)장 (　　　)절이다.

31. 〈모든 (　　　) 자들 중에 들어 있는 자에게는 누구나 (　　　)이 있음은 (　　　) 개가 죽은 (　　　)보다 낫기 때문이니라〉는 (　　　)장 (　　　)절이다.

32. 〈네가 사랑하는 (　　　)와 함께 즐겁게 살지어다 그것이 네가 (　　　)에 해 아래에서 수고하고 얻은 네 (　　　)이니라〉는 (　　　)장 (　　　)절이다.

33. 〈죽은 파리들이 (　　　)을 악취가 나게 만드는 것같이 적은 (　　　)가 지혜와 (　　　)를 난처하게 만드느니라〉는 (　　　)장 (　　　)절이다.

34. 〈주권자가 네게 (　　　　)을 일으키거든 너는 네 자리를 떠나지 말라 (　　　　)이 큰 허물을 (　　　　)받게 하느니라〉

35. 〈(　　　　)을 파는 자는 거기에 빠질 것이요 (　　　　)을 허는 자는 (　　　　)에게 물리리라〉

36. 〈(　　　　) 연장이 무디어졌는데도 (　　　　)을 갈지 아니하면 (　　　　)이 더 드느니라 오직 지혜는 (　　　　)하기에 유익하니라〉는 (　　　　)장 (　　　　)절이다.

37. 〈우매한 자는 (　　　　)을 많이 하거니와 사람은 (　　　　) 일을 알지 못하나니 (　　　　)에 일어날 일을 누가 그에게 알리리요〉

38. 〈심중에라도 (　　　　)을 저주하지 말며 침실에서라도 (　　　　)를 저주하지 말라 공중의 (　　　　)가 그 소리를 전하고 (　　　　)이 그 일을 전파할 것임이니라〉는 (　　　　)장 (　　　　)절이다.

39. 〈너는 네 (　　　　)을 물 위에 던져라 여러 날 후에 (　　　　) 찾으리라〉는 (　　　　)장 (　　　　)절이다.

40. 〈(　　　　)의 길이 어떠함과 아이 밴 자의 태에서 (　　　　)가 어떻게 자라는지를 네가 알지 못함같이 (　　　　)를 성취하시는 하나님의 일을 네가 (　　　　) 못하느니라〉

41. 〈청년이여 네 (　　　　) 때를 즐거워하며 네 (　　　　)의 날들을 마음에 기뻐하여 (　　　　)에 원하는 길들과 네 눈이 보는 대

로 (　　　)하라 그러나 하나님이 이 모든 일로 말미암아 너를 (　　　)하실 줄 알라〉는 (　　　)장 (　　　)절이다.

42. 〈너는 (　　　)의 때에 너의 창조주를 (　　　)하라 곧 곤고한 날이 이르기 전에, 나는 아무 (　　　)이 없다고 할 해들이 가깝기 전에 해와 빛과 달과 별들이 어둡기 전에, 비 뒤에 구름이 다시 일어나기 전에 그리하라〉는 (　　　)장 (　　　)절이다.

43. 〈일의 (　　　)을 다 들었으니 (　　　)을 경외하고 그의 (　　　)을 지킬지어다 이것이 모든 사람의 (　　　)이니라 (　　　)은 모든 (　　　)와 모든 은밀한 일을 선악 간에 (　　　)하시리라〉는 (　　　)장 (　　　)절이다.

44. 오늘 읽은 말씀 중 가장 좋아하는 성경 구절을 외워 쓰십시오.

11 시가서(개역개정판) 성경대학문제

아가 1–8장

(   )년 (   )월 (   )일   이름 (   )

1. 아가서는 누가 기록하였습니까?

2. 〈내 (   )아 너는 어여쁘고 (   ) 네 눈이 (   ) 같구나〉는 (   )장 (   )절이다.

3. 〈여자들 중에 내 (   )은 가시나무 가운데 (   ) 같도다〉는 (   )장 (   )절이다.

4. 〈(   ) 중에 나의 사랑하는 자는 수풀 가운데 (   )나무 같구나 내가 그 (   )에 앉아서 심히 기뻐하였고 그 (   )는 내 입에 달았도다〉

5. 〈무화과나무에는 푸른 (   )가 익었고 포도나무는 꽃을 피워 (   )를 토하는구나 나의 (   ), 나의 어여쁜 자야 일어나서 (   ) 가자〉

6. 〈(   ) 틈 낭떠러지 은밀한 곳에 있는 나의 (   )야 내가 네 (   )을 보게 하라 네 (   )를 듣게 하라 네 소리는

(   ) 네 얼굴은 (   )〉는 (   )장 (   )절이다.

7. 〈우리를 위하여 여우 곧 (   )을 허는 작은 여우를 잡으라 우리의 (   )에 꽃이 피었음이라〉는 (   )장 (   )절이다.

8. 〈시온의 딸들아 나와서 (   ) 왕을 보라. 혼인 날 (   )이 기쁠 때에 그의 어머니가 씌운 (   )이 그 머리에 있구나〉는 (   )장 (   )절이다.

9. 〈내 (   ) 너는 어여쁘고도 어여쁘다 (   ) 속에 있는 네 눈이 (   ) 같고 네 머리털은 길르앗 산 기슭에 누운 (   ) 같구나〉는 (   )장 (   )절이다.

10. 〈내 신부야 네 (   )에서는 꿀 방울이 떨어지고 네 (   ) 밑에는 꿀과 젖이 있고 네 의복의 (   )는 레바논의 향기 같구나〉

11. 〈너는 동산의 (   )이요 생수의 (   )이요 레바논에서부터 흐르는 (   )로구나〉는 (   )장 (   )절이다.

12. 〈예루살렘의 딸들아 너희에게 내가 (   )한다 너희가 내 (   )하는 자를 만나거든 내가 사랑하므로 (   )이 났다고 하려무나〉

13. 〈내 사랑하는 자는 희고도 (   ) 많은 사람 가운데에 뛰어나구나 머리는 (   ) 같고 머리털은 고불고불하고 (   )같이 검구나〉는 (   )장 (   )절이다.

14. 〈내 (   )하는 자가 자기 동산으로 내려가 향기로운 (   )에 이르러서 동산 가운데에서 (   ) 떼를 먹이며 (   )를 꺾는구나〉는 (   )장 (   )절이다.

15. 〈나는 내 (   )하는 자에게 속하였고 내 (   )하는 자는 내게 속하였으며 그가 (   ) 가운데에서 그 (   ) 떼를 먹이는도다〉

16. 〈내 (   ), 내 완전한 자는 (   )뿐이로구나 그는 그의 어머니의 (   )이요 그 낳은 자가 (   )하게 여기는 자로구나 (   )이 그를 보고 (   )된 자라 하고 왕비와 후궁들도 그를 (   )하는구나〉는 (   )장 (   )절이다.

17. 〈나는 내 (   )하는 자에게 속하였도다 그가 나를 (   )하는구나〉

18. 〈우리가 (   ) 일어나서 포도원으로 가서 (   ) 움이 돋았는지, 꽃술이 퍼졌는지, (   ) 꽃이 피었는지 보자 거기에서 내가 내 (   )을 네게 주리라〉는 (   )장 (   )절이다.

19. 〈내가 너를 이끌어 내 (   ) 집에 들이고 네게서 (   )을 받았으리라 나는 향기로운 술 곧 (   )으로 네게 마시게 하겠고 너는 (   )로는 내 머리를 고이고 (   )으로는 나를 안았으리라〉

20. 〈솔로몬이 바알하몬에 (   )이 있어 지키는 자들에게 맡겨

두고 그들로 각기 그 (   )로 말미암아 은 (   )을 바치게 하였구나 솔로몬 너는 (   )을 얻겠고 열매를 지키는 자도 (   )을 얻으려니와 내게 속한 내 (   )은 내 앞에 있구나〉

21. 〈내 (   )하는 자야, 너는 빨리 달리라. 향기로운 산 위에 있는 (   )와도 같고 어린 (   )과도 같아라〉는 (   )장 (   )절이다.

22. 오늘 읽은 말씀 중 가장 좋아하는 성경 구절을 외워 쓰십시오.

성경대학문제 해답

신약(개역개정판)

성경대학문제 해답 1-15

시가서(개역개정)

성경대학문제 해답 1-11

신약(개역개정판) 성경대학문제 해답

01 마태복음 1-14장

1. 다말, 라합, 룻, 우리아의 아내(밧세바), 마리아(마 1:3-16)

2. 예수-자기 백성을 그들의 죄에서 구원할 자(마 1:21), 임마누엘-하나님이 우리와 함께 계시다(마 1:23)

3. 베들레헴, 다스리는, 목자, 2, 6

4. 황금, 유향, 몰약(마 2:11)

5. 나사렛 사람(마 2:23)

6. 천국, 2, 세례 요한

7. 세례 요한이 바리새인들과 사두개인들에게(마 3:7)

8. 성령, 세례 요한, 예수(마 3:11)

9. 세례 요한, 요단 강(마 3:13-15)

10. 아들, 하나님, 예수(마 3:17)

11. 떡, 말씀, 4, 4

12. 예수께서 마귀에게(마 4:10)

13. 어부, 예수, 베드로와 안드레(마 4:18-20)

14. 온유, 기업, 5, 5

15. 화평, 아들, 5, 9

16. 빛, 착한, 아버지, 5, 16

17. 예물, 원망, 예물, 화목, 예물, 5, 23-24

18. 원수, 기도, 5, 44

19. 형제, 남, 이방인, 5, 47

20. 구제, 은밀, 아버지, 6, 4

21. 죄, 죄, 6, 12

22. 보물, 좀, 도둑, 6, 20

23. 먼저, 의, 더, 먹을 것, 마실 것, 입을 것(마 6:31-33)

24. 비판, 비판, 7, 1

25. 악, 자식, 아버지, 좋은, 7, 11

26. 대접, 대접, 선지자, 7, 12

27. 행, 반석, 지혜, 7, 24

28. 백부장의 하인을 치료하심, 바람과 바다를 잔잔케 하심, 귀신 들린 두 사람을 고치심

29. 깨끗함, 나병, 8, 3

30. 이스라엘, 믿음, 백부장(마 8:5-10)

31. 바람, 예수(마 8:23-27)

32. 죄(마 9:6)

33. 의인, 죄인, 9, 13

34. 믿음, 구원, 예수님이 열두 해 동안 혈루증 앓는 여자에게(마 9:20-22)

35. 예수, 가르치시며, 전파, 고치시니라, 9, 35

36. 거저, 예수께서 12제자에게(마 10:5-8)

37. 성, 합당, 거기서, 10, 11

38. 뱀, 비둘기, 10, 16

39. 몸, 지옥, 10, 28

40. 제자, 냉수, 주는, 상, 10, 42

41. 세례 요한, 천국, 크, 11, 11

42. 온유, 겸손, 마음, 11, 29

43. 안식일, 12, 8

44. 사람, 선, 12, 12

45. 성령, 귀신, 하나님, 12, 28

46. 선, 선, 악, 악, 12, 35

47. 하늘, 뜻, 형제, 어머니, 12, 50

48. 좋은, 백, 육십, 삼십, 13, 8

49. 가라지, 곡식(마 13:29)

50. 의인, 해, 13, 43

51. 두 번(13:9, 43)

52. 야고보, 요셉, 시몬, 유다(마 13:55)

53. 믿지, 능력, 고향(나사렛) 사람들(마 13:53-58, 참고: 지명은 눅 4:16)

54. 머리, 내게, 헤로디아의 딸이 헤롯 왕에게(마 14:7-8)

55. 여자와 어린이 외에(남자만) 오천 명, 12바구니, 믿습니다(마 14:20-21)

56. 배, 예수, 아들, 14, 33

57. 오늘 읽은 말씀 중 가장 좋아하는 성경 구절을 외워 쓰십시오.

신약(개역개정판) 성경대학문제 해답

02 마태복음 15-28장

1. 입술, 마음, 15, 8

2. 입, 더럽게, 입, 사람, 15, 11

3. 마음, 악한, 거짓, 사람, 손, 예수(마 15:16-20)

4. 예수, 믿음, 소원, 딸, 가나안 여자(마 15:22-28)

5. 여자와 어린이 외 남자만 4천 명, 일곱 광주리(마 15:32-38)

6. 베드로, 그리스도, 아들, 16, 16

7. 제자들, 자기, 십자가, 16, 24

8. 온 천하, 목숨, 사람, 목숨, 예수(마 16:24-26)

9. 구름, 사랑, 기뻐, 하나님이 베드로와 야고보와 요한에게(마 17:1-5)

10. 진실로, 겨자씨, 산, 17, 20

11. 제삼일, 예수께서 제자들에게(마 17:22-23)

12. 어린 아이들, 천국, 18, 3

13. 작은, 업신, 천사들, 아버지, 예수(마 18:10)

14. 죄, 권고, 형제, 18, 15

15. 이름, 그들, 예수(마 18:20)

16. 베드로, 죄, 일곱, 일곱, 일흔, 18, 21-22

17. 마음, 용서, 아버지, 18, 35

18. 부모, 한 몸, 둘, 하나님, 사람, 19, 5-6

19. 어린 아이들, 천국, 19, 14

20. 가난한, 보화, 재물이 많은 청년(마 19:20-21)

21. 으뜸, 종, 받으려, 목숨, 대속물, 예수님이 제자들에게(마 20:25-28)

22. 기도, 강도, 여호와(마 21:12-13)

23. 기도, 믿고, 21, 22

24. 농부들-대제사장들과 바리새인들, 아들-예수

25. 악한, 혼인 잔치, 22, 10

26. 가이사, 하나님, 예수께서 바리새인들의 제자들과 헤롯 당원들에게(마 22:15-22)

27. 부활, 시집, 천사들, 예수께서 사두개인들에게(마 22:23-30)

28. 마음, 하나님, 첫째, 이웃, 사랑, 계명, 강령, 22, 37–40

29. 주, 자손, 예수께서 바리새인들에게(마 22:41–45)

30. 말, 행위, 행, 예수께서 무리와 제자들에게, 서기관들과 바리새인들(마 23:1–3)

31. 높이는, 낮추는, 23, 12

32. 십일조, 긍휼, 믿음, 행, 십일조(마 23:23)

33. 민족, 대적, 지진, 재난, 24, 7–8

34. 천국, 증언, 전파, 끝, 예수님께서 제자들에게(마 24:3–14)

35. 번개, 인자, 24, 27

36. 인자, 족속들, 인자, 영광, 24, 30

37. 천지, 말, 24, 35

38. 준비, 인자, 제자들(마 24:44)

39. 깨어, 때, 25, 13

40. 재능, 다섯, 두, 한, 25, 15

41. 착하고, 충성, 많은, 즐거움, 25, 21, 23

42. 풍족, 있는, 25, 29

43. 복, 창세, 나라, 25, 34

44. 형제, 하나, 내게, 의인들, 임금(예수)(마 25:40)

45. 진실로, 천하, 복음, 행한, 예수, 제자들, 예수님 머리에 향유를 부은 여자(마 26:6–13)

46. 인자, 인자, 화, 태어나지, 좋을, 가룟 유다(마 26:24–25)

47. 아버지, 잔, 원, 원, 예수(마 26:36–39)

48. 시험, 기도, 육신, 예수께서 베드로에게(마 26:40–41)

49. 칼, 칼, 칼, 베드로에게(마 26:52)

50. 베드로, 세, 통곡, 26, 75

51. 유다, 목매어(마 27:5)

52. 총독, 왕, 옳도다, 27, 11

53. 빌라도, 민란, 손, 사람, 무죄, 27, 24

54. 시몬, 예수, 억지로, 27, 32

55. 예수, 지진, 심히, 하나님, 27, 54

56. 말씀, 살아, 천사가 여자들(막달라 마리아와 다른 마리아)에게, 예수(마 28:1–6)

57. 민족, 아버지, 세례, 분부한, 세상, 함께, 나–예수, 너희–제자들(마 28:16–20)

58. 오늘 읽은 말씀 중 가장 좋아하는 성경 구절을 외워 쓰십시오.

신약(개역개정판) 성경대학문제 해답

03 마가복음 1-16장

1. 아들, 복음, 1, 1

2. 물, 성령, 세례 요한, 예수(막 1:8)

3. 아들, 예수(막 1:11)

4. 예수, 사람, 나-예수, 너희-시몬과 안드레(막 1:17)

5. 새벽, 예수, 기도, 1, 35

6. 믿음, 죄 사함, 중풍 병자와 상을 메고 온 네 사람(막 2:5)

7. 의사, 병든, 의인, 죄인, 예수(막 2:17)

8. 사람, 사람, 안식일, 2, 27-28

9. 선, 악, 생명, 3, 4

10. 뜻, 형제, 3, 35

11. 돌밭, 좋은 땅(막 4:2-8)

12. 좋은 땅, 말씀, 육십, 결실, 4, 20

13. 바람, 순종, 예수(막 4:39-41)

14. 돼지, 이천, 바다, 바다, 귀신 들린 사람(막 5:13)

15. 믿음, 병, 열두 해 동안 병든 여자, 혈루증(막 5:34)

16. "내가 네게 말하노니 소녀야 일어나라"(막 5:41)

17. 고향, 존경, 예수께서 고향(나사렛) 사람들에게(막 6:4)

18. 집, 그곳, 예수께서 12제자에게(막 6:10)

19. 나라, 헤롯 왕이 헤로디아의 딸에게(막 6:23)

20. 떡을 먹은 남자는 오천 명, 열두 바구니(막 6:41-44)

21. 제자들(막 6:49)

22. 입술, 마음, 7, 6

23. 사람, 음란, 도둑질, 살인(막 7:20-22)

24. 수로보니게 족속(막 7:25-26)

25. "열리라"(막 7:34)

26. 약 사천 명, 일곱 광주리(막 8:8-9), 믿습니다.

27. 눈, 모든 것, 맹인, 벳새다(막 8:25)

28. 베드로가 예수께(막 8:29)

29. 온 천하, 목숨, 사람, 목숨, 8, 36-37

30. 아들, 말, '나'-하나님, '너희'-베드로와 야고보와 요한, '그'-예수(막

9:7)

31. 할 수, 믿는, 능히, 귀신 들린 아이의 아버지(막 9:23)

32. 기도, 귀신(막 9:29)

33. 첫째, 끝, 섬기는, 9, 35

34. 그리스도, 물, 상, 9, 41

35. 어린 아이들, 축복, 10, 16

36. 낙타, 부자(막 10:25)

37. 섬김, 섬기려, 대속물, 10, 45

38. 믿음, 보게, 맹인 거지 바디매오(막 10:52)

39. 기도, 11, 17

40. 기도, 믿으라, 그대로, 예수께서 제자들에게(막 11:24)

41. 하나님, 예수(막 12:1–12)

42. 참, 외모, 진리, 도, 예수(막 12:14)

43. 죽, 산, 12, 27

44. 마음, 뜻, 하나님, 이웃, 사랑, 큰 계명, 예수께서 서기관 중 한 사람에게(막 12:30–31)

45. 복음, 만국, 13, 10

46. 기도, 환난의 날(막 13:18)

47. 복음, 기억, 옥합을 깨뜨려 예수의 머리에 부은 일(막 14:9)

48. 인자, 화, 차라리, 좋을 뻔, 가룟 유다(막 14:21)

49. 마음, 깨어, 예수, 베드로와 야고보와 요한(막 14:34)

50. 아빠, 가능, 원, 원, 14, 36

51. 시험, 기도, 육신, 예수께서 베드로에게(막 14:38)

52. 우편, 오는, 14, 62

53. 침, 주먹, 하인들, 예수(막 14:65)

54. 빌라도, 왕, 말, 15, 2

55. 빌라도, 바라바, 예수, 십자가, 15, 15

56. 시몬, 알렉산더와 루포(막 15:21)

57. 백부장, 사람, 아들, 15, 39

58. 요셉, 예수, 존경, 나라, 15, 43

59. 막달라 마리아, 두 제자, 11제자

60. 천하, 복음, 세례, 정죄, 16, 15–16

61. 예수님을 믿는 자들에게(막 16:18)

62. 부활하신 몸은 하나님 우편에, 영은 무소부재하심(막 16:19)

63. 오늘 읽은 말씀 중 가장 좋아하는 성경 구절을 외워 쓰십시오.

신약(개역개정판) 성경대학문제 해답

04 누가복음 1-12장

1. 누가가 데오빌로 각하에게(눅 1:3)

2. 하나님, 소식, 사가랴(눅 1:19)

3. 마리아, 하나님, 잉태, 예수, 1, 30–31

4. 성령, 능력, 하나님, 마리아(눅 1:35)

5. 하나님, 능, 가브리엘 천사가 마리아에게(눅 1:37)

6. 복, 복, 엘리사벳이 마리아에게(눅 1:42)

7. 말씀, 여자, 1, 45

8. 부–사가랴, 모–엘리사벳(눅 1:57–59)

9. 심령, 빈 들, 세례 요한(눅 1:80)

10. 다윗, 구주, 천사가 목자들에게(눅 2:11)

11. 하나님, 평화, 2, 14

12. 구원, 예비, 빛, 영광, 시므온(눅 2:30–32)

13. 강, 충만, 은혜, 예수(눅 2:40)

14. 예수, 하나님, 2, 52

15. 물, 능력, 신발끈, 성령, 세례(눅 3:16)

16. 세례, 하늘, 비둘기, 강림, 소리, 아들, 기뻐, 하나님, 예수(눅 3:21–22)

17. 삼십 세쯤(눅 3:23)

18. 이새, 오벳, 보아스(눅 3:31–32)

19. 데라, 이삭, 야곱, 유다(눅 3:33–34)

20. 마귀, 아들, 떡, 떡, 4, 3–4

21. 성령, 복음, 기름, 포로, 눈, 눌린, 은혜, 4, 18–19

22. 고향, 예수(눅 4:24)

23. 하나님, 더러운 귀신 들린 사람(눅 4:34)

24. 귀신들, 하나님, 말함, 그리스도, 4, 41

25. 말씀, 그물, 시몬이 예수께(눅 5:5)

26. 죄인, 시몬 베드로(눅 5:8)

27. 믿음, 죄, 5, 20

28. 건강한, 병든, 의인, 죄인, 5, 31–32

29. 예수, 안식일, 생명, 서기관과 바리새인들(눅 6:9)

30. 기도, 밤, 기도, 제자들, 사도, 6, 12–13

31. 원수, 선대, 축복, 기도, 6, 27–28

32. 대접, 대접, 6, 31

33. 주라, 후히, 안겨, 6, 38

34. 선, 선, 선, 악, 악, 악, 입, 6, 45

35. 이스라엘, 믿음, 예수께서 백부장의 믿음(눅 7:9)

36. 청년, 살아났습니다(눅 7:14)

37. 보고, 맹인, 나병환자, 죽은, 복음, 세례 요한의 제자 두 명에게(눅 7:22)

38. 믿음, 평안, 예수께 향유를 부은 죄를 지은 한 여자(눅 7:50)

39. 요안나, 수산나, 소유, 예수님과 제자들(눅 8:3)

40. 동생, 말씀, 8, 21

41. 바람, 예수(눅 8:25)

42. 믿음, 평안히, 열두 해를 혈루증 앓는 여자(눅 8:48)

43. 손, 일어나라, 영, 먹을, 회당장 야이로, 12살(눅 8:54–55)

44. 열두, 귀신, 능력, 9, 1

45. 자기, 십자가, 예수(눅 9:23)

46. 천하, 유익, 9, 25

47. 베드로와 요한과 야고보(눅 9:28–30)

48. 여우, 새, 머리, 9, 58

49. 쟁기, 하나님, 9, 62

50. 귀신, 기뻐, 하늘, 칠십 인(제자들)(눅 10:20)

51. 마음, 뜻, 사랑, 사랑, 어떤 율법교사가 예수께(눅 10:27)

52. 아버지, 성령, 예수께서 제자들에게(눅 11:13)

53. 하나님, 복, 11, 28

54. 십일조, 사랑, 행, 예수께서 바리새인에게(눅 11:42)

55. 탐심, 소유, 12, 15

56. 보물, 마음, 12, 34

57. 준비, 인자, 12, 40

58. 오늘 읽은 말씀 중 가장 좋아하는 성경 구절을 외워 쓰십시오.

신약(개역개정판) 성경대학문제 해답

05 누가복음 13-24장

1. 삼, 열매, 땅, 13, 7
2. 예수, 병, 귀신 들림, 열여덟 해 동안(눅 13:12)
3. 좁은, 힘쓰라, 구, 13, 24
4. 선지자들, 돌, 새끼, 자녀, 원하지, 13, 34
5. 높이는, 낮추는, 14, 11
6. 잔치, 가난한, 맹인, 갚을, 복, 부활, 14, 13-14
7. 십자가, 제자, 예수께서 수많은 무리에게(눅 14:27)
8. 좋은, 맛, 14, 34
9. 죄인, 하늘, 기뻐, 15, 7
10. 아버지, 내 것, 동생, 잃었다가, 기뻐, 15, 31-32
11. 작은, 충성, 불의, 불의, 16, 10
12. 요한, 복음, 침입, 16, 16
13. 부자-음부(지옥), 거지-아브라함의 품(천국), 거지(눅 16:22-23)
14. 모세, 죽은, 권함, 16, 31
15. 일곱, 일곱, 용서, 예수께서 제자들에게(눅 17:4)
16. 명령, 행, 무익한, 일, 예수께서 제자들에게(눅 17:10)
17. 사마리아 사람(눅 17:15-16)
18. 구원, 예수께서 (문둥병 고침 받은) 사마리아인에게(눅 17:19)
19. 번개, 인자, 17, 24
20. 하나님, 원한, 오래, 18, 7
21. 하나님, 죄인, 18, 13
22. 어린 아이, 거기, 18, 17
23. 가난한, 보화, 예수께서 큰 부자 관리에게(눅 18:22)
24. 사람, 하나님(눅 18:27)
25. 채찍질, 삼 일, 이방인들, 예수(눅 18:33)
26. 삭개오, 소유, 속여, 네, 19, 8
27. 착한, 충성, 19, 17
28. 왕, 평화, 영광, 19, 38
29. 기도, 강도, 예수께서 성전에서 장사하는 자들에게(눅 19:46)
30. 건축자들, 머릿, 20, 17
31. 말씀, 외모, 하나님, 서기관들과 대

제사장들이 보낸 정탐들(눅 20:21)

32. 부활, 장가, 죽을, 천사, 자녀, 예수께서 사두개인들에게(눅 20:35-36)

33. 하나님, 살아, 사람, 20, 38

34. 그리스도, 자손(눅 20:44)

35. 헌금, 가난한, 전부, 부자들(눅 21:4)

36. 이름, 미움, 머리털, 인내, 21, 17-19

37. 인자, 영광(눅 21:27)

38. 천지, 말, 예수(눅 21:33)

39. 말씀, 아침, 예수(눅 21:38)

40. 인자, 파는, 화, 22, 22

41. 앉아서, 앉아서, 섬기는, 예수께서 제자들에게(눅 22:27)

42. 원, 원, 22, 42

43. 베드로, 닭, 세, 통곡, 22, 61-62

44. 죽일, 빌라도, 예수(눅 23:15)

45. 울지, 자녀, 예수(눅 23:28)

46. 사, 대제사장, 서기관들, 빌라도, 로마 병정, 모든 사람들(눅 23:34)

47. 낙원, 행악자 중 구원받은 한 사람(눅 23:43)

48. 백부장(눅 23:47)

49. 인자, 십자가, 제삼일, 24, 7

50. 손, 만져, 뼈, 부활하신 예수께서 제자들에게(눅 24:39)

51. 증인, 24, 48

52. 오늘 읽은 말씀 중 가장 좋아하는 성경 구절을 외워 쓰십시오.

신약(개역개정판) 성경대학문제 해답

06 요한복음 1-10장

1. 말씀, 말씀, 말씀, 1, 1

2. 말씀, 영광, 독생자, 진리, 1, 14

3. 하나님, 아버지, 하나님, 1, 18

4. 예수, 세상 죄, 어린 양, 1, 29

5. 아들, 세례 요한, 예수(요 1:34)

6. 시몬, 메시아, 안드레(요 1:41)

7. 하나님, 임금, 예수(요 1:49)

8. 예수, 영광, 제자, 물로 포도주를 만든 표적(요 2:11)

9. 증언, 사람, 예수(요 2:25)

10. 거듭, 하나님의, 예수께서 니고데모에게(요 3:3)

11. 진실로, 성령, 하나님, 니고데모(요 3:5)

12. 하나님, 독생자, 영생, 3, 16

13. 흥, 예수, 세례 요한(요 3:30)

14. 영생, 영생, 진노, 3, 36

15. 영원히, 영생, 예수께서 사마리아 여자에게(요 4:14)

16. 영, 영, 예수께서 사마리아 여자(요 4:24)

17. 일, 그리스도, 사마리아 여자가 사마리아 동네 사람들에게(요 4:29)

18. 믿는, 친히, 구주, 사마리아 사람들, 사마리아 여자, 예수(요 4:42)

19. 왕의 신하의 아들의 병을 고치심(요 4:43–54)

20. 자리, 나아서, 서른여덟 해 된 병자(요 5:8–9)

21. 아버지, 일한다, 유대인들(요 5:17)

22. 말, 믿는, 영생, 생명, 5, 24

23. 선, 생명, 악, 심판, 5, 29

24. 성경, 성경, 성경, 증언, 예수(요 5:39)

25. 다섯, 열두, 예수, 표적, 선지자, 6, 13–14

26. 일, 믿는, 일, 6, 28–29

27. 생명, 주리지, 믿는, 6, 35

28. 아버지, 아무도, 마지막, 6, 44

29. 믿는, 생명, 예수(요 6:47–48)

30. 베드로, 말씀, 누구에게로, 하나님, 믿고, 6, 68–69

31. 세상, 세상, 증언, 예수님의 형제

들, 예수(요 7:7)

32. 외모, 공의, 7, 24

33. 예수, 그리스도, 표적, 7, 31

34. 성경, 생수, 7, 38

35. 죄, 돌, 예수께서 서기관들과 바리새인들에게(요 8:7)

36. 증언, 아버지, 8, 18

37. 말, 제자, 자유롭게, 예수 믿는 유대인들(요 8:31–32)

38. 하나님, 하나님, 하나님, 8, 47

39. 죄, 하나님, 날 때부터 맹인 된 사람(요 9:3)

40. 죄인, 경건, 말, 9, 31

41. 창세, 눈, 듣지, 하나님, 일, 눈 뜬 맹인이 바리새인들에게(요 9:32–33)

42. 문, 음성, 이름, 10, 3

43. 도둑, 멸망, 양, 풍성히, 10, 10

44. 목자, 양, 아버지, 아버지, 목숨, 10, 14–15

45. 영생, 멸망, 손, 아버지, 아버지, 10, 28–29

46. 예수(요 10:30)

47. 성경, 하나님, 신, 아버지, 하나님, 신성모독, 10, 35–36

48. 오늘 읽은 말씀 중 가장 좋아하는 성경 구절을 외워 쓰십시오.

신약(개역개정판) 성경대학문제 해답

07 요한복음 11-21장

1. 예수, 무덤, 나흘, 11, 17

2. 부활, 믿는, 믿는, 믿느냐, 그리스도, 아들, 11, 25–27

3. 눈물, 사랑, 11, 35–36

4. 예수, 마리아와 마르다의 오라버니(요 11:19, 43–44)

5. 백성, 망, 유익, 대제사장 가야바, 예수(요 11:50)

6. 마리아, 나드, 예수, 머리털, 향유, 12, 3

7. 도둑, 훔쳐, 가룟 유다(요 12:6)

8. 예수, 예수, 죽은, 나사로, 베다니(요 12:9)

9. 밀, 죽지, 열매, 12, 24

10. 빛, 빛, 빛(요 12:36)

11. 관리, 많되, 출교를, 예수(요 12, 42)

12. 말, 심판, 심판, 구원, 12, 47

13. 목욕, 몸, 팔, 13, 10–11

14. 주, 발, 발, 옳으니라, 예수, 제자들(요 13:14)

15. 계명, 사랑, 사랑, 사랑, 제자, 13, 34–35

16. 예수, 목숨, 진실로, 닭, 세, 베드로(요 13:38)

17. 거처, 다시, 영접, 14, 3

18. 예수, 생명, 아버지, 14, 6

19. 예수, 오래, 알지, 아버지, 아버지, 14, 9

20. 믿는, 일, 큰, 아버지, 예수(요 14:12)

21. 이름, 구, 14, 14

22. 아버지, 보혜사, 함께, 14, 16

23. 예수, 사랑, 아버지, 거처, 하나님과 예수(요 14:23)

24. 보혜사, 성령, 가르치고, 말, 14, 26

25. 평안, 세상, 마음, 예수(요 14:27)

26. 거, 거, 구하라, 15, 7

27. 계명, 사랑, 사랑, 예수(요 15:12)

28. 친구, 목숨, 사랑, 명, 친구, 15, 13–14

29. 택, 택, 예수님께서 제자들에게(요 15:16)

30. 보혜사, 진리, 증언, 예수(요 15:26)

31. 죄, 심판, 죄, 믿지, 보혜사 성령, 예수(요 16:8-9)

32. 영광, 알리, 성령, 예수, 제자들(요 16:14)

33. 지금, 이름, 구하라, 기쁨, 16, 24

34. 환난, 세상(요 16:33)

35. 영생, 하나님, 예수, 17, 3

36. 세상, 악, 보전, 17, 15

37. 진리, 말씀, 17, 17

38. 사람들, 말, 믿는, 예수, 제자들(요 17:20)

39. 3번(요 18:17, 25, 27)

40. 왕, 예수, 왕, 18, 37

41. 빌라도, 사람, 죄, 19, 4

42. 충신, 왕, 반역, 유대인들, 예수(요 19:12)

43. 다 이루었다(요 19:30)

44. 예수, 다리, 군인, 피, 19, 33-34

45. 아리마대 사람 요셉(요 19:38)

46. 막달라 마리아(요 20:11-18)

47. 도마, 하나님, 20, 28

48. 예수, 본 고로, 복, 도마(요 20:29)

49. 기록, 그리스도, 믿고, 생명, 20, 31

50. 오른편, 잡으리라, 물고기, 153마리(요 21:6, 11)

51. 예수, 요한, 사랑, 사랑, 어린 양(요 21:15)

52. 예수, 올 때, 상관, 따르라, 요한(예수께서 사랑하시는; 요 21:20), 베드로(요 21:22)

53. 오늘 읽은 말씀 중 가장 좋아하는 성경 구절을 외워 쓰십시오.

신약(개역개정판) 성경대학문제 해답

08 사도행전 1-14장

1. 고난, 확실, 살아, 사십, 하나님, 예수, 사도들(행 1:3)
2. 성령, 권능, 땅 끝, 증인, 1, 8
3. 갈릴리, 하늘, 하늘, 하늘, 오시리라, 흰 옷 입은 두 사람(행 1:10-11)
4. 가룟 유다 대신 사도 된 사람(행 1:26)
5. 불, 사람, 성령, 성령, 언어들, 2, 3-4
6. 하나님, 말세, 육체, 예언, 환상, 꿈, 2, 17
7. 이름, 구원, 2, 21
8. 예수, 증인, 2, 32
9. 회개, 이름, 죄, 성령, 2, 38
10. 사도, 교제, 기도, 삼천 신도들(행 2:42)
11. 날마다, 모이기, 기쁨, 하나님, 칭송, 구원, 2, 46-47
12. 베드로, 금, 예수 그리스도, 나면서 못 걷게 된 이(행 3:6)
13. 회개, 죄, 새롭게, 베드로, 이스라엘 백성(행 3:19)
14. 모든, 복, 아브라함(행 3:25)
15. 구원, 구원, 이름, 베드로(행 4:12)
16. 하나님, 말, 말씀, 보고, 말, 관리들과 장로들과 서기관들(행 4:5, 19-20)
17. 빌기를, 성령, 말씀, 4, 31
18. 한마음, 물건, 재물, 하나도, 4, 32
19. 예수, 하나님, 회개, 오른손, 구주, 5, 30-31
20. 성전, 예수, 전도, 사도들(행 5:42)
21. 성령, 칭찬(행 6:3)
22. 말씀, 제자, 제사장, 6, 7
23. 성령, 능히, 6, 10
24. 53(행 7:2-53)
25. 죄, 스데반(행 7:60)
26. 성령, 베드로와 요한, 사마리아 성의 성도들(행 8:17)
27. 세례, 내시가 빌립(행 8:36)
28. 박해, 주여, 예수, 9, 4-5
29. 주, 이름, 자손들, 그릇, 사울(바울)(행 9:15)

30. 무릎, 시체, 다비다, 눈, 9, 40

31. 경건, 하나님, 구제, 기도, 고넬료 (행 10:2)

32. 고넬료, 경외, 칭찬, 천사, 집, 고넬료가 보낸 두 사람이 베드로에게 (행 10:22, 참조 10:7 '세 사람')

33. 베드로, 하나님, 10, 34

34. 베드로, 성령, 10, 44

35. 성령, 물, 고넬료의 친척과 가까운 친구들(행 10:47)

36. 하나님, 믿을, 선물, 하나님, 고넬료의 친척과 친구들, 베드로(행 11:17)

37. 착한, 충만, 무리, 11, 24

38. 교회, 무리, 그리스도인, 바나바, 사울(행 11:26)

39. 요한의 형제 야고보(행 12:2)

40. 옥, 하나님(행 12:5)

41. 천사의 인도로(행 12:5–12)

42. 하나님, 주, 벌레, 12, 23

43. 주, 성령, 일, 사울, 금식, 안수, 13, 2–3

44. 믿으며, 마술사 엘루마가 맹인이 되다(행 13:12)

45. 다윗, 맞는, 다, 하나님(행 13:22)

46. 하나님, 후손, 구주, 다윗(행 13:23)

47. 죽은 자, 갈릴리, 여러, 증인, 예수 (행 13:30–31)

48. 모세, 의, 모든, 의, 예수(행 13:39)

49. 이방인, 하나님, 영생, 믿더라, 13, 48

50. 바울, 믿음, 발, 일어나, 14, 9–10

51. 유대인들, 무리, 바울, 시외, 14, 19

52. 오늘 읽은 말씀 중 가장 좋아하는 성경 구절을 외워 쓰십시오.

신약(개역개정판) 성경대학문제 해답

09 사도행전 15-28장

1. 동일, 구원, 베드로, 우리-베드로, 유대인, 그들-이방인(행 15:11)
2. 교회, 바울, 안디옥, 인도자, 실라, 15, 22
3. 피, 음행, 삼가, 평안함, 15, 29
4. 심히, 마가, 구브로, 실라, 은혜, 교회들, 15, 39-41
5. 디모데, 믿는, 디모데, 칭찬, 16, 1-2
6. 마게도냐, 하나님, 복음, 인정, 16, 10
7. 세례, 청, 주, 집, 강권, 루디아(행 16:15)
8. 기도, 찬송, 지진, 문, 매인, 16, 25-26
9. 예수, 구원, 16, 31, 간수
10. 바울, 세, 성경, 그리스도, 다시, 증언, 그리스도라, 17, 2-3
11. 베뢰아, 데살로니가, 말씀, 성경, 믿는, 귀부인, 17, 11-12
12. 부활, 조롱, 말, 아덴(행 17:32)
13. 천막을 만드는 것(행 18:3)
14. 회당장, 주, 세례, 18, 8
15. 일 년 육 개월(행 18:11)
16. 회개, 믿으라, 예수, 예수, 열두 사람쯤(행 19:4-5, 7)
17. 순종, 비방, 제자들, 두란노, 19, 9
18. 하나님, 능력, 몸, 병든, 병, 19, 11-12
19. 말씀, 세력, 19, 20
20. 유두고, 예(행 20:9-12)
21. 길, 사명, 복음, 생명, 20, 24
22. 모본, 약한, 주 예수, 주는, 복, 기억, 바울이 에베소 장로들에게(행 20:35)
23. 이름, 예루살렘, 바울(행 21:13)
24. 수만, 열성, 21, 20
25. 다소, 가말리엘, 율법, 하나님, 바울(행 22:3)
26. 주님, 박해, 예수, 22, 8
27. 사람, 증인, 아나니아가 바울에게, 예수(행 22:15)
28. 담대하라, 증언, 증언, 23, 11
29. 사십여 명(행 23:12-13)
30. 하나님, 부활, 하나님, 양심, 24,

15–16

31. 베스도, 가이사, 가이사, 바울(행 25:12)

32. 죄, 황제, 베스도, 바울(행 25:25)

33. 사울아, 박해, 고생, 주님, 예수, 26, 14–15

34. 고난, 다시, 빛, 26, 23

35. 학문, 베스도(행 26:24)

36. 말, 말, 결박, 하나님, 아그립바(행 26:29)

37. 하나님, 곁에, 바울아, 가이사, 하나님, 항해, 안심하라, 하나님, 27, 23–25, 바울

38. 군인들, 도망, 죽이는, 바울, 헤엄칠, 27, 42–43

39. 열병, 바울, 안수, 28, 8

40. 우리, 바울, 하나님, 마음, 로마(행 28:15)

41. 바울, 하나님, 모세, 예수, 28, 23

42. 이태, 사람, 하나님, 그리스도, 담대, 28, 30–31

43. 오늘 읽은 말씀 중 가장 좋아하는 성경 구절을 외워 쓰십시오.

신약(개역개정판) 성경대학문제 해답

10 로마서 1-16장

1. 성결, 부활, 아들, 그리스도, 1, 4
2. 로마, 성도, 하나님, 은혜(롬 1:7)
3. 복음, 복음, 구원, 능력, 헬라인(롬 1:16)
4. 믿음, 합 2:4(롬 1:17)
5. 창세, 능력, 만물, 핑계하지, 1, 20
6. 여자, 음욕, 남자, 일, 보응, 1, 27
7. 판단, 정죄, 일, 2, 1
8. 하나님, 의인, 행, 2, 13
9. 거짓, 참, 3, 4
10. 의인, 3, 10
11. 율법, 의, 율법, 죄, 3, 20
12. 죄, 영광, 그리스도, 속량, 은혜, 의, 3, 23–24
13. 의, 율법, 믿음, 3, 28
14. 성경, 믿으매, 의, 4, 3
15. 표, 믿음, 인(롬 4:11)
16. 아브라함, 상속자, 율법, 믿음, 4, 13
17. 약속, 확신, 의, 아브라함(롬 4:21–22)
18. 믿음, 예수, 화평, 5, 1
19. 환난, 인내, 연단, 소망, 5, 3–4
20. 죄인, 그리스도, 하나님, 사랑, 5, 8
21. 순종, 죄인, 순종, 의인, 아담, 예수(롬 5:19)
22. 죽으심, 부활, 예수(롬 6:5)
23. 불의, 자신, 다시, 의, 6, 13
24. 죄, 은사, 영생, 6, 23
25. 죄, 율법, 죄, 탐내지, 탐심, 7, 7
26. 선, 악, 7, 19
27. 곤고, 사망, 예수, 하나님, 7, 24–25
28. 예수, 정죄, 예수, 성령, 사망, 해방, 8, 1–2
29. 예수, 살리신, 영, 몸, 8, 11
30. 성령, 하나님, 증언, 8, 16
31. 고난, 영광(롬 8:18)
32. 성령, 기도, 성령, 친히, 8, 26
33. 사랑, 뜻, 모든, 선, 8, 28
34. 아들, 사람, 아들, 8, 32

35. 그리스도, 우편, 간구, 8, 34

36. 피조물, 그리스도, 사랑, 8, 39

37. 자식들, 선, 택하심, 행위, 부르시는, 9, 11

38. 야곱, 에서, 9, 13

39. 토기장이, 귀히, 천히, 권한, 9, 21

40. 의, 구원, 10, 10

41. 주, 구원, 10, 13

42. 전파, 좋은, 발(롬 10:15)

43. 믿음, 말씀, 10, 17

44. 하나님, 이스라엘인, 베냐민, 바울(롬 11:1)

45. 구원, 시기(롬 11:11)

46. 하나님, 후회하심, 11, 29

47. 본받지, 새롭게, 하나님, 온전, 분별(롬 12:2)

48. 사람, 몸, 지체, 12, 5

49. 사랑, 악, 사랑, 존경, 열심, 12, 9–11

50. 사랑, 원수, 진노하심, 원수, 갚으리라(롬 12:19)

51. 악, 악, 12, 21

52. 권세들, 하나님, 권세(롬 13:1)

53. 사랑, 빚, 사랑, 율법, 13, 8

54. 악, 율법(롬 13:10)

55. 옷, 육신, 13, 14

56. 형제, 형제, 심판대, 14, 10

57. 하나님, 성령, 희락, 14, 17

58. 강, 약, 기쁘게, 15, 1

59. 소망, 믿음, 성령, 넘치게, 15, 13

60. 그리스도, 복음, 남, 건축, 15, 20

61. 그리스도, 바울, 로마 교인들(롬 15:29)

62. 목, 교회, 브리스가와 아굴라(롬 16:4)

63. 지혜, 영광, 16, 27

64. 오늘 읽은 말씀 중 가장 좋아하는 성경 구절을 외워 쓰십시오.

신약(개역개정판) 성경대학문제 해답

11 고린도전서 1-16장, 고린도후서 1-13장

고린도전서

1. 주, 책망, 끝까지, 1, 8

2. 십자가, 미련, 능력, 1, 18

3. 지혜, 전도, 구원, 1, 21

4. 십자가, 유대인, 이방인, 부르심, 그리스도, 지혜, 1, 23–24

5. 자랑, 1, 31

6. 예수, 십자가, 작정, 바울, 고린도 교인들(고전 2:2)

7. 육, 성령, 어리석게, 영적, 2, 14

8. 육신, 시기, 육신, 행함, 3, 3

9. 심었고, 하나님, 심는, 하나님, 바울(고전 3:6–7)

10. 성전, 성령, 계, 3, 16

11. 충성, 4, 2

12. 바울(고전 4:16)

13. 말, 능력, 4, 20

14. 사탄, 영, 구원, 음행한 자(고전 5:5)

15. 판단, 세상, 6, 3

16. 주, 권능(고전 6:14)

17. 값, 몸, 영광, 6, 19–20

18. 분방, 기도, 얼마, 절제, 시험, 7, 5

19. 결혼, 주, 남편(고전 7:10)

20. 값, 종, 7, 23

21. 교만, 덕, 8, 1

22. 우상, 하나님, 8, 4

23. 자유, 걸려, 조심, 8, 9

24. 음식, 고기, 실족, 바울(고전 8:13)

25. 곡식, 망, 9, 9

26. 복음, 자랑, 복음, 화, 9, 16

27. 절제, 승리자, 아니, 9, 25

28. 시험, 하나님, 시험, 시험, 능히, 10, 13

29. 유익, 유익, 10, 24

30. 무엇, 영광, 10, 31

31. 그리스도, 본받는, 바울(고전 11:1)

32. 떡, 주, 전, 11, 26

33. 성령, 예수, 12, 3

34. 몸, 지체, 몸, 그리스도, 12, 12

35. 그리스도, 각 부분, 12, 27

36. 참고, 시기, 자랑, 교만, 행, 유익,

성, 악, 불의, 진리, 참, 믿으며, 견디느니라, 13, 4-7

37. 사랑, 사랑, 13, 13

38. 기도, 기도, 찬송, 찬송, 14, 15

39. 교회, 다섯, 일만, 14, 19

40. 무질서, 화평(고전 14:33)

41. 먼저, 그리스도, 죄, 장사, 살아, 15, 3-4

42. 그리스도, 다시, 열매, 15, 20

43. 아담, 그리스도, 삶, 15, 22

44. 육, 다시, 영(고전 15:44)

45. 견실, 주, 수고, 헛되지, 15, 58

46. 믿음, 강건, 사랑, 16, 13-14

47. 사랑, 저주(고전 16:22)

고린도후서

48. 하나님, 예수, 평강, 1, 2

49. 예수, 자랑, 자랑, 1, 14

50. 약속, 예, 아멘, 영광, 1, 20

51. 인, 성령, 하나님(고후 1:22)

52. 구원, 망, 향기니, 2, 15

53. 그리스도, 먹, 하나님, 돌판, 마음판(고후 3:3), 너희-고린도에 있는 하나님의 교회와 또 온 아가야에 있는 모든 성도(고후 1:1), 우리-바울, 실루아노, 디모데(고후 1:1, 19)

54. 주, 자유, 3, 17

55. 박해, 망, 4, 9

56. 낙심, 낡아, 새로워지, 4, 16

57. 땅, 하나님, 손, 영원한, 5, 1

58. 그리스도, 선악간, 행, 5, 10

59. 그리스도, 피조물, 5, 17

60. 은혜, 6, 1

61. 성전, 6, 16

62. 뜻, 구원, 회개, 사망, 7, 10

63. 자신, 하나님(고후 8:5)

64. 교회, 사랑, 증거, 8, 24

65. 적게, 많이, 9, 6

66. 마음, 인색, 하나님, 사랑(고후 9:7)

67. 가난한, 의가(고후 9:9)

68. 육신, 하나님, 10, 4

69. 옳다, 칭찬, 칭찬, 10, 18

70. 말, 지식, 바울(고후 11:6)

71. 자랑, 약한, 11, 30

72. 은혜, 능력, 온전, 주님, 바울(고후 12:9)

73. 그리스도, 하나님, 약하나, 하나님, 13, 4

74. 은혜, 사랑, 교통, 13, 13

75. 오늘 읽은 말씀 중 가장 좋아하는 성경 구절을 외워 쓰십시오.

신약(개역개정판) 성경대학문제 해답

12 갈라디아서 1-6장, 에베소서 1-6장 빌립보서 1-4장, 골로새서 1-4장

갈라디아서

1. 그리스도, 뜻, 우리, 죄, 몸, 1, 4

2. 천사, 복음, 저주, 1, 8

3. 어머니, 택정, 아들, 나타, 혈육, 바울, 하나님(갈 1:15-16)

4. 베드로, 사도, 이방인, 바울(갈 2:8)

5. 사람, 행위, 예수, 믿음, 예수, 행위, 믿음, 2, 16

6. 십자가, 사는, 그리스도, 2, 20

7. 의, 율법, 그리스도(갈 2:21)

8. 율법, 의롭게, 믿음, 3, 11

9. 믿음, 하나님, 세례, 옷(갈 3:26-27)

10. 때, 아들, 율법, 율법, 속량, 명분, 아들, 영, 아빠, 4, 4-6

11. 그리스도, 자유, 종, 5, 1

12. 예수, 사랑, 믿음, 5, 6

13. 자유, 자유, 사랑, 종, 사랑, 말씀, 물고, 멸망, 5, 13-15

14. 성령, 육체(갈 5:16)

15. 성령, 화평, 양선, 절제, 법, 5, 22-23

16. 영광, 투기(갈 5:26)

17. 범죄, 온유, 자신, 시험(갈 6:1)

18. 사람, 그대로, 6, 7

19. 기회, 착한, 가정(갈 6:10)

20. 십자가, 자랑, 6, 14

에베소서

21. 창세, 택, 거룩, 1, 4

22. 그리스도, 피, 죄, 1, 7

23. 진리, 구원, 성령, 1, 13

24. 머리, 몸, 예수(엡 1:22-23)

25. 은혜, 구원, 하나님, 행위, 자랑, 2, 8-9

26. 외인, 성도(엡 2:19)

27. 작은 자, 바울(엡 3:8)

28. 성령, 능력, 하나님 아버지(엡 3:16)

29. 합당, 온유, 사랑, 평안, 성령, 4, 1-3

30. 사랑, 범사, 그리스도, 4, 15

31. 유혹, 구습, 심령, 의, 새, 4, 22-24

32. 분, 죄, 분(엡 4:26)

33. 말, 덕, 선, 은혜, 4, 29

34. 그리스도, 사랑, 자신, 하나님(엡 5:2)

35. 빛, 진실, 5, 9

36. 세월, 어리석은, 주, 술, 성령, 5, 16–18

37. 경외, 복종(엡 5:21)

38. 아내들, 주(엡 5:22)

39. 남편들, 그리스도, 자신, 5, 25

40. 공경, 첫 계명, 장수, 6, 2–3

41. 노엽게, 주, 양육(엡 6:4)

42. 육, 권세, 악, 6, 12

43. 말씀, 성령, 깨어, 성도, 6, 17–18

44. 변함, 은혜(엡 6:24)

빌립보서

45. 착한, 예수, 확신, 1, 6

46. 예수, 열매, 찬송(빌 1:11)

47. 차라리, 훨씬, 육신, 유익, 죽는 것과 사는 것(빌 1:23–24)

48. 다툼, 겸손, 남(빌 2:3)

49. 마음, 마음, 2, 5

50. 원망, 2, 14

51. 그리스도, 목숨, 부족함(빌 2:30)

52. 봉사, 자랑, 신뢰, 3, 3

53. 해, 예수, 고상, 3, 8

54. 율법, 믿음, 믿음, 3, 9

55. 푯대, 하나님, 상(빌 3:14)

56. 바울(빌 3:17)

57. 시민권, 구원, 3, 20

58. 기뻐, 기뻐, 관용, 주, 4, 4–5

59. 염려, 기도, 감사(빌 4:6)

60. 능력, 모든, 4, 13

61. 하나님, 영광, 쓸, 4, 19

골로새서

62. 기도, 예수, 감사, 1, 3

63. 하나님, 피조물, 예수(골 1:15)

64. 외로움, 고난, 육체, 바울, 골로새 교인들(교회)(골 1:24)

65. 전파, 지혜, 그리스도, 1, 28

66. 주, 뿌리, 교훈, 감사, 2, 6–7

67. 세례, 죽은, 하나님, 함께(골 2:12)

68. 그리스도, 위의, 우편(골 3:1)

69. 생명, 영광, 3, 4

70. 하나님, 사랑, 겸손, 불만, 용서, 용서, 사랑, 띠, 3, 12–14

71. 마음, 사람(골 3:23)

72. 기도, 전도, 그리스도(골 4:3)

73. 바울, 매인, 은혜, 4, 18

74. 오늘 읽은 말씀 중 가장 좋아하는 성경 구절을 외워 쓰십시오.

신약(개역개정판) 성경대학문제 해답

13

데살로니가전서 1-5장, 데살로니가후서 1-3장
디모데전서 1-6장, 디모데후서 1-4장
디도서 1-3장, 빌레몬서 1장

데살로니가전서

1. 바울, 아버지, 데살로니가인, 평강(살전 1:1)

2. 사랑, 소망, 아버지, 1, 3

3. 환난, 말씀, 본, 마게도냐, 본, 데살로니가 교인들, 바울과 실루아노와 디모데(살전 1:6-7)

4. 하나님, 복음, 사람, 마음, 하나님, 2, 4

5. 사모, 복음, 목숨, 기뻐, 사랑(살전 2:8)

6. 감사, 하나님, 사람, 하나님, 진실로, 믿는, 2, 13

7. 소망, 면류관, 주 예수, 영광, 기쁨, 2, 19-20

8. 성도, 하나님, 흠, 3, 13

9. 사랑, 쓸, 하나님, 사랑, 4, 9

10. 호령, 나팔, 강림, 죽은, 살아, 구름, 주, 항상, 4, 16-17

11. 낮, 사랑, 소망, 5, 8

12. 기뻐, 기도, 감사, 예수, 하나님, 5, 16-18

13. 평강, 거룩, 영, 강림, 보전(살전 5:23)

데살로니가후서

14. 하나님, 그리스도, 평강, 1, 2

15. 모르는, 복음, 형벌, 주, 영원, 1, 8-9

16. 불법, 입, 강림(살후 2:8)

17. 사랑, 항상, 감사, 성령, 믿음, 2, 13

18. 마음, 사랑, 인내, 3, 5

19. 일, 먹지도(살후 3:10)

20. 선, 낙심, 3, 13

21. 평강, 평강, 함께, 3, 16

디모데전서

22. 믿음, 디모데, 예수, 긍휼(딤전 1:2)

23. 족보, 믿음, 경륜, 변론, 1, 4

24. 능, 예수, 충성, 직분, 바울(딤전 1:12)

25. 사람, 죄인, 세상, 죄인, 바울(딤전 1:15)

26. 양심, 양심, 파선, 1, 19

27. 모든, 간구, 임금들, 모든, 경건, 평안, 2, 1–2

28. 하나님, 진리(딤전 2:4)

29. 하나님, 중보자, 그리스도(딤전 2:5)

30. 선행, 하나님, 마땅, 2, 10

31. 책망, 남편, 단정, 가르치기, 3, 2

32. 집, 교회(딤전 3:5)

33. 시험, 책망, 집사, 3, 10

34. 말씀, 4, 5

35. 연단, 경건, 내생, 4, 8

36. 연소함, 말, 정절, 본, 읽는, 가르치는, 4, 12–13

37. 전심, 성숙함(딤전 4:15)

38. 친족, 가족, 믿음, 악한, 5, 8

39. 배, 말씀, 더욱, 5, 17

40. 성경, 소, 일꾼, 삯(딤전 5:18)

41. 안수, 죄, 정결, 5, 22

42. 세상, 아무, 먹을, 족한(딤전 6:7–8)

43. 돈, 악, 탐, 믿음, 근심, 6, 10

44. 믿음, 영생, 부르심, 증언(딤전 6:12)

45. 선, 선, 나누어, 6, 18

디모데후서

46. 거짓, 믿음, 로이스, 유니게, 확신, 디모데(딤후 1:5)

47. 그리스도, 사랑, 말, 안에, 부탁, 디모데, 바울(딤후 1:13–14)

48. 증인, 충성, 사람, 2, 2

49. 진리, 분별, 일꾼, 하나님, 2, 15

50. 금, 나무, 귀, 천, 깨끗, 귀, 주인, 선한(딤후 2:20–21)

51. 어리석고, 다툼, 2, 23

52. 배우고, 배운, 성경, 성경, 예수, 구원(딤후 3:14–15)

53. 성경, 교훈, 교육, 하나님, 선, 능력, 3, 16–17

54. 전파, 항상, 참음, 경계, 4, 2

55. 선, 믿음, 의, 주, 그 날, 주, 4, 7–8

56. 주, 힘, 선포, 전파, 4, 17

디도서

57. 믿음, 디도, 아버지, 구주, 평강, 1, 4

58. 그레데, 정리, 장로들, 책망, 아내, 비난, 자녀(딛 1:5–6)

59. 거짓말쟁이, 게으름뱅이, 1, 12

60. 범사, 본, 단정함, 말, 대적, 악(딛 2:7–8)

61. 대신, 속량, 선한, 백성(딛 2:14)

62. 구원, 행위, 긍휼, 성령, 3, 5

63. 족보, 다툼, 무익(딛 3:9)

빌레몬서

64. 성도, 평안, 사랑, 위로, 바울, 빌레몬(몬 1:7)

65. 무익, 유익, 심복, 오네시모(몬 1:11–12)

66. 불의, 빚진, 계산, 오네시모, 빌레몬, 바울(몬 1:18)

67. 주, 기쁨, 평안, 1, 20

68. 오늘 읽은 말씀 중 가장 좋아하는 성경 구절을 외워 쓰십시오.

신약(개역개정판) 성경대학문제 해답

14 히브리서 1-13장, 야고보서 1-5장 베드로전서 1-5장, 베드로후서 1-3장

히브리서

1. 아들, 아들, 세계(히 1:2)
2. 천사들, 구원, 섬기, 1, 14
3. 천사, 존귀, 복종, 2, 7–8
4. 이름, 선포, 교회(히 2:12)
5. 시험, 시험, 예수(히 2:18)
6. 부르심, 믿는, 예수, 3, 1
7. 영광, 집, 존귀함, 만물, 하나님, 예수(히 3:3–4)
8. 오늘, 권면, 죄, 완고, 3,ㅈ 13
9. 복음, 말씀, 믿음, 불신자들(히 4:2)
10. 말씀, 검, 영, 생각, 뜻, 4, 12
11. 대제사장, 예수, 도리(히 4:14)
12. 긍휼, 은혜, 보좌, 4, 16
13. 육체, 구원, 눈물, 경건, 예수(히 5:7)
14. 오래, 선생, 말씀, 가르침, 단단, 젖, 5, 12
15. 하나님, 행위, 사랑, 섬기고(히 6:10)
16. 복, 번성, 약속, 하나님, 아브라함(히 6:14–15)
17. 십분, 의, 평강, 멜기세덱(히 7:2)
18. 수효, 죽음, 항상, 영원히, 직분, 하나님, 구원, 항상, 간구, 7, 23–25
19. 생각, 기록, 하나님, 백성(히 8:10)
20. 불의, 죄, 8, 12
21. 언약궤, 만나, 아론, 돌판, 9, 4
22. 송아지, 피, 속죄, 예수(히 9:12)
23. 중보자, 죄, 부르심, 기업(히 9:15)
24. 사함, 9, 22
25. 죽는, 심판, 그리스도, 죄, 구원, 죄, 두, 9, 27–28
26. 예수, 단번, 거룩함, 10, 10
27. 거룩, 한 번, 온전, 예수(히 10:14)
28. 죄, ⁄익, 사, 제사, 10, 17–18
29. 사랑, 폐, 습관, 그 날, 10, 24–25
30. 인내, 뜻, 약속(히 10:36)
31. 믿음, 증거(히 11:1)
32. 믿음, 하나님, 계신, 상, 11, 6
33. 시험, 이삭, 외아들(히 11:17)
34. 믿음, 아들, 거절, 하나님, 죄악, 그

리스도, 보화, 상, 11, 24–26

35. 믿음, 예수, 기쁨, 부끄러움, 우편, 12, 2

36. 징계, 채찍질(히 12:6)

37. 화평함, 주, 12, 14

38. 대접, 천사(히 13:2)

39. 예수, 영원, 13, 8

40. 예수, 찬송, 이름, 열매(히 13:15)

41. 선, 나누어, 제사(히 13:16)

42. 은혜, 13, 25

야고보서

43. 지혜, 후히, 하나님, 1, 5

44. 시험, 욕심, 욕심, 사망, 1, 14–15

45. 사랑, 듣기, 말, 더디, 야고보(약 1:19)

46. 아버지, 경건, 환난, 세속, 1, 27

47. 성경, 사랑, 최고, 차별, 죄, 범법자, 2, 8–9

48. 행함, 죽은(약 2:17)

49. 말, 온전한(약 3:2)

50. 아버지, 하나님, 사람, 입, 혀(약 3:9–10)

51. 지혜, 화평, 선, 거짓, 화평, 열매, 3, 17–18

52. 구, 정욕, 구, 4, 3

53. 교만, 겸손(약 4:6)

54. 마귀, 피(약 4:7)

55. 비방, 판단, 비방, 판단, 판단, 재판관, 재판관, 구원, 멸, 판단(약 4:11–12)

56. 내일, 생명, 안개, 4, 14

57. 선, 죄(약 4:17)

58. 의인, 대항, 부한 자들(약 5:8, 1)

59. 믿음, 구원, 일으, 사, 죄, 기도, 역사(약 5:15–16)

60. 성정, 비, 기도, 비, 기도, 열매(약 5:17–18)

61. 형제들, 진리, 돌아, 죄인, 돌아, 영혼, 구원, 죄, 5, 19–20

베드로전서

62. 예수, 찬송, 긍휼, 부활, 거듭, 소망, 1, 3

63. 믿음, 금, 칭찬, 존귀(벧전 1:7)

64. 예수, 사랑, 믿고, 즐거움, 믿음, 구원(벧전 1:8–9)

65. 조상, 행실, 금, 흠, 그리스도, 피, 1, 18–19

66. 육체, 꽃, 꽃, 말씀, 복음, 말씀, 1, 24–25

67. 갓난 아기들, 젖, 구원, 2, 2

68. 택, 제사장, 소유, 2, 9

69. 뭇 사람, 형제, 하나님, 왕(벧전 2:17)

70. 나무, 죄, 죄, 의, 채찍, 나음, 2, 24

71. 순종, 순종, 말, 행실, 구원, 정결, 3, 1–2

72. 지식, 동거, 생명, 귀히, 기도(벧전 3:7)

73. 악, 욕, 복, 복, 3, 9

74. 그리스도, 소망, 대답, 온유(벧전 3:15)

75. 그리스도, 의인, 하나님, 육체, 영, 3, 18

76. 부활, 구원, 육체, 하나님, 간구(벧전 3:21)

77. 사랑, 죄, 대접, 은사, 청지기, 4, 8–10

78. 뜻, 선, 영혼, 의탁, 4, 19

79. 대적, 은혜, 하나님, 겸손, 높이(벧전 5:5–6)

베드로후서

80. 덕, 절제, 경건, 사랑(벧후 1:5–7)

81. 예수, 강림, 이야기, 친히(벧후 1:16)

82. 예언, 예언, 뜻, 성령, 하나님, 1, 20–21

83. 소돔, 재, 본, 2, 6

84. 개, 돼지, 구덩이, 응, 거짓 선지자들과 거짓 선생들(벧후 2:22)

85. 주, 천, 하루, 주, 더디, 더딘, 주, 오래, 회개, 3, 8–9

86. 사랑, 주, 흠, 평강, 새 하늘과 새 땅(벧후 3:14)

87. 주, 은혜, 지식, 영광, 3, 18

88. 오늘 읽은 말씀 중 가장 좋아하는 성경 구절을 외워 쓰십시오.

신약(개역개정판) 성경대학문제 해답

15 요한일서 1-5장, 요한이서 1장 요한삼서 1장, 유다서 1장, 요한계시록 1-22장

요한일서

1. 생명, 들은, 손, 예수(요일 1:1)

2. 죄, 죄, 불의, 1, 9

3. 죄, 대언자, 그리스도, 2, 1

4. 화목 제물, 세상, 예수(요일 2:2)

5. 세상, 정욕, 자랑, 세상, 정욕, 뜻, 2, 16–17

6. 약속, 생명, 예수님(하나님)(요일 2:25)

7. 죄, 죄, 3, 5

8. 사랑, 생명, 사랑, 사망(요일 3:14)

9. 목숨, 사랑, 목숨, 3, 16

10. 말, 행함, 진리, 주(요일 3:18–19)

11. 계명, 이름, 사랑, 3, 23

12. 영, 육체, 영, 시인, 하나님, 적그리스도, 4, 2–3

13. 사랑, 사랑, 사랑, 아들(요일 4:10)

14. 아들, 하나님(요일 4:15)

15. 하나님, 형제, 거짓말, 형제, 하나님, 계명, 사랑, 사랑, 4, 20–21

16. 하나님, 세상, 승리, 믿음, 5, 4

17. 영생, 아들, 아들, 생명, 생명(요일 5:11–12)

18. 이름, 영생, 5, 13

19. 담대함, 구, 예수님(하나님)(요일 5:14)

20. 구, 구, 5, 15

21. 범죄, 하나님, 악한(요일 5:18)

요한일서

22. 자녀들, 계명, 기쁘, 1, 4

23. 세상, 육체, 적그리스도(요이 1:7)

요한삼서

24. 영혼, 범사, 간구, 1, 2

25. 자녀들, 행한다, 기쁜(요삼 1:4)

26. 악, 선, 하나님, 하나님, 1, 11

유다서

27. 종, 유다, 아버지, 그리스도, 편지, 사랑, 1, 1–2

28. 미가엘, 마귀, 비방, 주(유 1:9)

29. 사랑, 믿음, 성령, 사랑, 영생, 긍휼, 1, 20–21

요한계시록

30. 예언, 듣는, 복, 1, 3

31. 구름, 눈, 찌른, 족속, 애곡, 예수(계 1:7)

32. 이름, 책망, 사랑, 에베소 교회, 예수(계 2:3–4)

33. 충성, 생명, 서머나 교회(계 2:10)

34. 교회, 마음, 행위, 두아디라 교회(계 2:23)

35. 흰 옷, 생명책, 이름, 시인(계 3:5)

36. 열린 문, 닫을, 행위, 능력, 말, 배반, 빌라델비아 교회(계 3:8)

37. 말씀, 시험, 세상, 시험(계 3:10)

38. 문, 음성, 들어가, 나와, 3, 20

39. 영광, 합당, 만물, 지으심, 이십사 장로들(계 4:11)

40. 어린 양, 오른손, 생물, 그 어린 양, 향, 향, 5, 7–8

41. 보좌, 장로들, 천사, 만만, 죽임, 지혜, 영광, 합당(계 5:11–12)

42. 구원, 어린 양, 7, 10

43. 어린 양, 생명수, 하나님, 눈물(계 7:17)

44. 기도, 하나님, 천사, 불, 우레, 지진, 8, 4–5

45. 천사, 먹어, 꿀, 배, 많은, 예언, 10, 10–11

46. 경외, 11, 18

47. 아들, 만국, 아이, 12, 5

48. 용, 마귀, 천하, 땅, 사자들, 12, 9

49. 용, 남은, 계명, 증거, 바다(계 12:17)

50. 어린 양, 이름, 그 짐승, 13, 8

51. 하나님, 영광, 심판, 하늘, 경배(계 14:7)

52. 인내, 하나님, 믿음, 14, 12

53. 주, 성령, 수고, 행(계 14:13)

54. 이름, 영화, 주, 주, 만국, 15, 4

55. 도둑, 옷, 부끄러움, 복, 16, 15

56. 어린 양, 어린 양, 만왕, 이기실, 부르심, 진실, 17, 14

57. 하늘, 백성, 죄, 재앙, 18, 4

58. 구원, 하나님, 19, 1

59. 천사, 어린 양, 복, 하나님, 19, 9

60. 천사가 요한에게(계 19:10)

61. 하늘, 백마, 충신, 공의, 19, 11

62. 짐승, 선지자, 짐승, 경배, 미혹, 유황불, 입, 검, 새, 19, 20–21

63. 천사, 하늘, 용, 마귀, 천, 무저갱, 천 년, 미혹, 잠깐, 20, 1–3

64. 죽은, 보좌, 책, 책, 생명책, 행위, 심판, 20, 12

65. 생명책, 불못(계 20:15)

66. 처음, 바다, 21, 1

67. 눈물, 사망, 곡, 다시, 다, 21, 4

68. 속, 거짓말, 들어, 생명책, 들어, 21, 27

69. 생명, 열매, 열매, 만국, 22, 2

70. 상, 행한, 22, 12

71. 말씀, 증언, 더, 재앙들, 두루마리, 제, 생명, 제(계 22:18-19)

72. 증언, 진실로, 예수여, 은혜, 22, 20-21

73. 오늘 읽은 말씀 중 가장 좋아하는 성경 구절을 외워 쓰십시오.

시가서(개역개정판) 성경대학문제 해답

01 욥기 1-21장

1. 욥, 온전, 경외, 악, 일곱, 셋, 1, 1-2
2. 생일, 잔치, 세, 먹고, 잔치, 성결, 명수, 욥, 죄, 욕, 행위, 1, 4-5
3. 사탄, 욥, 온전, 경외, 세상(욥 1:8)
4. 소유물, 주, 욕, 사탄, 욥(욥 1:11)
5. 주인, 맏아들, 포도주, 큰, 모퉁이, 그들, 피, 1, 18-19
6. 머리털, 예배, 알몸, 알몸, 주신, 여호와, 이름, 찬송, 1, 20-21
7. 충동, 치게, 온전, 사탄, 욥(욥 2:3)
8. 사탄, 손, 생명, 욥(욥 2:6)
9. 아내, 온전함, 욕, 말, 말, 복, 화, 입술, 2, 9-10
10. 엘리바스, 빌닷, 소발(욥 2:11)
11. 칠, 욥, 한, 2, 13
12. 각자에게
13. 죄, 정직, 악, 그대로, 입, 콧김, 4, 7-9
14. 사람, 의, 사람, 깨끗, 엘리바스(욥 4:17)
15. 분노, 시기, 5, 2
16. 하나님, 하나님, 엘리바스(욥 5:8)
17. 하나님, 복, 징계, 5, 17
18. 아프게, 상, 손, 환난, 환난, 재앙, 5, 18-19
19. 위로, 고통, 기뻐, 말씀, 욥(욥 6:10)
20. 형제들, 개울(욥 6:15)
21. 허물, 잠잠, 욥(욥 6:24)
22. 얼굴, 거짓말, 6, 28
23. 구더기, 피부, 7, 5
24. 입, 영혼, 마음, 불평, 욥(욥 7:11)
25. 주, 마음, 권징, 단련, 7, 17-18
26. 정의, 전능, 공의, 8, 3
27. 하나님, 간구, 정직, 평안, 욥(욥 8:5-6)
28. 네 시작은 미약하였으나 네 나중은 심히 창대하리라
29. 순전한, 악한, 웃음, 입술, 미워, 악인, 8, 20-22
30. 지혜, 강, 완악, 형통, 하나님(욥 9:4)
31. 앞으로, 보지, 앞에서, 하나님, 욥

(욥 9:11)

32. 의, 정죄, 온전, 정죄, 9, 20

33. 경주자, 복, 배, 독수리, 욥(욥 9:25)

34. 막대기, 위엄, 원, 9, 34

35. 정죄, 까닭, 알게, 10, 2

36. 악, 손(욥 10:7)

37. 은혜, 영(욥 10:12)

38. 화, 머리, 속, 환난, 10, 15

39. 태, 욥(욥 10:18)

40. 말, 말, 의, 11, 2

41. 하나님, 측량, 완전히, 소발, 욥(욥 11:7)

42. 허망, 악, 다, 11, 11

43. 죄악, 불의(욥 11:14)

44. 희망, 안전, 평안, 두렵게, 은혜, 11, 18–19

45. 평안, 재앙, 실족, 12, 5

46. 생물, 목숨(욥 12:10)

47. 지혜, 명철(욥 12:12)

48. 지혜, 계략(욥 12:13)

49. 민족들, 다시, 민족들, 다시, 12, 23

50. 잠잠, 지혜, 13, 5

51. 감찰, 속임(욥 13:9)

52. 희망, 행위, 13, 15

53. 죄악, 허물, 알게, 13, 23

54. 여인, 생애, 꽃, 그림자(욥 14:1–2)

55. 장정, 다시, 고난, 풀려, 욥(욥 14:14)

56. 허물, 죄악, 14, 17

57. 정죄, 입, 입술, 증언, 욥, 엘리바스 (욥 15:6)

58. 사람, 여인, 의(욥 15:14)

59. 하나님, 전능자, 15, 25

60. 경건, 자식, 뇌물, 불탈, 15, 34

61. 입, 위로(욥 16:5)

62. 입, 뺨, 대적, 16, 10

63. 포학, 정결, 29, 2(욥 16:17)

64. 증인, 중보자, 16, 19

65. 수년, 길, 욥(욥 16:22)

66. 기운, 날, 무덤, 17, 1

67. 친구, 자손들(욥 17:5)

68. 의인, 손, 힘, 17, 9

69. 빛, 빛, 18, 5

70. 후손, 거, 한, 18, 19

71. 학대, 허물, 허물, 19, 3–4

72. 숨결, 자식들, 욥(욥 19:17)

73. 대속자, 땅, 가죽, 육체, 하나님, 보리니, 낯선, 19, 25–27

74. 예, 사람, 악인, 잠시, 잠깐, 20, 4–5

75. 재물, 하나님, 도로(욥 20:15)

76. 배, 하나님, 음식, 비(욥 20:23)

77. 죄악, 대항, 가산, 진노, 20, 27–28

78. 악인, 세력, 후손, 함께, 목전, 21, 7–8

79. 행복, 잠깐, 악인(욥 21:13, 7)

80. 악인, 재앙, 하나님, 곤고, 바람,

겨, 21, 17–18

81. 하나님, 자손들, 갚으실(욥 21:19)

82. 생각, 속셈, 욥, 세 친구–소발, 엘리바스, 빌닷(욥 21:27)

83. 헛되이, 거짓, 21, 34

84. 오늘 읽은 말씀 중 가장 좋아하는 성경 구절을 외워 쓰십시오.

시가서(개역개정판) 성경대학문제 해답

02 욥기 22-42장

1. 사람, 유익, 지혜, 유익, 22, 2

2. 과부, 고아, 올무들, 두려움, 어둠, 홍수(욥 22:9-11)

3. 화목, 복, 엘리바스(욥 22:21)

4. 하나님, 하나님(욥 22:22)

5. 사람들, 교만, 겸손, 22, 29

6. 하나님, 처소, 호소, 입, 말씀, 깨달, 23, 3-5

7. 권능, 다투, 말, 정직, 심판자, 하나님, 욥(욥 23:6-7)

8. 길, 단련, 순금, 23, 10

9. 입술, 음식, 말씀, 23, 12

10. 전능자, 아는, 날, 24, 1

11. 광명, 도리, 길(욥 24:13)

12. 능력, 끌어, 확신, 24, 22

13. 하나님, 높은, 화평, 25, 2

14. 하나님, 의, 깨끗, 25, 4

15. 힘, 기력, 구원, 26, 2

16. 하나님, 몸, 가림(욥 26:6)

17. 능력, 지혜, 26, 12

18. 입술, 혀, 27, 4

19. 공의, 마음, 욥(욥 27:6)

20. 불경건, 영혼, 희망, 27, 8

21. 은, 의복, 준비, 은, 악인(포악자, 욥 27:16-17, 13)

22. 바위, 뿌리, 수로, 보물, 누수, 감추, 밝은, 28, 9-11

23. 지혜, 명철, 길, 땅, 28, 12-13

24. 진주, 지혜(욥 28:18)

25. 지혜, 명철, 28, 28

26. 하나님, 다시, 등불, 빛, 암흑, 29, 2-3

27. 원기, 원, 장막(욥 29:4)

28. 축복, 증언, 빈민, 고아, 욥(욥 29:11-12)

29. 의, 정의(욥 29:14)

30. 보금자리, 모래알(욥 29:18)

31. 희망, 잠잠, 29, 21

32. 미워, 얼굴, 30, 10

33. 사람, 손, 재앙, 도움, 30, 24

34. 눈, 처녀, 31, 1

35. 길, 걸음, 하나님(욥 31:4)

36. 공평, 온전함, 31, 6

37. 고아, 아비, 과부, 욥(욥 31:18)

38. 미워, 재난(욥 31:29)

39. 나그네, 행인(욥 31:32)

40. 값, 소유주, 밀, 보리, 마땅, 욥, 31, 39–40

41. 화, 의, 화, 대답, 정죄, 32, 2–3, 엘리바스, 빌닷, 소발

42. 영, 깨달음, 지혜, 깨닫는, 엘리후(욥 32:8–9)

43. 낯, 영광, 아첨, 32, 21–22

44. 마음, 입술, 진실, 영, 기운, 33, 3–4

45. 구덩이, 생명, 멸망, 하나님(욥 33:18, 14)

46. 불쌍히, 구덩이, 대속물, 33, 24

47. 기도, 은혜, 기뻐, 얼굴, 공의(욥 33:26)

48. 말, 기쁜, 의, 말, 지혜, 엘리후가 욥에게(욥 33:33)

49. 음식물, 말, 정의, 선, 34, 3–4

50. 총명, 하나님, 전능자, 행위, 행위, 34, 10–11

51. 사람, 사람, 행악자, 사망(욥 34:21–22)

52. 하나님, 죄, 범죄, 깨닫지, 악(욥 34:31–32)

53. 욥, 원, 악인, 엘리후(욥 34:36)

54. 교만, 대답, 하나님, 전능자, 35, 12–13

55. 하나님, 멸시, 지혜, 악인, 고난, 눈, 왕들, 존귀, 36, 5–7

56. 귀, 죄악, 순종, 형통, 해(욥 36:10–11)

57. 마음, 분노, 도움, 36, 13

58. 환난, 넉넉한, 상(욥 36:16)

59. 분노, 뇌물, 길(욥 36:18)

60. 하나님, 잊지, 찬송, 욥(욥 36:24)

61. 하나님, 알, 헤아릴(욥 36:26)

62. 우레, 가축들, 36, 33

63. 음성, 큰, 눈, 비, 37, 5–6

64. 손, 지으신, 하나님(욥 37:7, 2)

65. 욥, 하나님, 하나님, 명령, 번개, 37, 14–15

66. 황금, 위엄, 37, 22

67. 땅, 어디, 말, 38, 4

68. 아침, 새벽, 여호와께서 욥에게(욥 38:12)

69. 바다, 물(욥 38:16)

70. 별자리들, 북두성, 이끌어, 38, 32

71. 궤도, 법칙(욥 38:33)

72. 까마귀, 먹을, 먹이, 38, 41

73. 새끼, 암사슴, 39, 1

74. 들소, 일, 외양간(욥 39:9)

75. 말, 갈기, 여호와, 욥(욥 39:19)

76. 독수리, 보금자리, 명령, 39, 27

77. 욥, 트집, 다투, 탓, 욥, 비천, 대답,

내 입, 40, 1–4

78. 공의, 악, 능력, 천둥(욥 40:8–9)

79. 소, 지은, 40, 15

80. 낚시, 노끈, 41, 1

81. 격동, 대항, 리워야단(욥 41:10, 1)

82. 천하, 41, 11

83. 이치, 깨닫지도, 알, 어려운, 욥이 여호와께(욥 42:3)

84. 귀, 눈, 스스로, 티끌, 회개, 42, 5–6

85. 친구들, 곤경, 소유, 42, 10

86. 말년, 복, 만 사천, 육천, 겨리, 천, 일곱, 셋(욥 42:12–13)

87. 백사십, 사, 나이, 42, 16–17

88. 오늘 읽은 말씀 중 가장 좋아하는 성경 구절을 외워 쓰십시오.

시가서(개역개정판) 성경대학문제 해답

03 시편 1-30편

1. 악인들, 죄인들, 오만한, 율법, 율법, 시냇가, 열매, 잎사귀, 모든, 1, 1–3
2. 구, 유업, 땅 끝, 철장, 질그릇, 2, 8–9
3. 복, 2, 12
4. 천만인, 두려워(시 3:6)
5. 구원, 복, 3, 8
6. 평안히, 안전히, 여호와, 4, 8
7. 아침, 소리, 아침, 기도, 다윗(시 5:3)
8. 복, 은혜, 5, 12
9. 영혼, 구원(시 6:4)
10. 간구, 기도, 6, 9
11. 정직한, 하나님, 7, 10
12. 웅덩이, 함정, 7, 15
13. 사람, 인자, 하나님, 영화, 관, 8, 4–5
14. 감사, 전, 9, 1
15. 아는, 찾는(시 9:10)
16. 이방, 웅덩이, 그물(시 9:15)
17. 두렵게, 인생일, 9, 20
18. 자랑, 여호와(시 10:3)
19. 고아, 심판, 위협, 10, 18
20. 눈, 안목, 11, 4
21. 여호와, 정직한, 11, 7
22. 말씀, 일곱, 은, 12, 6
23. 찬송, 은덕, 13, 6
24. 마음, 없다, 부패, 선, 14, 1
25. 계획, 피난처, 14, 6
26. 정직하게 행하는 자, 공의를 실천하는 자(시 15:1–5)
27. 성도들, 즐거움, 16, 3
28. 훈계, 양심, 16, 7
29. 기쁨, 즐거움, 16, 11
30. 입, 다윗(시 17:3)
31. 눈동자, 날개, 17, 8
32. 얼굴, 형상, 17, 15
33. 힘, 주, 다윗(시 18:1)
34. 환난, 하나님, 소리, 18, 6
35. 상, 갚으, 18, 20
36. 원수, 망, 18, 37
37. 살아, 찬송, 구원, 다윗(시 18:46)
38. 구원, 인자, 다윗, 18, 50

39. 영광, 손, 19, 1

40. 율법, 증거, 지혜롭게, 교훈, 기쁘, 계명, 눈, 19, 7–8

41. 죄, 죄, 19, 13

42. 입, 마음, 열납, 19, 14

43. 마음, 계획, 20, 4

44. 병거, 말, 이름, 20, 7

45. 생명, 장수, 21, 4

46. 능력, 권능, 21, 13

47. 마 27:46, 막 15:34

48. 찬송, 거룩, 22, 3

49. 날, 모태, 하나님(시 22:10)

50. 멸시, 얼굴, 울부짖을, 22, 24

51. 목자, 부족, 풀밭, 영혼, 의, 사망, 해, 함께, 지팡이, 23, 1–4

52. 손이 깨끗한 자, 마음이 청결한 자(시 24:3–4)

53. 진리, 구원, 종일, 25, 5

54. 젊은, 허물, 인자, 기억(시 25:7)

55. 곤고, 죄(시 25:18)

56. 성실, 보호, 25, 21

57. 시험, 양심, 26, 2

58. 빛, 구원, 능력, 27, 1

59. 소리, 긍휼히, 27, 7

60. 부모, 여호와, 다윗(시 27:10)

61. 여호와, 여호와, 27, 14

62. 힘, 마음, 도움, 28, 7

63. 이름, 옷, 29, 2

64. 평강, 29, 11

65. 하나님, 고치, 30, 2

66. 노염, 은총, 울음, 기쁨, 30, 5

67. 하나님, 감사 30, 12

68. 오늘 읽은 말씀 중 가장 좋아하는 성경 구절을 외워 쓰십시오.

시가서(개역개정판) 성경대학문제 해답

04 시편 31-60편

1. 반석, 이름, 지도, 31, 3

2. 영, 진리, 속량, 다윗(시 31:5)

3. 손, 원수들, 건져, 31, 15

4. 성도들아, 진실, 교만하게, 31, 23

5. 허물, 죄, 복, 다윗(시 32:1)

6. 허물, 죄, 죄악, 죄악, 32, 5

7. 기회, 기도, 홍수, 미치지(시 32:6)

8. 길, 주목(시 32:8)

9. 슬픔, 인자하심, 32, 10

10. 의인들, 찬송, 33, 1

11. 말씀, 입, 33, 6

12. 하나님, 기업, 복, 33, 12

13. 마음, 일(시 33:15)

14. 경외, 바라는, 사방, 굶주릴, 33, 18–19

15. 간구, 두려움(시 34:4)

16. 천사, 둘러(시 34:7)

17. 사자, 여호와, 부족함, 34, 10

18. 악, 화평, 34, 14

19. 눈, 귀, 기울(시 34:15)

20. 마음, 통회, 34, 18

21. 뼈, 하나도, 34, 20, 요 19:36

22. 다투, 싸우, 35, 1

23. 영혼, 구원, 35, 9

24. 병, 금식, 기도(시 35:13)

25. 감사, 찬송(시 35:18)

26. 혀, 찬송, 35, 28

27. 인자, 보배, 날개, 36, 7

28. 발, 손, 36, 11

29. 기뻐, 소원, 37, 4

30. 분, 불평, 악(시 37:8)

31. 악, 여호와, 땅, 37, 9

32. 복, 저주(시 37:22)

33. 어려서, 의인, 자손, 걸식함, 종일토록, 꾸어, 복, 37, 25–26

34. 입, 혀, 마음, 실족함, 37, 30–31

35. 화평한, 평안(시 37:37)

36. 노하심, 책망, 징계, 38, 1

37. 주, 응답(시 38:15)

38. 버리지, 멀리하지, 속히, 구원, 38, 21–22

39. 혀, 악인, 입, 39, 1

40. 한 뼘, 일생, 39, 5

41. 무엇, 소망(시 39:7)

42. 용서, 건강, 39, 13

43. 여호와, 귀, 들으, 다윗(시 40:1)

44. 뜻, 심중, 40, 8

45. 주, 구원, 여호와, 40, 16

46. 가난한, 복, 재앙, 41, 1

47. 병상, 병, 가난한 자를 보살피는 자(시 41:3)

48. 온전한, 앞에, 여호와, 송축, 아멘, 41, 12–13

49. 사슴, 영혼, 42, 1

50. 영혼아, 불안해, 소망, 찬송(시 42:5)

51. 찬송, 생명, 기도, 42, 8

52. 빛, 인도, 계시는, 43, 3

53. 땅, 팔, 주, 빛, 기뻐, 이스라엘의 조상(시 44:3)

54. 자랑, 이름, 감사(시 44:8)

55. 마음, 44, 21

56. 은혜, 하나님, 복, 45, 2

57. 정의, 악, 왕, 기름, 동료(시 45:7)

58. 이름, 만민, 찬송, 45, 17

59. 피난처, 환난, 도움, 46, 1

60. 하나님, 높임, 높임, 46, 10

61. 하나님, 왕(시 47:6)

62. 백성, 보좌, 47, 8

63. 이름, 땅, 정의(시 48:10)

64. 영원히, 죽을, 48, 14

65. 지혜, 망, 재물, 떠나는, 49, 10

66. 치부, 영광, 죽으매, 영광(시 49:16–17)

67. 존귀, 짐승, 49, 20

68. 전능, 해, 세상, 50, 1

69. 환난, 건지, 영화(시 50:15)

70. 감사, 영화, 행위, 구원, 50, 23

71. 하나님, 은혜, 죄악, 51, 1

72. 죄악, 죄(시 51:2)

73. 하나님, 마음, 영, 앞, 성령, 구원, 자원, 51, 10–12

74. 입술, 입, 전파, 다윗(시 51:15)

75. 하나님, 통회, 멸시, 51, 17

76. 혀, 말(시 52:4)

77. 감람, 인자, 52, 8

78. 어리석은, 하나님, 악, 선, 53, 1

79. 돕는, 생명, 54, 4

80. 기도, 간구, 55, 1

81. 아침, 탄식, 소리(시 55:17)

82. 여호와, 의인, 허락, 55, 22

83. 말씀, 하나님, 두려워하지, 사람, 다윗(시 56:4)

84. 유리함, 눈물, 책, 56, 8

85. 지존, 모든(시 57:2)

86. 영광, 수금, 새벽, 57, 8

87. 정의, 인자들, 판결, 58, 1

88. 의인, 심판(시 58:11)

89. 악, 피, 구원, 59, 2

90. 힘, 찬송, 요새, 하나님(시 59:17)

91. 땅, 틈, 땅, 60, 2

92. 대적, 구원, 60, 11

93. 오늘 읽은 말씀 중 가장 좋아하는 성경 구절을 외워 쓰십시오.

시가서(개역개정판) 성경대학문제 해답

05 시편 61-90편

1. 부르짖음, 기도(시 61:1)

2. 서원, 경외, 다윗(시 61:5)

3. 반석, 구원, 크게, 62, 2

4. 인자함, 행한(시 62:12)

5. 권능, 성소, 63, 2

6. 입, 찬송, 침상, 새벽, 읊조릴, 63, 5–6

7. 근심, 원수, 생명, 다윗(시 64:1)

8. 의인, 즐거워, 마음, 자랑, 64, 10

9. 기도, 육체, 65, 2

10. 죄악, 허물, 다윗(시 65:3)

11. 바다, 무리, 주, 66, 6

12. 시험, 은(시 66:10)

13. 마음, 주, 하나님, 기도, 66, 18–19

14. 도, 구원(시 67:2)

15. 복, 하나님(시 67:7)

16. 고독한, 갇힌, 형통, 거역, 땅(시 68:6)

17. 가난한, 은택(시 68:10)

18. 짐, 구원(시 68:19)

19. 위엄, 이스라엘, 힘, 찬송, 68, 35

20. 우매함, 죄(시 69:5)

21. 여호와, 기도, 인자, 69, 13

22. 쓸개, 초, 69, 21

23. 노래, 감사함, 다윗(시 69:30)

24. 구원, 항상, 위대, 70, 4

25. 모태, 어머니, 택, 찬송, 71, 6

26. 주, 구원, 전(시 71:15)

27. 백발, 버리지, 전, 전(시 71:18)

28. 찬양, 기뻐, 영혼, 71, 23

29. 왕, 아들, 72, 1

30. 이름, 찬송, 영광, 아멘, 72, 19

31. 성소, 종말, 악인(시 73:17)

32. 교훈, 영광, 하늘, 땅, 사모, 73, 24–25

33. 하나님, 복, 피난처, 주, 전파, 아삽(시 73:28)

34. 마음, 진멸, 회당(시 74:8)

35. 왕, 구원, 아삽(시 74:12)

36. 뿔, 말, 75, 5

37. 악인들, 의인, 75, 10

38. 하늘, 잠잠, 온유, 심판, 76, 8–9

39. 음성, 음성, 귀, 아삽(시 77:1)

40. 양, 모세(시 77:20)

41. 바다, 무더기, 그들, 구름, 불빛, 하나님(여호와)(시 78:13–14)

42. 만나, 양식(시 78:24)

43. 고기, 새, 78, 27

44. 반석, 구속자, 78, 35

45. 권능, 대적, 기억, 78, 42

46. 죄악, 긍휼(시 79:8)

47. 백성, 양, 감사, 전, 79, 13

48. 회복, 광채, 구원, 80, 7

49. 능력, 노래, 즐거이, 81, 1

50. 애굽, 입, 채우, 81, 10

51. 가난한, 악인들(시 82:4)

52. 신들, 아들들, 82, 6

53. 침묵, 잠잠(시 83:1)

54. 여호와, 지존자, 83, 18

55. 집, 복, 찬송(시 84:4)

56. 한, 천, 악인, 문지기, 84, 10

57. 구원, 분노, 85, 4

58. 인자, 구원(시 85:7)

59. 인애, 화평, 진리, 의, 85, 10–11

60. 사죄, 인자함, 86, 5

61. 기도, 간구, 다윗(시 86:6)

62. 기이한, 하나님(시 86:10)

63. 긍휼히, 노하기, 풍성, 은혜, 힘, 아들, 86, 15–16

64. 기도, 귀, 88, 2

65. 여호와, 아침, 88, 13

66. 기이한, 성실, 찬양(시 89:5)

67. 공의, 기초, 진실함(시 89:14)

68. 다윗, 기름(시 89:20)

69. 아버지, 구원(시 89:26)

70. 후손, 하늘, 다윗(시 89:29)

71. 거룩함, 다윗, 89, 35

72. 땅, 조성, 영원, 하나님, 90, 2

73. 목전, 어제, 순간(시 90:4)

74. 칠십, 팔십, 자랑, 신속히, 90, 10

75. 계수, 지혜, 모세(시 90:12)

76. 아침, 만족, 일생(시 90:14)

77. 행, 종들, 영광, 90, 16

78. 오늘 읽은 말씀 중 가장 좋아하는 성경 구절을 외워 쓰십시오.

시가서(개역개정판) 성경대학문제 해답

06 시편 91-120편

1. 사냥꾼, 전염병, 여호와(시 91:3)

2. 천, 만, 재앙, 91, 7

3. 천사들, 길, 손, 돌, 마태복음 4장 6절(시 91:11–12)

4. 의인, 번성, 성장, 집, 뜰, 92, 12–13

5. 보좌, 영원, 93, 2

6. 증거들, 합당(시 93:5)

7. 세계, 교만, 벌(시 94:2)

8. 귀, 눈, 보지, 94, 9

9. 근심, 영혼(시 94:19)

10. 여호와, 구원(시 95:1)

11. 경배, 여호와, 하나님, 백성, 양, 95, 6–7

12. 여호와, 송축, 전파(시 96:2)

13. 이름, 예물, 96, 8

14. 여호와, 악, 성도, 악인, 97, 10

15. 빛, 기쁨(시 97:11)

16. 구원, 공의, 명백히(시 98:2)

17. 여호와, 소리, 찬송, 98, 4

18. 세계, 백성(시 98:9)

19. 정의, 99, 4

20. 여호와, 발등상, 거룩, 99, 5

21. 하나님, 지으신, 백성, 양(시 100:3)

22. 감사함, 찬송함, 감사, 송축, 100, 4

23. 여호와, 인자, 성실, 100, 5

24. 이웃, 멸, 교만, 용납, 101, 5

25. 아침, 악인, 여호와, 101, 8

26. 기도, 상달, 102, 1

27. 기도, 기도, 102, 17

28. 중년, 무궁, 102, 24

29. 천지, 영존, 옷, 바꾸, 한결, 무궁, 102, 26–27

30. 영혼, 속, 이름, 다윗(시 103:1)

31. 죄악, 병, 파멸, 긍휼, 소원, 독수리, 여호와(시 103:3–5)

32. 동, 죄과, 멀리, 103, 12

33. 인생, 영화(시 103:15)

34. 인자, 경외, 영원, 자손, 언약, 기억, 103, 17–18

35. 기초, 영원히(시 104:5)

36. 마음, 얼굴, 마음(시 104:15)

37. 일, 지혜, 지으신, 104, 24

38. 평생, 살아, 찬양, 104, 33

39. 감사, 만민, 105, 1

40. 기름, 선지자들, 여호와(시 105:15)

41. 말씀, 단련, 105, 19

42. 백성, 표적, 징조들, 모세와 아론(시 105:27)

43. 은 금, 지파, 하나도(시 105:37)

44. 메추라기, 양식, 105, 40

45. 감사, 인자, 106, 1

46. 정의, 공의, 복, 106, 3

47. 이름, 구원, 만인(시 106:8)

48. 송아지, 경배, 형상, 106, 19–20

49. 구원, 모으시고, 감사, 찬양, 106, 47

50. 영혼, 영혼, 107, 9

51. 말씀, 위험한(시 107:20)

52. 인자, 기적, 찬송(시 107:15)

53. 비파, 새벽, 다윗(시 108:2)

54. 의지, 대적들, 108, 13

55. 사랑, 기도, 다윗(시 109:4)

56. 저주, 자기, 복, 109, 17

57. 저주, 복, 109, 28

58. 원수들, 오른쪽, 여호와(시 110:1)

59. 권능, 옷, 새벽, 청년들, 110, 3

60. 정직, 전심, 감사, 111, 1

61. 경외, 양식, 기억(시 111:5)

62. 경외, 지혜, 111, 10

63. 여호와, 계명, 복, 112, 1

64. 은혜, 잘, 정의, 의인, 기억, 112, 5–6

65. 빈궁한, 의, 영광(시 112:9)

66. 해, 해, 이름, 113, 3

67. 반석, 차돌, 114, 8

68. 영광, 우리, 주, 이름, 115, 1

69. 높은, 낮은, 경외, 복, 115, 13

70. 이제, 송축(시 115:18)

71. 음성, 사랑, 귀, 평생, 116, 1–2

72. 경건한, 귀중한(시 116:15)

73. 인자, 영원, 117, 2

74. 편, 사람(시 118:6)

75. 여호와, 신뢰, 118, 9

76. 능력, 구원, 118, 14

77. 죽지, 선포(시 118:17)

78. 버린, 머릿돌, 여호와, 기이한, 118, 22–23

79. 행실, 말씀(시 119:9)

80. 범죄, 말씀(시 119:11)

81. 법도들, 주, 읊조, 119, 27

82. 율례들, 끝(시 119:33)

83. 주, 영원히, 119, 44

84. 밤, 법(시 119:55)

85. 주, 주, 친구, 119, 63

86. 고난, 주(시 119:71)

87. 경외, 기뻐, 말씀(시 119:74)

88. 즐거움, 고난(시 119:92)

89. 증거들, 명철함, 스승, 법도들, 노

인, 119, 99–100

90. 말씀, 꿀(시 119:103)

91. 말씀, 빛, 119, 105

92. 주, 순금, 사랑, 119, 127

93. 말씀, 사람들(시 119:130)

94. 발걸음, 죄악(시 119:133)

95. 밝기, 말씀, 말씀, 새벽녘, 119, 147–148

96. 규례들, 일곱(시 119:164)

97. 환난, 응답, 120, 1

98. 화평, 싸우려, 120, 7

99. 오늘 읽은 말씀 중 가장 좋아하는 성경 구절을 외워 쓰십시오.

시가서(개역개정판) 성경대학문제 해답

07 시편 121-150편

1. 눈, 도움, 천지, 여호와, 121, 1–2
2. 실족, 졸지(시 121:3)
3. 환난, 영혼(시 121:7)
4. 여호와, 기뻐(시 122:1)
5. 평안, 사랑, 다윗(시 122:6)
6. 눈, 123, 1
7. 영혼, 새, 올무, 도움, 이름, 124, 7–8
8. 선한, 정직, 125, 4
9. 포로, 꿈꾸는, 126, 1
10. 씨, 기쁨, 씨, 기쁨, 곡식(시 126:5–6)
11. 집, 수고, 성, 파수꾼(시 127:1)
12. 잠, 솔로몬(시 127:2)
13. 기업, 상급, 127, 3
14. 화살, 화살통, 복, 127, 4–5
15. 손, 복, 128, 2
16. 복, 평생, 자식, 평강, 128, 5–6
17. 여호와, 악인들, 129, 4
18. 아침, 영혼, 파수꾼, 더, 130, 6
19. 마음, 눈, 일, 일, 다윗(시 131:1)
20. 언약, 증거, 왕위, 다윗, 여호와(시 132:12)
21. 원수, 왕관, 다윗(시 132:18)
22. 연합, 선, 133, 1
23. 복, 영생, 다윗(시 133:3)
24. 천지, 복, 134, 3
25. 여호와, 야곱, 소유, 135, 4
26. 은금, 손, 135, 15
27. 경외, 송축, 135, 20
28. 감사, 인자 136, 1
29. 해, 감사, 영원, 밤, 감사, 영원, 136, 8–9
30. 홍해, 감사, 영원, 통과, 감사, 영원, 136, 13–14
31. 비천, 감사, 영원(시 136:23)
32. 육체, 감사, 영원, 136, 25
33. 바벨론, 시온, 137, 1
34. 예루살렘, 재주(시 137:5)
35. 바벨론, 행, 복, 137, 8
36. 예배, 성실, 감사, 말씀, 이름(시 138:2)

37. 여호와, 낮은, 교만한, 138, 6

38. 환난, 살아, 원수들, 구원, 다윗(시 138:7)

39. 앉고, 생각, 길, 살펴, 행위, 혀, 하나도, 139, 2–4

40. 앞뒤, 안수, 139, 5

41. 영, 앞, 하늘, 계시며, 거기(시 139:7–8)

42. 새벽, 바다, 손, 오른손(시 139:9–10)

43. 내장, 만드, 감사, 기묘, 영혼, 139, 13–14

44. 형질, 눈, 정한, 책(시 139:16)

45. 마음, 뜻, 악한, 영원한, 139, 23–24, 다윗

46. 하나님, 간구, 140, 6

47. 의인들, 정직, 다윗(시 140:13)

48. 입, 문, 141, 3

49. 은혜, 기름, 거절, 재난, 기도(시 141:5)

50. 그물, 면, 141, 10

51. 비천, 건지, 다윗(시 142:6)

52. 심판, 눈, 하나도, 143, 2

53. 아침, 말씀, 의뢰, 길, 영혼, 143, 8

54. 하나님, 뜻, 영, 공평(시 143:10)

55. 사람, 알아, 생각, 헛것, 그림자(시 144:3)

56. 하나님, 복, 144, 15

57. 왕, 주, 이름(시 145:1)

58. 간구, 간구, 가까이(시 145:18)

59. 사랑, 보호, 멸, 145, 20

60. 생전, 평생, 찬송(시 146:2)

61. 귀인들, 인생, 호흡, 흙, 생각(시 146:3–4)

62. 여호와, 소망, 복(시 146:5)

63. 나그네들, 과부, 길, 146, 9

64. 수효, 이름, 여호와(시 147:4)

65. 겸손, 악인들(시 147:6)

66. 경외, 바라는, 147, 11

67. 하늘, 높은, 천사, 찬양, 찬양, 찬양, 148, 1–3

68. 총각, 이름, 148, 12–13

69. 새, 성도, 찬양(시 149:1)

70. 춤, 소고, 여호와, 기뻐, 구원(시 149:3–4)

71. 성소, 찬양, 궁창, 능, 위대, 150, 1–2

72. 나팔, 수금, 춤, 퉁소, 제금, 제금, 150, 3–5

73. 호흡, 찬양(시 150:6)

74. 오늘 읽은 말씀 중 가장 좋아하는 성경 구절을 외워 쓰십시오.

시가서(개역개정판) 성경대학문제 해답

08 잠언 1-15장

1. 솔로몬(잠 1:1)

2. 경외, 근본, 훈계, 1, 7

3. 아비, 어미, 머리, 목, 1, 8-9

4. 함께, 발, 악한 자(잠 1:15, 10)

5. 책망, 영, 말, 지혜(잠 1:23, 20)

6. 평안히, 안전, 1, 33

7. 정직한, 행실, 정의, 성도들, 2, 7-8

8. 근신, 명철, 길, 건져, 2, 11-12

9. 정직한, 완전한, 악인, 간사한, 2, 21-22

10. 법, 마음, 명령, 장수, 평강, 3, 1-2

11. 진리, 목, 마음판, 하나님, 귀중히, 3, 3-4

12. 마음, 명철, 인정, 지도, 3, 5-6

13. 지혜, 경외, 양약, 윤택, 3, 7-8

14. 재물, 열매, 창고, 새, 3, 9-10

15. 진주, 사모, 비교, 장수, 부귀, 즐거운, 평강, 3, 15-17

16. 선, 마땅히, 아끼지, 3, 27

17. 높이라, 높이, 영화, 지혜(잠 4:8, 7)

18. 말, 생명, 4, 10

19. 햇살, 광명, 4, 18

20. 지킬, 마음, 근원, 4, 23

21. 지혜, 귀, 입술(잠 5:1-2)

22. 아내, 암사슴, 품, 사랑, 5, 18-19

23. 눈, 길, 5, 21

24. 개미, 지혜, 감독자, 먹을, 추수, 양식, 6, 6-8

25. 마음, 거짓된 혀, 무죄한 자의 피를 흘리는 손, 악한 계교를 꾀하는 마음, 빨리 악으로 달려가는 발, 거짓을 말하는 망령된 증인, 형제 사이를 이간하는 자(잠 6:16-19)

26. 명령, 빛, 생명, 6, 23

27. 계명, 눈동자, 손가락, 마음판, 7, 2-3

28. 젊은이, 도수장, 벌, 쇠사슬, 음녀(잠 7:22, 8)

29. 은, 훈계, 정금, 8, 10

30. 악, 교만, 입, 8, 13

31. 사랑, 만날, 지혜(잠 8:17, 12)

32. 들으며, 기다리며, 복, 생명, 은총, 8, 34-35

33. 거만, 미워, 지혜, 사랑(잠 9:8)
34. 경외, 아는, 명철, 9, 10
35. 지혜, 유익, 거만, 해, 9, 12
36. 지혜, 기쁘게, 근심(잠 10:1)
37. 입, 독, 10, 11
38. 다툼, 허물(잠 10:12)
39. 허물, 입술, 지혜(잠 10:19)
40. 의인, 교육, 지식(잠 10:21)
41. 악인, 의인, 10, 24
42. 장수, 수명(잠 10:27)
43. 의인, 악인, 10, 32
44. 욕, 지혜, 11, 2
45. 이웃, 지식(잠 11:9)
46. 축복, 입(잠 11:11)
47. 한담, 누설, 신실(잠 11: 13)
48. 보증, 보증, 평안, 11, 15
49. 여인, 금(잠 11:22)
50. 구제, 윤택(잠 11:25)
51. 생명, 사람, 11, 30
52. 면류관, 뼈, 12, 4
53. 입, 복록, 행(잠 12:14)
54. 분노, 수욕, 12, 16
55. 함부로, 지혜, 양약(잠 12:18)
56. 재앙, 앙화(잠 12:21)
57. 부지런한, 게으른(잠 12:24)
58. 입, 복록, 마음, 13, 2
59. 입, 생명, 입술, 멸망(잠 13:3)
60. 다툼, 권면, 13, 10
61. 지혜, 생명, 그물(잠 13:14)
62. 지혜, 해, 13, 20
63. 선인, 손손, 의인(잠 13:22)
64. 매, 자식, 사랑, 13, 24
65. 지혜, 미련한, 14, 1
66. 소, 소(잠 14:4)
67. 거만, 명철(잠 14:6)
68. 노, 어리석은, 미움(잠 14:17)
69. 이웃, 죄, 불쌍히, 복, 14, 21
70. 경외, 자녀들(잠 14:26)
71. 백성, 영광, 패망(잠 14:28)
72. 가난한, 멸시, 불쌍히, 공경, 14, 31
73. 분노, 노, 15, 1
74. 혀, 혀, 상(잠 15:4)
75. 마음, 빛, 심령, 15, 13
76. 고난, 마음, 잔치, 15, 15
77. 가산, 경외, 번뇌, 15, 16
78. 채소, 사랑, 소, 미워(잠 15:17)
79. 분, 다툼, 노, 시비, 15, 18
80. 의논, 경영, 경영(잠 15:22)
81. 눈, 좋은, 윤택, 15, 30
82. 경외, 겸손, 15, 33
83. 오늘 읽은 말씀 중 가장 좋아하는 성경 구절을 외워 쓰십시오.

시가서(개역개정판) 성경대학문제 해답

09 잠언 16-31장

1. 경영, 여호와(잠 16:1)
2. 행사, 경영(잠 16:3)
3. 행위, 원수, 화목, 16, 7
4. 사람, 계획, 인도, 여호와(잠 16:9)
5. 의로운, 정직, 사랑(잠 16:13)
6. 지혜, 명철, 더욱(잠 16:16)
7. 교만, 마음, 겸손, 마음, 탈취물, 16, 18–19
8. 꿀송이, 양약(잠 16:24)
9. 노, 용사, 마음, 성, 16, 32
10. 마른, 화목, 제육, 다투, 17, 1
11. 은, 금, 마음(잠 17:3)
12. 조롱, 멸시, 재앙, 면(잠 17:5)
13. 노인, 영화(잠 17:6)
14. 허물, 사랑, 거듭, 이간, 17, 9
15. 암곰, 미련한(잠 17:12)
16. 사랑, 위급(잠 17:17)
17. 양약, 뼈, 17, 22
18. 지식, 명철, 17, 27
19. 명철, 의사(잠 18:2)
20. 말, 별식(잠 18:8)
21. 교만, 겸손, 18, 12
22. 병, 상, 18, 14
23. 다툼, 해결(잠 18:18)
24. 힘, 열매, 18, 21
25. 지식, 발, 잘못(잠 19:2)
26. 은혜, 선물, 친구, 19, 6
27. 노, 용서, 19, 11
28. 조상, 여호와(잠 19:14)
29. 가난한, 여호와, 선행, 19, 17
30. 마음, 여호와(잠 19:21)
31. 경외, 생명, 경외, 재앙, 19, 23
32. 다툼, 영광, 다툼, 20, 3
33. 온전, 후손(잠 20:7)
34. 귀, 여호와, 20, 12
35. 금, 지혜, 보배(잠 20:15)
36. 한담, 누설, 사귀지(잠 20:19)
37. 악, 여호와, 구원(잠 20:22)
38. 걸음, 사람, 길(잠 20:24)
39. 사람, 등불, 속, 20, 27
40. 행위, 정직, 감찰, 21, 2

41. 눈, 교만, 죄(잠 21:4)

42. 여인, 집, 움막(잠 21:9)

43. 귀, 소리, 자기, 들을, 21, 13

44. 속전, 대신(잠 21:18)

45. 혀, 영혼(잠 21:23)

46. 탐, 베푸(잠 21:26)

47. 마병, 여호와, 21, 31

48. 겸손, 보상, 생명, 22, 4

49. 아이, 늙어도, 22, 6

50. 선, 복, 가난한(잠 22:9)

51. 아이, 징계(잠 22:15)

52. 귀, 지혜, 지식(잠 22:17)

53. 노, 울분, 행위, 올무, 22, 24–25

54. 능숙, 왕(잠 22:29)

55. 마음, 위인, 마음, 23, 7

56. 귀, 지혜, 23, 9

57. 입술, 유쾌, 23, 16

58. 형통, 여호와(잠 23:17)

59. 진리, 명철(잠 23:23)

60. 부모, 어미(잠 23:25)

61. 포도주, 보지도, 23, 31

62. 지혜, 지식, 전략, 지략, 24, 5–6

63. 죄, 미움(잠 24:9)

64. 환난, 미약함(잠 24:10)

65. 꿀, 송이꿀, 입, 영혼, 얻으면, 소망, 24, 13–14

66. 일곱, 다시, 재앙, 24, 16

67. 여호와, 반역자(잠 24:21)

68. 견책, 복, 악인(잠 24:25, 24)

69. 자자, 누워, 강도, 군사, 24, 33–34

70. 찌꺼기, 그릇, 악, 왕위, 25, 4–5

71. 변론, 누설(잠 25:9)

72. 말, 금 사과, 25, 11

73. 참, 혀(잠 25:15)

74. 꿀, 과식함(잠 25:16)

75. 이웃집, 싫어(잠 25:17)

76. 이웃, 방망이, 화살, 25, 18

77. 네 원수, 음식, 물, 숯, 여호와(잠 25:21–22)

78. 먼, 기별, 냉수, 25, 25

79. 말, 나귀, 막대기(잠 26:3)

80. 미련한, 대답, 지혜, 26, 5

81. 개, 도로, 미련한, 거듭(잠 26:11)

82. 지혜, 미련한, 희망, 26, 12

83. 길, 상관, 개(잠 26:17)

84. 불, 다툼(잠 26:20)

85. 함정, 돌, 26, 27

86. 내일, 하루, 알, 27, 1

87. 타인, 입, 외인, 입술(잠 27:2)

88. 분, 투기(잠 27:4)

89. 면책, 27, 5

90. 친구, 환난, 집, 이웃(잠 27:10)

91. 여자, 물방울(잠 27:15)

92. 철, 친구, 빛, 27, 17

93. 미련한, 절구, 미련, 27, 22

94. 죄, 명철, 장구, 28, 2

95. 성실, 굽게(잠 28:6)

96. 귀, 기도(잠 28:9)

97. 죄, 죄, 불쌍히(잠 28:13)

98. 복, 형벌(잠 28:20)

99. 가난, 궁핍, 본, 저주, 28, 27

100. 책망, 패망, 29, 1

101. 의인, 악인, 탄식(잠 29:2)

102. 의인, 악인(잠 29:7)

103. 지혜, 지혜, 다툼, 29, 9

104. 가난한, 왕위(잠 29:14)

105. 지혜, 자식, 29, 15

106. 징계, 평안, 기쁨(잠 29:17)

107. 묵시, 방자히, 복(잠 29:18)

108. 말, 미련한, 희망, 29, 20

109. 교만, 겸손(잠 29:23)

110. 올무, 의지(잠 29:25)

111. 은혜, 여호와, 29, 26

112. 두, 죽기, 헛된, 멀리, 부, 양식, 30, 7–8

113. 종, 비방, 지주, 죄책(잠 30:10)

114. 조롱, 싫어, 독수리(잠 30:17)

115. 진동, 견딜, 종, 자, 미움, 여종(잠 30:21–23)

116. 미련, 악, 입, 30, 32

117. 여자들, 왕들, 행, 31, 3

118. 포도주, 왕들, 왕들, 독주, 마땅(잠 31:4)

119. 말, 고독, 입, 입, 곤고, 궁핍(잠 31:8–9)

120. 현숙, 진주, 31, 10

121. 곤고, 궁핍, 현숙한 여인(잠 31:20, 10)

122. 고운, 아름다운, 경외, 칭찬, 31, 30

123. 오늘 읽은 말씀 중 가장 좋아하는 성경 구절을 외워 쓰십시오.

시가서(개역개정판) 성경대학문제 해답

10 전도서 1-12장

1. 솔로몬(다윗의 아들 예루살렘 왕)(전 1:1)

2. 헛되고, 모든, 1, 2

3. 마음, 크게, 지혜, 모든, 지혜(전 1:16)

4. 지혜, 빛, 2, 13

5. 수고, 기쁘게, 하나님, 2, 24

6. 지혜, 희락, 노고, 2, 26

7. 기한, 때, 죽을, 뽑, 3, 1-2

8. 하나님, 때, 영원, 마음, 하나님, 사람, 3, 11

9. 사는, 선, 없는(전 3:12)

10. 동무, 홀로, 화, 4, 10

11. 한, 두, 세 겹 줄, 4, 12

12. 젊은이, 왕, 4, 13

13. 하나님, 발, 말씀, 제물, 악, 5, 1

14. 꿈, 말, 경외(전 5:7)

15. 노동자, 잠, 부자, 자지, 5, 12

16. 모태, 수고, 손, 5, 15

17. 천, 행복, 한, 6, 6

18. 초상집, 사람, 산, 마음, 7, 2

19. 끝, 교만(전 7:8)

20. 오늘, 지혜, 7, 10

21. 지혜, 돈, 지혜, 지혜(전 7:12)

22. 형통, 곤고, 하나님, 장래, 알지(전 7:14)

23. 선, 의인(전 7:20)

24. 저주, 마음, 7, 22

25. 깨달, 정직, 꾀들, 7, 29

26. 명령, 불행, 8, 5

27. 장래, 장래, 8, 7

28. 악, 실행, 악, 마음, 8, 11

29. 장수, 하나님, 8, 13

30. 행사, 사람, 사람, 능히, 지혜자, 능히, 8, 17

31. 산, 소망, 산, 사자, 9, 4

32. 아내, 평생, 몫, 9, 9

33. 향기름, 우매, 존귀, 10, 1

34. 분, 공손함, 용서(전 10:4)

35. 함정, 담, 뱀(전 10:8)

36. 철, 날, 힘, 성공, 10, 10

37. 말, 장래, 나중(전 10:14)

38. 왕, 부자, 새, 날짐승, 10, 20

39. 떡, 도로, 11, 1

40. 바람, 뼈, 만사, 알지(전 11:5)

41. 어린, 청년, 마음, 행, 심판, 11, 9

42. 청년, 기억, 낙, 12, 1–2

43. 결국, 하나님, 명령들, 본분, 하나님, 행위, 심판, 12, 13–14

44. 오늘 읽은 말씀 중 가장 좋아하는 성경 구절을 외워 쓰십시오.

시가서(개역개정판) 성경대학문제 해답

11 아가서 1-8장

1. 솔로몬(아 1:1)

2. 사랑, 어여쁘다, 비둘기, 1, 15

3. 사랑, 백합화, 2, 2

4. 남자들, 사과, 그늘, 열매(아 2:3)

5. 열매, 향기, 사랑, 함께(아 2:13)

6. 바위, 비둘기, 얼굴, 소리, 부드럽고, 아름답구나, 2, 14

7. 포도원, 포도원, 2, 15

8. 솔로몬, 마음, 왕관, 3, 11

9. 사랑, 너울, 비둘기, 염소 떼, 4, 1

10. 입술, 혀, 향기(아 4:11)

11. 샘, 우물, 시내, 4, 15

12. 부탁, 사랑, 병(아 5:8)

13. 붉어, 순금, 까마귀, 5, 10–11

14. 사랑, 꽃밭, 양, 백합화, 6, 2

15. 사랑, 사랑, 백합화, 양(아 6:3)

16. 비둘기, 하나, 외딸, 귀중, 여자들, 복, 칭찬, 6, 9

17. 사랑, 사모(아 7:10)

18. 일찍이, 포도, 석류, 사랑, 7, 12

19. 어머니, 교훈, 석류즙, 왼팔, 오른손(아 8:2–3)

20. 포도원, 열매, 천, 천, 이백, 포도원(아 8:11–12)

21. 사랑, 노루, 사슴, 8, 14

22. 오늘 읽은 말씀 중 가장 좋아하는 성경 구절을 외워 쓰십시오.

신약성경+시가서

신·구약 성경대학문제(1)

1판 1쇄 인쇄 _ 2018년 6월 5일
1판 1쇄 발행 _ 2018년 6월 10일

엮은이 _ 홍춘만
펴낸이 _ 이형규
펴낸곳 _ 쿰란출판사

주소 _ 서울특별시 종로구 이화장길 6
편집부 _ 745-1007, 745-1301~2, 747-1212, 743-1300
영업부 _ 747-1004, FAX 745-8490
본사평생전화번호 _ 0502-756-1004
홈페이지 _ http://www.qumran.co.kr
E-mail _ qrbooks@gmail.com / qrbooks@daum.net
한글인터넷주소 _ 쿰란, 쿰란출판사
등록 _ 제1-670호(1988.2.27)
책임교열 _ 박익비·오완

 ISBN 979-11-6143-158-1 04230
979-11-6143-159-8 (세트)

책값은 뒤표지에 있습니다.